ce livre m'a été offert par Stéphane le 12 janvier 2003 à l'occasion de mon…

L

RA

est le s… quinzième ouvrage
publié chez
VLB ÉDITEUR
et le cinquante-huitième de la collection
« Études québécoises »
dirigée par Robert Comeau.

L'illustration de couverture reproduit en partie *Casualty on the Beach of Dieppe* par Alfred Hierl, une peinture de la collection du Musée de la guerre à Ottawa.

Nous tenons à remercier le Musée de la guerre à Ottawa de la subvention accordée pour la publication de cet ouvrage.

VLB éditeur bénéficie du soutien de la Société de développement des entreprises culturelles du Québec (SODEC) pour son programme d'édition.

Gouvernement du Québec – Programme de crédit d'impôt pour l'édition de livres – Gestion SODEC.

Nous reconnaissons l'aide financière du gouvernement du Canada par l'entremise du Programme d'aide au développement de l'industrie de l'édition (PADIÉ) pour nos activités d'édition.

Nous remercions le Conseil des Arts du Canada de l'aide accordée à notre programme de publication.

LA MÉMOIRE DE DIEPPE

RADIOSCOPIE D'UN MYTHE

Béatrice Richard

La mémoire de Dieppe

Radioscopie d'un mythe

vlb éditeur

VLB ÉDITEUR
Une division du groupe Ville-Marie Littérature
1010, rue de La Gauchetière Est
Montréal, Québec H2L 2N5
Tél. : (514) 523-1182
Téléc. : (514) 282-7530
Courriel : vml@sogides.com

Maquette de la couverture : Patrice St-Amour

Données de catalogage avant publication (Canada)

Richard, Béatrice, 1957-

La mémoire de Dieppe : radioscopie d'un mythe

(Études québécoises)
Comprend des réf. bibliogr.

ISBN 2-89005-813-1

1. Dieppe, Raid sur, 1942- . 2. Guerre mondiale, 1939-1945. – Canada. 3. Guerre mondiale, 1939-1945 – Opérations navales canadiennes. 4. Guerre mondiale, 1939-1945 – Campagnes et batailles – France. I. Titre. II. Collection

D756.5.D5RS2 2002 940.54'21425 C2002-941221-8

DISTRIBUTEURS EXCLUSIFS :

• Pour le Québec, le Canada et les États-Unis :
LES MESSAGERIES ADP*
955, rue Amherst
Montréal, Québec H2L 3K4
Tél. : (514) 523-1182
Téléc. : (514) 939-0406
*Filiale de Sogides ltée

• Pour la France :
D.E.Q. – Librairie du Québec
30, rue Gay-Lussac
75005 Paris
Tél. : 01 43 54 49 02
Téléc. : 01 43 54 39 15
Courriel : liquebec@cybercable.fr

• Pour la Suisse :
TRANSAT S.A.
4 Ter, route des Jeunes
C.P. 1210, 1211 Genève 26
Tél. : (41.22) 342.77.40
Téléc. : (41.22) 343.46.46

Pour en savoir davantage sur nos publications,
visitez notre site : **www.edvlb.com**
Autres sites à visiter : www.edhomme.com • www.edtypo.com
www.edjour.com • www.edhexagone.com • www.edutilis.com

Dépôt légal : 3e trimestre 2002
Bibliothèque nationale du Québec
Bibliothèque nationale du Canada
ISBN 2-89005-813-1

Aux hommes de Dieppe

Avant-propos

Le présent essai est une adaptation de ma thèse de doctorat[1]. Ce projet est né d'une collision entre l'histoire et l'actualité. Nous étions en 1992, en pleine commémoration du cinquantenaire de la Deuxième Guerre mondiale. Les Québécois commençaient à être interpellés sur la place publique en ce qui a trait à leur attitude pendant cette période. Dans un éditorial du *Devoir*, Paul-André Comeau s'était déjà fait l'écho d'un certain malaise au Québec à ce sujet. Selon lui, les élites canadiennes-françaises se seraient senties coupables de leur attitude pendant le conflit et auraient donc préféré enterrer ces moments pénibles: «La découverte de l'horreur des camps de concentration, l'ampleur innommable de l'Holocauste, la dévastation du Vieux Continent bouleversent leaders nationalistes et autres élites qui avaient vécu à l'ombre du mythe d'une "guerre anglaise"», écrivait-il. Il ajoutait: «En un rien de temps, tout un peuple s'empresse d'oublier l'objet d'un malaise profond, d'un remords tenace qui n'est pas encore exorcisé[2].»

La suite des événements allait confirmer cette impression. En 1992, la politologue Esther Delisle lançait un pavé dans la mare en posant la question de l'antisémitisme de Lionel Groulx, leader intellectuel phare du nationalisme canadien-français[3]. Au moment d'entreprendre la scolarité de mon doctorat, une autre bombe éclatait. Un ouvrage-choc accusait certains membres de l'élite québécoise d'avoir favorisé, le conflit terminé, l'immigration d'un criminel de guerre français notoire, le comte Jacques de Bernonville[4]. Puis, ce fut au tour de Jean-Louis Roux, alors lieutenant-gouverneur du Québec, de «révéler» avoir flirté avec l'antisémitisme ambiant des années trente et quarante. Ces scandales se greffaient à un contexte préréférendaire tendu. Coïncidence ? Passé et présent semblaient se télescoper soudain, le procès des élites canadiennes-françaises pendant la guerre se déroulant au moment même où les Québécois étaient conviés à se prononcer sur leur destin national pour une seconde fois en quinze ans.

Les vociférations qui s'ensuivirent m'amenèrent à me pencher sur l'état de l'historiographie de la Deuxième Guerre au Québec. Dix ans auparavant, j'avais déjà constaté la rareté de documents en préparant un cours d'introduction à l'histoire du Québec. La situation n'avait pas changé. Plus impressionnante encore était l'inanité de l'historiographie militaire québécoise. L'histoire de la guerre, au Canada, ne s'écrivait qu'en anglais, à quelques traductions et exceptions près. Le contexte commémoratif de l'époque, marqué par un accroissement des allusions médiatiques au conflit, ne rendait que plus apparente une telle lacune. Se trouvait ainsi interpellée une mémoire collective québécoise principalement axée jusque-là sur le récit de la résistance à la conscription dont le héros était le « déserteur ». Alors que les États ex-belligérants s'apprêtaient à commémorer le cinquantenaire de la victoire sur le nazisme, les Québécois semblaient avoir « oublié » leur implication militaire au conflit sous la houlette canadienne. De nos cours d'histoire universitaires, tant ceux suivis que dispensés, ne nous restait en mémoire que le souvenir de la résistance des Québécois à la conscription, l'impression que ceux-ci avaient refusé en bloc de participer à la libération d'un continent mis à feu et à sang. Cette perception n'était, bien sûr, qu'une facette de la réalité, puisque au-delà de 100 000 Canadiens français s'étaient lancés dans la grande aventure outre-mer.

En fait, arrivait au Québec l'onde de choc d'un courant plus global, celui de la recomposition des mémoires nationales des pays ex-belligérants, et ce, dans un contexte de refondation de l'ordre mondial. Sous l'impulsion d'une nouvelle génération d'historiens – et d'une nouvelle génération tout court –, la France, l'Allemagne, le Japon, la Grande-Bretagne, les États-Unis comme le Canada s'étaient vus conviés, dès les années quatre-vingt, à réécrire la période 1939-1945. Jusque-là, le récit de la Deuxième Guerre dans ces pays avait été largement tributaire du contexte de la guerre froide et de la course aux armements, héritage politique et diplomatique de la conflagration générale. Le bloc de l'Est s'effritant, les alliances se recomposant, les perceptions de ce proche passé devenaient caduques. Le temps était donc venu, me semblait-il, d'ouvrir un chantier sur la mémoire de la Deuxième Guerre mondiale au Québec. L'entreprise promettait d'être hasardeuse, risquée. La mémoire relève le plus souvent de l'émotion et tenter de la déconstruire expose le chercheur au déchaînement des passions. Quant à la guerre et à ses œuvres, le sujet est encore perçu négativement, sinon tabou, dans les officines universitaires. Aussi, ce projet n'aurait pu se concrétiser sans l'encouragement et le soutien indéfectible des membres de mon comité de thèse tout au long de ces années de questionnement, de recherche et d'écriture.

C'est pourquoi je tiens à remercier mon directeur de thèse, Jean-Marie Fecteau, professeur à l'UQAM, pour son ouverture d'esprit et pour la confiance qu'il m'a toujours manifestée tout en m'aidant à baliser une problématique mouvante et des sources capricieuses. À cet égard, ses conseils méthodologiques furent précieux. Mes remerciements vont également à mes deux codirecteurs ; à Serge Bernier, directeur Histoire et Patrimoine au ministère de la Défense pour avoir cru en ce projet tout en nous offrant son expertise en histoire militaire ; à Robert Comeau, professeur à l'UQAM, dont la connaissance du Québec contemporain fut pour moi une source inépuisable de références. M. Arthur Fraser, président de l'Association des prisonniers de Dieppe, m'a aidée à retracer des vétérans disposés à témoigner de leur expérience. Aussi tenais-je à exprimer ma profonde gratitude à ce précieux collaborateur de même qu'aux anciens combattants qui ont répondu présent à son appel. Ma reconnaissance va, bien sûr, à mon conjoint qui accepta de jouer, durant ces années, les rôles de secrétaire, de psychologue, de motivateur, de chauffeur, de cuisinier et d'homme de ménage. Sans sa patience et son soutien de chaque instant, cet ouvrage n'aurait pu voir le jour.

Introduction

Dieppe, 19 août 1942, 4 heures du matin. Une armada approche des côtes françaises. Une force considérable : 6100 hommes en tout. Près de 5000 Canadiens, des commandos britanniques et 50 rangers américains se tassent à bord d'embarcations hétéroclites, dépourvues de blindage pour beaucoup d'entre elles. Ces troupes amphibies sont accompagnées de 8 destroyers, de 74 escadrilles aériennes alliées, dont 8 appartiennent à l'Armée royale canadienne. Le major général J. H. Roberts, officier général commandant de la 2e division canadienne, dirige les opérations terrestres, le commandant J. Hughes-Hallett, de la Royal Navy, supervise les forces navales et le vice-maréchal de l'air T. L. Leigh Mallory, les forces aériennes. L'opération Jubilee est en marche[1].

Destination : le port français de Dieppe, aux mains de l'occupant allemand. Cela fait des mois que cette station balnéaire a été transformée en forteresse. Des falaises truffées de mitrailleuses surplombent la plage, le casino a été fortifié et des blocs de béton obstruent les rues qui donnent accès à la ville. Des casemates défendent le rivage hérissé de barbelés. Pourquoi lancer ces hommes contre un objectif aussi risqué ? Le déclenchement de Jubilee répond à plusieurs impératifs diplomatiques et stratégiques. Au printemps de 1942, la situation des Alliés est critique. Les Japonais dominent le Pacifique ; en Afrique du Nord, les troupes de Rommel font reculer la 8e armée britannique ; les Allemands contrôlent l'Europe de l'Ouest et progressent sur le front est, mettant ainsi en difficulté les troupes soviétiques. Aussi Staline exerce-t-il de fortes pressions auprès de Churchill pour que l'on soulage ses troupes en ouvrant un second front à l'ouest. De leur côté, les Alliés redoutent que Staline conclue une paix séparée avec Hitler, un scénario qui, s'il se réalisait, réduirait grandement leurs capacités offensives. À ce climat tendu s'ajoute la pression d'une opinion publique qui s'impatiente face aux défaites alliées successives. Organiser une riposte éclatante devient donc urgent.

La conception d'un plan d'attaque a été confiée au jeune chef des opérations combinées Lord Louis Mountbatten. Son mandat consiste à monter une opération d'envergure suffisante pour démontrer aux Soviétiques la bonne foi de leurs alliés occidentaux et en même temps utile aux services de renseignements britanniques désireux de sonder les défenses ennemies[2]. À ces contraintes diplomatico-pratiques se sont ajoutées les réticences de l'état-major britannique. Plusieurs de ses membres estiment qu'il est trop tôt pour lancer une attaque frontale, les ressources humaines et matérielles nécessaires pour la mener à bien faisant encore défaut. Fruit d'innombrables tergiversations, corrections et compromis, l'opération Jubilee est finalement déclenchée.

Les Canadiens acceptent de tenter l'aventure ; mais ont-ils vraiment le choix ? Jusqu'alors, les autorités canadiennes ont évité d'envoyer des renforts sur le front africain où les Britanniques se retrouvent en mauvaise posture, car elles craignent d'éparpiller leurs troupes. Selon le commandant en chef de l'armée canadienne, Andrew G. L. McNaughton, une telle éventualité nuirait à leur contrôle ainsi qu'à la visibilité des combattants canadiens engagés sur les théâtres d'opération, un enjeu important pour la jeune nation[3]. Aussi insiste-t-il pour maintenir l'unité des forces canadiennes envoyées sur le terrain. De cette façon, le Canada tente de s'affirmer sur la scène internationale tout en ménageant ses troupes. Ce dernier aspect répond à des impératifs de politique intérieure : le gouvernement canadien tente ainsi de gérer la question de la conscription qui divise la population. En maintenant le plus possible les soldats canadiens en réserve, on retarde les pertes éventuelles, ce qui reporte d'autant le recours à la conscription pour le service outre-mer, une mesure que veut absolument éviter le premier ministre Mackenzie King. C'est pourquoi, lorsque l'on propose au général McNaughton de superviser une opération impliquant un contingent relativement réduit mais essentiellement composé de Canadiens, celui-ci accepte. L'entreprise le satisfait dans la mesure où elle assure un certain leadership et une bonne visibilité aux forces canadiennes sans pour autant, présume l'impétueux commandant, les exposer à des pertes majeures.

Dès le 20 mai, les troupes de la 2e division d'infanterie canadienne sont soumises à un entraînement intensif à l'île de Wight. Un premier raid à grande échelle sur Dieppe, en juillet 1942, l'opération Rutter, a été annulé au dernier moment à cause du mauvais temps. Avec Jubilee, l'objectif demeure inchangé, soit le port français de Dieppe, mais les appuis naval et aérien ont été allégés par rapport au plan initial, l'état-major britannique préférant préserver ses ressources pour d'autres actions d'envergure.

Pourquoi attaquer Dieppe ? Plusieurs motifs d'ordre pratique sont officiellement invoqués pour justifier cet objectif. Au premier chef, sa proximité des côtes anglaises le situe dans le rayon d'autonomie des appareils de la Royal Air Force, ce qui favorise une certaine rapidité d'action ainsi que l'effet de surprise, un facteur important de succès. Par ailleurs, sur une Manche sillonnée de navires allemands, un objectif trop éloigné augmenterait les risques de rencontres indésirables. Il s'agit aussi de tester les défenses allemandes et d'évaluer la possibilité pour les forces alliées de prendre le contrôle d'un port.

Le plan s'avère exigeant et complexe : les troupes amphibies doivent attaquer les côtes sur un front d'une quinzaine de kilomètres, et ce, sur cinq secteurs différents. Aux extrémités est et ouest, quatre débarquements simultanés de deux commandos britanniques sont prévus avant l'aurore (commandos 3 et 4). Ceux-ci doivent détruire les batteries côtières à Berneval, sur le flanc est, et à Varengeville, sur le flanc ouest. Cet aspect de l'opération est crucial pour protéger les navires qui croisent au large afin de couvrir l'attaque terrestre. Pour leur part, les troupes canadiennes doivent investir la plage de Dieppe elle-même : le Royal Hamilton Light Infantry et l'Essex Scottish appuyés par le Royal Marine « A » Commando et le 14e régiment blindé (Calgary Regiment) sont chargés de la première vague d'assaut frontale ; les Fusiliers Mont-Royal constituent

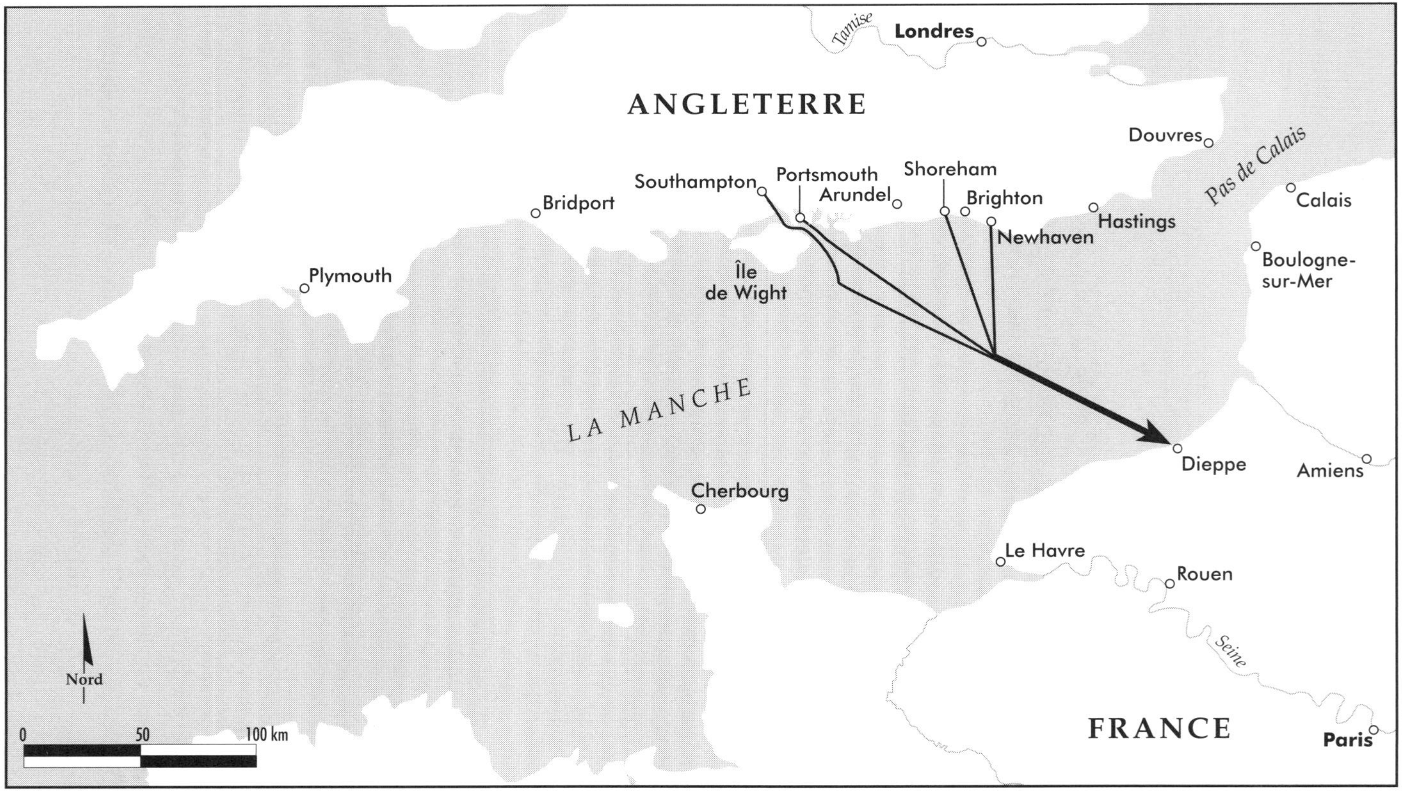
ANGLETERRE
Tamise
Londres
Douvres
Pas de Calais
Calais
Boulogne-sur-Mer
Southampton
Portsmouth
Arundel
Shoreham
Brighton
Newhaven
Hastings
Bridport
Plymouth
Île de Wight
LA MANCHE
Cherbourg
Dieppe
Amiens
Le Havre
Rouen
Seine
FRANCE
Paris
Nord
0
50
100 km

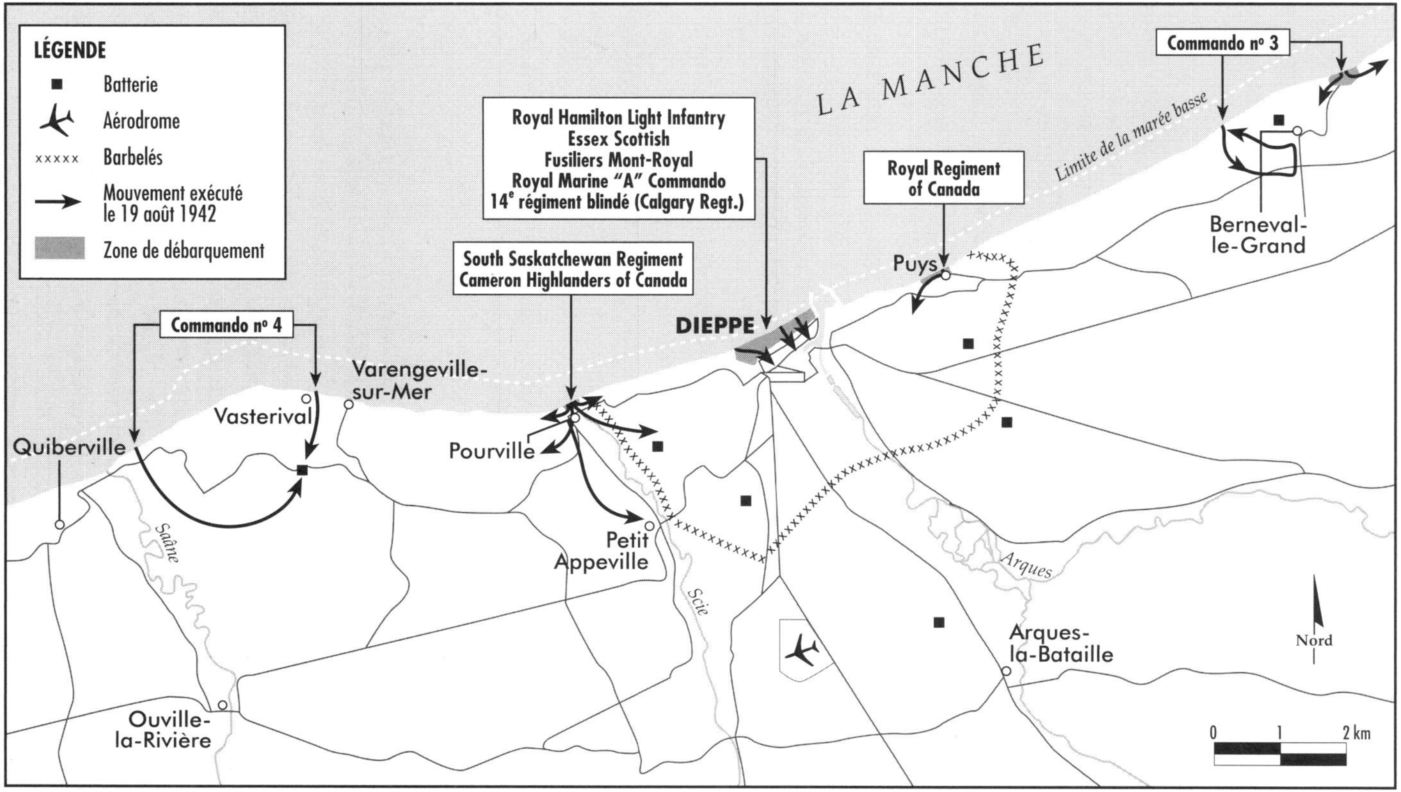
LÉGENDE
Batterie
Aérodrome
xxxxx
Barbelés
Mouvement exécuté le 19 août 1942
Zone de débarquement
LA MANCHE
Limite de la marée basse
Commando nº 3
Berneval-le-Grand
Royal Regiment of Canada
Puys
Royal Hamilton Light Infantry
Essex Scottish
Fusiliers Mont-Royal
Royal Marine "A" Commando
14e régiment blindé (Calgary Regt.)
DIEPPE
South Saskatchewan Regiment
Cameron Highlanders of Canada
Pourville
Petit Appeville
Scie
Commando nº 4
Varengeville-sur-Mer
Vasterival
Quiberville
Saâne
Ouville-la-Rivière
Arques
Arques-la-Bataille
Nord
0
1
2 km

les forces de réserve. Sur les flancs, d'autres unités doivent s'engager dans les brèches de la falaise afin de prendre à revers l'artillerie allemande qui surplombe la plage de Dieppe: à l'ouest, le South Saskatchewan Regiment et le Cameron Highlanders of Canada ont Pourville comme objectif et le Royal Regiment of Canada doit débarquer à Puys sur le flanc est.

Outre l'effet de surprise, le succès de l'opération repose sur un synchronisme parfait des contacts avec l'ennemi. Malheureusement aucune de ces conditions ne sera respectée. Un accrochage au large entre les péniches de débarquement du commando 3 (en direction de Berneval) et un petit convoi allemand compromet d'entrée de jeu l'enchaînement du plan; l'alerte est donnée à Berneval et à Puys où les attaquants sont rapidement dispersés; une poignée d'hommes parvient toutefois à approcher suffisamment la batterie pour la neutraliser plus de deux heures durant. À Puys, les conséquences de l'alerte s'avèrent particulièrement désastreuses; pris en souricière sur une plage très encaissée, les soldats du Royal Regiment et du Black Watch (Royal Highland Regiment) sont décimés, essuyant le feu nourri de soldats allemands embusqués sur les falaises. L'effet de surprise anéanti, les attaquants deviennent des cibles faciles dans l'aube naissante. Quant aux bâtiments de marine, ils arrivent trop tard pour les couvrir. Cet assaut fera plus de 200 morts, sans compter les blessés et les prisonniers.

Pendant ce temps, les assaillants du secteur ouest ont plus de chance, l'alerte ne s'étant pas propagée jusque-là. L'opération du commando 4 est un succès: l'unité débarque comme prévu, détruit la batterie de Varengeville et se retire. À Pourville, les hommes du South Saskatchewan Regiment et du Queen's Own Cameron Highlanders of Canada réussissent une percée jusqu'à la rivière Scie. Au moment de la traverser, les soldats rencontrent une sévère résistance qui les force à battre en retraite; eux aussi essuient de lourdes pertes. En voulant leur porter secours, l'arrière-garde sera quant à elle obligée de se rendre. Au centre, l'attaque principale devant Dieppe, prévue une demi-heure après les attaques latérales, tourne rapidement au désastre: son succès dépendait grandement de la neutralisation des batteries allemandes qui surplombent la plage, ce qui n'est évidemment pas le cas. Restés maîtres du promontoire de Puys, les Allemands déversent un véritable déluge de feu sur les attaquants qui débarquent sur les plages. Du côté de Pourville, le phénomène se produit un peu plus tard.

Sur la plage, dans le secteur est, les hommes de l'Essex Scottish Regiment sont bloqués au niveau de la digue. Seul un petit groupe réussit à effectuer une percée dans la ville. Ce succès isolé aura des conséquences catastrophiques : le navire de commandement reçoit un message radio tronqué qui laisse croire que l'Essex Scottish au complet a investi la ville alors qu'en réalité la majorité de l'unité est restée coincée sur la plage. Ordre est donc donné au bataillon de réserve des Fusiliers Mont-Royal d'entrer en action. Ceux-ci sont neutralisés à leur tour. À l'extrémité ouest de la promenade, les hommes du Royal Hamilton Light Infantry prennent d'assaut le casino ainsi que les abris de mitrailleuses qui l'entourent ; quelques assaillants atteignent la ville sous les balles et s'engagent dans des combats de rue. La violence du feu ennemi les oblige à se replier. Essuyant un déluge de feu, les chars du Calgary Regiment sont rapidement paralysés. Acculés à la digue et aux barrages de béton, leurs chenilles enrayées dans les galets, ils n'en continuent pas moins à tirer pour couvrir la retraite d'un grand nombre de soldats. Les tankistes, eux, ne reviendront pas. Ils mourront au combat ou seront faits prisonniers. Dans les airs se livre un combat féroce. L'aviation alliée qui a pour mission de couvrir la flotte de débarquement encourt des pertes considérables : la Royal Air Force perd 106 appareils et l'Aviation royale du Canada, 13. L'opération Jubilee s'achève dans une confusion indescriptible. Le capitaine Lucien A. Dumais résume la situation en ces termes :

> Toutes nos troupes sont maintenant débarquées, ainsi que les chars, et on se bat dans un cirque infernal. Il n'y a plus aucune formation. Les soldats coudoient des hommes non seulement d'une autre compagnie, mais d'un autre bataillon et même d'une autre arme. Il y a des sapeurs du génie, des conducteurs de blindé, des estafettes et bien d'autres. C'est une salade, on ne se comprend plus[4].

Les assaillants qui n'ont pu être évacués se rendent. À 13 h 58, les canons se taisent. Du côté allemand, on dénombre près de 600 pertes. Un bilan relativement léger si on le compare à celui, écrasant, des Canadiens. Sur 4963 hommes engagés dans les opérations au sol, seuls 2210 rejoignent l'Angleterre à bord des embarcations restantes. On compte bon nombre de blessés parmi les rescapés. Les pertes canadiennes s'élèvent à 3367 hommes, dont 907 soldats morts au combat ou des suites de leurs blessures. De ce nombre, on décompte également 1946 prisonniers – soit plus que pendant les onze mois de campagne dans le nord-ouest de l'Europe, en 1944-1945. La répartition des pertes entre Canadiens français et Anglo-Canadiens dans cette bataille reste difficile à évaluer, dans la mesure où les statistiques ne différencient pas l'origine ethnique des combattants. On peut toutefois se fier aux effectifs des Fusiliers Mont-Royal, le seul régiment francophone – à quelques individus près – impliqué dans l'opération, pour tenter une comparaison. À l'issue du raid, les Fusiliers comptent 513 pertes, soit 88,4 % de leurs effectifs* et 15,2 % de l'ensemble des pertes canadiennes. À titre de comparaison, le Royal Hamilton Light Infantry a perdu 82,7 % de ses effectifs, le Royal Regiment of Canada, 87,3 %** et l'Essex Scottish Regiment, 96,3 %, soit pour chacun entre 15 % et 16 % des pertes totales[5]. Le carnage aura duré neuf heures, mais il laissera des traces durables et profondes.

Appréhender la mémoire de Dieppe

Le raid de Dieppe est resté un symbole douloureux dans la mémoire collective canadienne et a généré une littérature abondante. Carnage inutile ou plan machiavélique pour certains[6], opération nécessaire au succès du débarquement de Normandie en 1944 pour d'autres, rarement une bataille souleva une telle controverse par la suite. Plus de cinquante ans après l'événement, le débat se poursuit. Pourtant, au cours de la Deuxième Guerre, le Canada a participé à d'autres opérations militaires d'une envergure plus considérable encore – que

* Ils ont embarqué 584 hommes, officiers et soldats. De ce nombre, 109 ont trouvé la mort – 105 sur le théâtre des opérations et 4 à la suite de leurs blessures – et 50 ont été blessés au combat; 373 ont été faits prisonniers – dont 111 blessés et 10 morts en captivité.

** On notera que cette unité est celle qui compte le plus d'hommes tués au combat, soit 227 sur un total de 554, y compris les blessés qui succomberont à leurs blessures.

l'on songe simplement aux campagnes de Sicile et d'Italie en 1943 et à la libération de l'Europe en 1944. Pourquoi alors ce souvenir douloureux et lancinant de Dieppe en particulier ? La fulgurance dévastatrice du raid a certes marqué les esprits. En quelques heures, le Canada aura subi plus de pertes qu'au cours des onze mois d'intervalle entre les débarquements du jour J en Normandie en juin 1944 et la capitulation de l'Allemagne en mai 1945. La puissance évocatrice de l'événement compte également. Le raid ne met-il pas en scène la nation dans une tragédie commune ? La quasi-totalité des combattants étant des Canadiens, le sens de Jubilee déborde celui de la simple opération militaire ; on le verra, cette opération devient instantanément un mythe unificateur où les citoyens de la nation sont conviés à se projeter. La propagande canadienne ne s'y est pas trompée en inondant instantanément les médias à ce sujet. À croire que le plan de communication fut conçu simultanément à Jubilee… Mais, à long terme, le mythe devait se charger d'un sens spécifique chez les Canadiens français du Québec. Comment et pourquoi ? Tel est le propos de cet essai.

Il sera question ici de la genèse et de l'évolution de ce mythe dans la mémoire collective canadienne-française/québécoise[7]. En ce sens, le lecteur est convié à découvrir dans ces pages une histoire de la mémoire de Dieppe, « histoire au second degré » pour reprendre l'expression de l'historien français Pierre Nora, et non un récit classique des événements. Question complexe qui exige de recourir à plusieurs angles d'analyse, essentiellement sociaux et politiques, tout en établissant une distinction entre ce qui relève de la spécificité canadienne/canadienne-française, et ce qui relève de phénomènes occidentaux plus globaux. Il s'agira d'une part de faire ressortir comment la société québécoise francophone a sanctionné depuis cinquante ans la mémoire de sa participation militaire à la Deuxième Guerre mondiale. Quel récit spécifique les Canadiens français/Québécois ont-ils développé à ce sujet durant cette période ? Comment ce récit a-t-il évolué ? Quel sens a-t-on donné à ces événements et en fonction de quelles aspirations ? Quelles en sont les conséquences aujourd'hui ?

Explorer un questionnaire si vaste exigeait cependant de circonscrire la réflexion à un cas d'école. Le raid de Dieppe s'est presque imposé de lui-même. D'abord parce qu'il s'agit d'une bataille. À ce titre, l'événement s'impose dans le champ des représentations en tant que moment fort de la mythologie laïque des États-nations, car investi (par le pouvoir et dans les médias à l'ère moderne) d'une valeur quasi religieuse en tant que communion sanglante des citoyens avec la Nation, « nouveau corps mystique » se substituant à la communion divine[8]. Aussi ce genre d'événement apparaît-il surinvesti par la mémoire collective, donc riche en projections de tout ordre. En cela, le raid de Dieppe n'échappe pas au lot. Comme le note Desmond Morton, « plus que la plupart des batailles canadiennes, celle de Dieppe fut enrobée de mythes et de boucs émissaires[9] ». Autrement dit, le raid s'inscrit parmi ces événements « immédiatement chargés d'un sens lourdement symbolique et qui sont à eux-mêmes, à l'instant de leur déroulement, comme leur commémoration anticipée[10] ». Certes, l'opération illustre l'irruption quasi instantanée de la bataille dans la vie privée par médias interposés, sous sa forme opaque, « mythifiée » et statufiée pour la postérité, rendue presque intouchable pour l'historien. L'exemple de Dieppe fera donc office de révélateur dans l'étude du traitement que réservent les Canadiens français à ce passé militaire. On cernera son évolution dans la mémoire canadienne-française/québécoise de 1942 à 1995 à travers les médias écrits, les romans, les manuels d'histoire nationale, et en faisant appel aux témoignages de vétérans du raid de Dieppe cinquante ans après les événements. Pourquoi avoir choisi ces sources ?

Les journaux seront abordés à titre de « vecteurs culturels », dans la mesure où ils alimentent le discours social et demeurent des lieux de recomposition permanente de la mémoire collective, donc des agents du maintien du consensus social au-delà de certaines divergences idéologiques[11]. Les discours diffusés dans la presse contribuent en effet autant sinon plus que la culture d'élite à la formation d'un système de références communes, fondement de l'imaginaire national[12]. Trois quotidiens ont été choisis aux fins de cette analyse, soit *La Presse*, *Le Devoir* et *Le Canada*. Défendant des positions éditoriales contrastées, ces organes de presse reflètent des opinions différentes sur la participation du Canada à la guerre. Fondée en 1884, *La Presse* est le quotidien de masse le plus important à Montréal[13]. Dans les années quarante, son tirage dépasse les 100 000 exemplaires. De tendance libérale, il joue la carte populiste et relaie la propagande de guerre. Fondé en 1903, *Le Canada* est un journal partisan à petit tirage (15 000 exemplaires) qui soutient la politique de guerre de Mackenzie King et du Parti libéral fédéral. Fondé en 1910, *Le Devoir* s'affiche comme « indépendant ». Sa ligne éditoriale est toutefois antiparticipationniste, anti-impérialiste et hostile à la politique de King. Le journal, qui compte environ 15 000 abonnés pendant la période, rejoint un lectorat restreint mais influent[14].

Les manuels d'histoire nationale s'avèrent des vecteurs de mémoire « officielle », dans la mesure où leur récit est approuvé et légitimé par des instances institutionnelles – Comité d'instruction catholique, puis ministère de l'Éducation en ce qui concerne ceux utilisés au Québec. Par ailleurs, l'assimilation de ce type de récit historique dès le plus jeune âge est déterminante dans la formation de l'identité culturelle[15]. Ont été analysés tous les chapitres consacrés à la Deuxième Guerre mondiale dans les manuels d'histoire nationale québécoise publiés depuis 1954, date à laquelle plusieurs de ces ouvrages commencent à traiter de cette période.

Autre vecteur culturel de la mémoire collective, la littérature peut également renseigner l'historien sur l'évolution de la perception du passé d'une communauté donnée, dans la mesure où elle « propose une reconstruction de l'événement à des fins sociales[16] ». Les œuvres reconfigurent une société imaginaire qui dérive cependant de la société réelle. Aussi la littérature suit-elle généralement les chemins de la mémoire, s'exemptant ainsi des tensions qui opposent mémoire et histoire. C'est cette reconfiguration ambiguë du passé, puissamment mythogène et par conséquent porteuse de mémoire, qui nous intéresse dans la littérature de guerre au Québec[17]. Le spécialiste de la littérature de guerre américaine, Pierre Deflaux, définit la littérature de guerre en ces termes : « […] œuvres de fiction où la guerre fournit un cadre permanent au déroulement de l'intrigue principale et conditionne aussi bien le contenu factuel que les analyses psychologiques ou les implications conceptuelles[18] ». Une infime partie de la littérature québécoise répondant point pour point à ces critères – seulement quatre romans –, il a fallu élargir cette définition à des romans dont le thème de la guerre constituait l'arrière-plan.

Parole a été donnée aussi à certains vétérans de Dieppe, plus de cinquante ans après les événements. Ce retour avait pour but d'évaluer, en fin de parcours, le décalage entre une mémoire hégémonique – celle des élites – et une mémoire marginalisée – celle des vétérans de Dieppe au Québec. Ont été analysés à cette fin les témoignages de 14 anciens combattants des Fusiliers Mont-Royal faits prisonniers à Dieppe. Tous ont été interviewés sur la base d'une grille de questions communes. La quasi-totalité de l'échantillon est composée d'hommes célibataires et très jeunes à l'époque (tous sont nés aux alentours de 1920). Ces sujets reflètent une grande homogénéité linguistique et sociale: réunis dans un régiment francophone, la plupart ont deux parents canadiens-français – à l'exception de deux sujets, l'un ayant un père d'origine grecque, l'autre, un père d'origine haïtienne. Au moment de leur enrôlement, ces hommes vivaient à Montréal et sont généralement issus de milieux pauvres à modestes. La majorité sont chômeurs ou travailleurs précaires.

Avant d'entrer dans le vif du sujet, il convient de préciser ce que l'on entend ici par mémoire et mythe, deux concepts clés qui guideront cette réflexion, et de les situer par rapport à la pratique historienne.

La mémoire dont il sera question dans ces pages doit être comprise comme « médiation symbolique et élaboration de sens[19] », autrement dit comme fonction organisatrice du récit collectif. À ce titre, elle apparaît soumise aux manipulations « conscientes ou inconscientes que l'intérêt, l'affectivité, le désir, l'inhibition, la censure, exercent sur la mémoire individuelle[20] ». Elle apparaît également tributaire des silences ou des omissions dont Marc Ferro va jusqu'à proposer une typologie. L'historien distingue les silences de « premier type », gardiens des institutions, Églises, dynasties, partis, qui masquent les origines de leur légitimité; les silences de « deuxième type », intériorisés « de gré ou de force », par une société plus ou moins complice, seront souvent ceux des vainqueurs désireux de masquer le prix sanglant de leurs victoires ; et les silences du « troisième type », ceux de la gêne et de la honte, traduisent « un refus de se souvenir d'un passé aux humiliations multiples[21] ». En recomposition perpétuelle, la mémoire assure cependant la continuité sociale[22] et se transmet par le biais de « vecteurs » de mémoire, lieux d'élaboration et de diffusion des représentations du passé. À cet effet, Henry Rousso distingue les *vecteurs officiels* (qui relèvent de l'État et des institutions), les *vecteurs associatifs* (constitués par des groupes partageant une expérience commune : déportés, résistants, militaires, etc.), les *vecteurs culturels* (cinéma, littérature, médias), les *vecteurs savants* (thèses, études sanctionnées par le sceau universitaire[23]). La mémoire collective s'impose donc comme le laboratoire dynamique de l'imaginaire collectif qui cimente – ou désunit – les peuples, les nations et tous les groupes humains, donc aussi comme l'expression d'un projet politique. Instrument de pouvoir ou de contre-pouvoir, elle constitue une réserve de mythes et de tabous fondateurs à partir de laquelle se recomposent indéfiniment les paradigmes sociaux, au gré des aléas de l'histoire.

Le mythe apparaît pour sa part constitutif de l'événement auquel il donne sens. Pour l'historien Angus Calder, le mythe n'est pas un mensonge à proprement parler, mais plutôt « une réserve instantanée d'histoire[24] ». Par « mythe », il faut donc moins entendre ici « illusion » ou « mensonge » qu'investissement émotif d'un événement réel par la mémoire collective. Cette définition sous-entend également que la mise en récit historique ne peut faire abstraction d'un « commencement » imaginaire, interne au discours, ayant « pour fonction d'être entre les hommes la représentation d'une scène primitive effacée mais encore organisatrice[25] ». Il l'abordera donc en tant que « lieu des projections sociales et des conflits latents » et en tant qu'événement suffisamment important pour faire « remonter l'héritage archaïque[26] ». Par exemple, les nations modernes se définissent volontiers à travers des événements historiques capables de contenir le sens de leur projet politique ou de leur destin. On pourrait citer la révolution de 1917 pour l'ex-URSS, la prise de la Bastille pour la France, le Boston Tea Party pour les États-Unis, événements fondateurs qui légitiment ces États. Les exemples du même ordre jalonnent la « mythologie » québécoise : pendaison de Louis Riel, crises de la conscription des deux guerres mondiales, Octobre 1970, etc. Autant de jalons historiques dont le rappel sert à projeter un sentiment d'incomplétude nationale. Le raid de Dieppe en fait partie. En tant que « réserve instantanée d'histoire », cet événement prend, on le verra, une résonance particulière dans la mémoire québécoise en faisant écho à la scène originelle de la Conquête, comprise comme asservissement des Canadiens français au vainqueur anglais. Ici, le message narratif compte moins que ses virtualités imaginaires révélatrices d'aspirations ou de revendications plus ou moins latentes[27]. Cette histoire de la mémoire se veut donc l'exploration d'un territoire *collectif* en perpétuelle reconstruction, où s'enchevêtrent mythe, mémoire et… histoire.

Multiforme, la pratique historienne prétend en effet harnacher le flot indomptable de la mémoire collective et des mythes qu'il charrie. La démarche historique contemporaine exige en principe que s'opère une césure entre histoire et mémoire, gage de sa scientificité. « La mémoire, écrit Rousso, parfois, est du registre du sacré, de la foi. L'histoire est critique et laïque. La première est sujette au refoulement, tandis que, toujours *a priori*, rien n'est étranger au territoire de l'historien[28]. » Mais on s'apercevra dans cet ouvrage que le questionnaire de l'historien n'échappe guère à l'instance organisatrice de la mémoire.

En filigrane se pose la question – ô combien d'actualité ! – de la cohabitation de différents groupes identitaires porteurs de mémoires disparates, souvent antagonistes, ce qui jette un nouvel éclairage sur l'évolution de la question nationale au Québec. La guerre sert ici de révélateur des tensions intranationales canadiennes, l'histoire des consciences nationales se confondant souvent avec celle des champs de bataille, lieux initiatiques où, selon la conjoncture, se cimentent ou se délitent les grands projets collectifs. Et si, en général, les victoires colmatent les fissures, les défaites les élargissent. En ce sens, Dieppe apparaît comme une faille de la mémoire collective permettant de « lire » les zones de fracture de la société canadienne.

CHAPITRE PREMIER

Guerre et mémoire

Une problématique interpelle depuis quelque temps les sociétés occidentales: comment se souvenir aujourd'hui de la Deuxième Guerre mondiale? Loin d'être neutre, cette quête s'effectue dans un contexte marqué par la recomposition des mémoires nationales dans les États ex-belligérants[1]. On pourrait presque évoquer une «faim» de mémoire face à la prolifération, depuis vingt ans environ, de débats, d'études, d'essais, de documentaires ou de films proposant de revisiter ou d'extirper de l'oubli un ou plusieurs aspects de ce passé. Cette effervescence est telle que la mémoire elle-même est devenue objet d'histoire, donc de critique, à part entière.

Ces chemins de la mémoire ont sans doute pris un tournant décisif avec l'effondrement du bloc de l'Est au cours des années quatre-vingt, événement qui a marqué la fin d'un monde bipolaire, celui de la guerre froide. Effet domino oblige, la victoire du camp occidental a forcé une redéfinition des mémoires collectives de la Deuxième Guerre dans tous les pays ex-belligérants. L'intégration des économies nationales dans le marché capitaliste mondial, dont l'unification européenne s'avère un des résultats les plus spectaculaires, ne commandait-elle pas une mise à plat des mémoires nationales et des symboles commémoratifs accompagnée d'une réévaluation historique (laquelle a d'ailleurs largement précédé le débat public en Europe – nous y reviendrons), nécessaire à la réconciliation des peuples «démocratiques» et à l'évacuation de la mémoire communiste[2] ? Voilà sans doute pourquoi les controverses qui entourent la mémoire de la Deuxième Guerre peuvent difficilement se comprendre en dehors du contexte de mondialisation.

Mémoire de guerre et mondialisation

C'est en Allemagne et en France, principaux foyers de la conflagration mondiale, où le travail de reconstruction et le contexte de guerre froide avaient commandé l'oubli, que les remises en question ont été parmi les plus douloureuses. Après la guerre, on assiste dans les deux Allemagnes de même qu'en Autriche au refoulement quasi institutionnel du passé nazi[3], lequel refoulement n'est pas exempt d'enjeux idéologiques. Ainsi, la dénazification (purge des fonctionnaires ayant appartenu au parti nazi), inefficace dès le début, est abandonnée à l'Ouest avec la fondation de la République fédérale d'Allemagne (RFA), contexte de guerre froide oblige[4]. Jusqu'en 1989, la République démocratique allemande (RDA) s'est, pour sa part, présentée comme l'héritière de «l'antifascisme» ou de «l'antinazisme», sa mémoire d'après-guerre reposant sur le culte des résistants communistes antifascistes, lesquels ont combattu Hitler et dont l'autre Allemagne a négligé la mémoire. De son côté, le bloc de l'Ouest était plus soucieux de maintenir sa cohésion face à l'«ennemi» communiste que de remuer un passé qui aurait pu donner des munitions à l'autre camp[5].

En entrant dans l'orbite soviétique, l'Allemagne orientale ne faisait qu'endosser l'histoire officielle de son ennemi d'hier, essentiellement axée sur la résistance à l'envahisseur fasciste, occultant le pacte germano-soviétique et les déportations des Tatars, Tchéchènes, Turcs, Kalmouks et autres à la faveur du conflit. Une «histoire officielle» dont la critique ne s'est que timidement amorcée avec l'ère Gorbatchev[6]. De l'autre côté du Rhin, la réconciliation nationale passait par l'effacement de la collaboration de l'État français avec l'Allemagne nazie et la glorification de la Résistance[7]. Ainsi, au «résistancialisme» communiste de l'immédiat après-guerre, époque où le parti a le vent en poupe, succède la mémoire résistante du général de Gaulle sous la Ve République. Le décès de ce dernier et l'affaire Touvier feront voler en éclats cette vision idéalisée[8].

Dans les États ex-belligérants du bloc de l'Ouest, les historiens n'ont certes pas attendu la chute du mur de Berlin pour rejeter les mythes fondateurs d'après-guerre. Dans l'ex-République fédérale allemande, le débat historiographique autour de la responsabilité du peuple allemand en regard de la guerre et des camps de la mort avait commencé bien avant les années quatre-vingt, période où se développe le courant négationniste (négation de la Shoah[9]). Les États-Unis et le Canada, libérateurs consacrés du continent en flammes, découvraient eux aussi quelques cadavres dans le placard au même moment. Ces « [q]uelques zones d'ombres dans la bonne conscience des États-Unis[10] » sont désormais connues : l'antisémitisme institutionnel[11], la spoliation et l'internement des citoyens américains et canadiens d'origine japonaise dans des camps de Colombie-Britannique et de Californie[12], et le bien-fondé de l'utilisation de la bombe atomique à Hiroshima[13]. Longtemps confinées aux officines historiennes, certaines de ces questions « révisées » sont « descendues dans la rue » à la faveur du cinquantenaire de la Deuxième Guerre mondiale, fertile en commémorations, provoquant des chocs entre « mémoires nationales » et « histoire scientifique* ». Par exemple, la question de l'internement des ressortissants américains d'origine japonaise suscitait encore récemment un vif débat, certains auteurs américains « révisionnistes » mettant en doute la brutalité réelle du traitement subi par leurs compatriotes d'origine nipponne[14].

En Amérique du Nord cependant, ce sont surtout les questions militaires qui ont interpellé l'opinion publique en opposant parfois vétérans et historiens (patentés ou autoproclamés). Ainsi, en 1992, la diffusion par Radio-Canada de *The Valour and The Horror* (*La bravoure et le mépris*), une série de trois documentaires critiquant durement certaines opérations canadiennes pendant la Deuxième Guerre[15], de même que l'incurie de certains officiers, a soulevé l'ire des vétérans[16]. En 1995, vétérans et historiens américains s'affrontaient dans une controverse similaire. L'enjeu : une exposition consacrée au bombardement d'Hiroshima au Musée de l'air et de l'espace

* Nous abordons plus loin dans ce chapitre la problématique de l'opposition mémoire/histoire.

à Washington présentant les Japonais, ennemis d'hier, comme des victimes et les vétérans, héros d'alors, comme de quasi-criminels de guerre[17].

Il ne nous revient pas ici d'épiloguer sur ces débats, mais plutôt de souligner leur « mondialisation », symptomatique d'une crise généralisée des mémoires nationales de la Deuxième Guerre. Comme l'a déjà noté Pierre Nora, cette « crise des mémoires » s'inscrit dans un processus de mondialisation des marchés, des communications et du savoir, lequel, en transcendant les frontières étatiques, effrite la légitimité des mémoires nationales[18]. Elle participe aussi de ce que le spécialiste en communication Armand Mattelart appelle « l'utopie » de la « ville globale » : « Grâce aux autoroutes de l'information, ces modernes réseaux qui vont transformer la planète, tous les hommes deviennent frères, écrit-il. Telle est la nouvelle utopie – la nouvelle idéologie – qui se répand en cette fin de siècle[19]. » Utopie en effet car, rappelle l'auteur, la seconde moitié du XIXe siècle a vécu au rythme des expositions universelles, véhicules de « l'idéologie rédemptrice de la communication », alors que la fureur des guerres et des conquêtes coloniales ne cessait de la démentir. Au XXe siècle, cette même idéologie, qu'exprime magistralement Francis Fukuyama[20], en appelle à un monde unipolaire marqué par « la fin des idéologies » – lire « des totalitarismes » et de leur cortège – « guerres, génocides, épurations » – qui se muera en « fin de l'histoire », alors que les crispations nationales s'accentuent et que les foyers de conflits se multiplient, contexte d'après guerre froide oblige[21]. De tels antagonismes se traduisent par autant d'exercices de recomposition du passé. À des degrés divers, on assiste en effet dans les États ex-belligérants à une entreprise d'« épuration » des mémoires qui, hier antagonistes, s'harmonisent mal à l'utopie globalisatrice d'aujourd'hui. Utopie globalisatrice qui, précisons-le, s'effectue en fonction des priorités politiques du moment. À cet égard, la reconnaissance en 1995 par le président Jacques Chirac de la responsabilité de l'État français dans la déportation des Juifs dénote le désir des États européens de régler leurs comptes respectifs avec le passé, quitte à partager avec l'Allemagne le poids de l'Holocauste, seule avenue possible pour bâtir la mémoire consensuelle des États unis d'Europe.

La France n'est pas seule en cause dans ce nouveau repartage des responsabilités historiques ; tous les États concernés sont conviés à une confession planétaire de leurs compromissions avec les nazis pendant le conflit, si possible au jugement de ses ressortissants criminels de guerre survivants, et à ce titre à des réparations financières auprès des victimes juives des camps de concentration[22] – mais non des victimes communistes ou issues de la Résistance ni des Tziganes ou des homosexuels. À maints égards, ce genre de mea-culpa collectif – hautement médiatisé, largement incantatoire – débouche sur des déchirements plus éclairants sur les enjeux du présent que sur ceux du passé.

Où situer le Québec dans cette mouvance ? Sur un plan comparable à celui des peuples sinon « colonisés », du moins minoritaires – voire « minorisés » – au sein d'États hégémoniques : Bretons, Alsaciens, Corses ou Nord-Africains, soumis à l'hégémonie française ; peuples non russes, Caucasiens, Baltes, Ukrainiens, Croates, soumis à l'hégémonie russo-soviétique, lesquels ont préféré « oublier » la période allant des années trente à 1945. D'une part à cause des compromissions de certains d'entre eux auprès des forces nazies ou fascistes, en réaction souvent à un pouvoir hégémonique ; mais aussi peut-être parce que l'engagement de plusieurs d'entre eux aux côtés du « colonisateur », comme combattants ou comme résistants, pouvait les rendre « suspects » aux yeux de leur communauté d'origine[23]. À l'instar de ces peuples ayant participé à la Deuxième Guerre, les Québécois de souche canadienne-française semblent avoir « oublié » leur participation militaire à ce conflit, cultivant plutôt le mythe de la résistance à la conscription. Pourquoi et comment en sont-ils arrivés à construire ce récit ? Telle est l'interrogation sous-jacente à notre démarche. Celle-ci s'impose dans la mesure où, depuis le début des années quatre-vingt-dix, la communauté québécoise de souche canadienne-française est de plus en plus souvent interpellée publiquement sur son attitude durant cette période. Loin d'être singulier, ce genre d'exercice, hautement médiatisé, s'inscrit dans le courant de la recomposition des mémoires évoqué précédemment et émerge souvent à la faveur de conjonctures politiques sensibles.

Au Québec, la question s'est posée en des termes particulièrement virulents au moment de la publication des travaux de la politologue Esther Delisle, lesquels dénonçaient l'antisémitisme et les tendances fascisantes de l'élite canadienne-française pendant les années trente et après[24]. Au-delà des critiques qu'elle s'est attirées[25], l'irruption de cette thèse dans un contexte préréférendaire tendu avait le mérite de ramener sur le devant de la scène une question peu explorée par les historiens québécois et, à ce titre, demeurée lourdement investie de projections mythiques et émotives, soit la question de l'attitude des Canadiens français face à la Deuxième Guerre mondiale et de leur contribution effective au conflit. C'est cette dimension symbolique de l'histoire du Québec qu'il convient ici de réexaminer en se concentrant sur la gestion de la mémoire de la Deuxième Guerre par les élites québécoises, une façon de revisiter la question nationale tout en contribuant à une « réinterrogation du politique par l'histoire[26] ».

Du silence des vainqueurs au silence des vaincus

Quoique dans une moindre mesure, le reste du Canada semble également peu empressé à assumer son passé militaire. Le thème de la guerre y demeure presque tabou. Tout se passe en fait comme si les deux communautés linguistiques du pays préféraient éviter le sujet. Les spécialistes d'histoire militaire au Canada, les premiers, se sont longtemps plaints de la relative indifférence, sinon de l'ignorance, de leurs concitoyens à l'égard de leur passé guerrier. Phénomène que George F. G. Stanley, un des « pères » de l'historiographie militaire, attribue à une sorte d'atavisme lié à la situation géographique particulière du pays : « Les Canadiens, qu'ils soient d'origine française ou d'origine anglaise, ne forment pas un peuple militaire. Jouissant d'un sentiment de sécurité que leur procurait la situation géographique de leur pays, ils ont témoigné peu d'intérêt, au cours du dernier siècle, pour les questions de défense, fussent-elles passées ou actuelles[27]. »

Brereton Greenhous et William Douglas expliquent cette indifférence par la répulsion des historiens canadiens pour ce sujet, cela en dépit d'un intérêt public croissant à l'égard de l'histoire militaire[28]. Ronald G. Haycock y voit pour sa part l'héritage d'un presque demi-siècle marqué par l'équilibre de la terreur et la montée concomitante des mouvements pacifistes[29].

On trouve une attitude similaire du côté canadien-français/québécois. Par exemple, Serge Mongeau parle d'une «tradition antimilitariste» spécifique au Québec et affirme que «[...] les Québécois ont traditionnellement adopté une attitude distincte de celle des autres Canadiens face à la guerre». Il attribue la situation à l'anti-impérialisme viscéral et au caractère rural des Québécois. «Isolés», «en dehors des événements mondiaux», si l'on en croit l'auteur, ils auraient été en quelque sorte préservés de tout esprit belliqueux[30].

Cette perception québécoise va d'ailleurs de pair avec une quasi-absence d'historiographie militaire et d'enseignement de cette discipline au Québec. Pour Haycock, l'absence d'historiens rédigeant en français «est en grande partie attribuable à l'histoire elle-même: conquête, anglicisation croissante et différends culturels d'ordre national concernant la guerre et la politique étrangère[31]». Pour résumer la situation, ni les Canadiens anglais ni les Canadiens français ne se perçoivent comme des peuples militaires. Et pourtant, nombreux et sérieux furent les conflits qui tantôt les opposèrent, tantôt les amenèrent à combattre côte à côte un ennemi commun: «conquête» de 1760, invasion américaine de 1775, guerre de 1812, rébellions de 1837-1838, soulèvement des Métis, guerre des Boers, Grande Guerre et crise de la conscription de 1917, Deuxième Guerre mondiale, guerre de Corée, insurrection appréhendée de 1970, pour ne citer que les plus marquants.

Dans ce curieux portrait de famille où personne ne veut endosser le rôle de l'agresseur, une constante domine cependant: la Conquête consommée, le bras armé fut longtemps et officiellement anglais, jusqu'à l'adoption des politiques de bilinguisme dans les forces armées à la fin des années soixante. Ce déséquilibre des forces persistant entre les deux peuples fondateurs, les descendants des «conquérants» semblent avoir pris garde de le masquer derrière le «silence des vainqueurs», soucieux d'occulter le prix sanglant de leurs victoires et de leur pouvoir[32]. Le mythe du Canadien pacifique entérinait ce silence, nécessaire à l'unité et à la stabilité politique de la jeune nation canadienne. Dans un tel contexte, l'on ne se surprend guère de voir les institutions militaires canadiennes participer au «silence de premier type», celui qui occulte les origines de l'institution elle-même[33]. De filiation britannique, les forces armées n'ont cessé en effet de marginaliser les Canadiens français dans leurs rangs[34] et de les effacer de leur mémoire institutionnelle. En témoigne le silence persistant entourant la composante francophone des forces armées canadiennes dans l'historiographie militaire canadienne[35]. De leur côté, les Canadiens français/Québécois contribuaient activement à ce désarmement symbolique en se repliant dans le silence des vaincus – celui du « troisième type », de la gêne et de la honte –, préférant travestir leur défaite en « tradition antimilitariste ». Illustration frappante de cette occultation de la conquête/défaite originelle, l'article de Serge Mongeau propose de faire remonter l'antimilitarisme des Québécois à la Conquête, toutefois sa démonstration saute l'épisode douloureux pour s'intéresser directement aux incursions américaines de 1775-1777[36]. La Conquête est définie comme jalon politique, mais son contenu guerrier est évacué du discours. Il eût été en effet difficile d'accuser les Canadiens de la Nouvelle-France, vaste camp militaire perpétuellement en guerre[37], d'« antimilitarisme » !

À l'aune de cette « archéologie » des non-dits, on comprendra que la guerre en tant qu'objet d'histoire fasse problème au Canada. Le « secret de famille » militaire entourant la genèse d'un Canada biculturel expliquerait donc, du moins en partie, la lente émergence de l'historiographie en ce domaine, de même que son asymétrie sur le plan linguistique, reflet d'une asymétrie linguistique et culturelle longtemps maintenue au sein des forces armées canadiennes. En effet, quoique lente à apparaître, l'histoire militaire au Canada s'écrit principalement en anglais, renforçant ainsi son statut de langue du pouvoir et son caractère « étranger » aux yeux d'un Canadien français/Québécois. Il suffit de feuilleter l'ouvrage de référence magistral de O. A. Cooke sur la vie militaire au Canada pour s'en convaincre[38] : les écrits francophones y sont plus que marginaux, beaucoup d'entre eux étant des traductions d'ouvrages en anglais. Néanmoins, l'histoire militaire canadienne n'a vraiment pris son essor qu'après la Deuxième Guerre mondiale, se cantonnant jusque-là, à peu de chose près, à une écriture épique « sur fond de tambours et trompettes », souvent œuvre d'amateurs[39]. Parmi les « Pères » de l'historiographie militaire moderne au Canada, on retrouve C. P. Stacey et G. F. G. Stanley qui, dès les années vingt, comptent parmi les collaborateurs les plus prestigieux d'une première revue d'histoire militaire canadienne à prétention scientifique, le *Canadian Defence Quarterly*[40]. Mais leur travail restera longtemps marginal au sein d'une communauté universitaire peu sensible à ce genre de sujet. L'entre-deux-guerres n'apparaît guère propice en effet au développement d'une histoire militaire au Canada. La Grande Guerre, qui a fait 60 000 morts, de nombreux blessés et mutilés, a laissé un goût amer. Quant aux politiques de commémoration, elles ont été un échec : les immigrants ne se reconnaissent pas dans cette nouvelle expression du nationalisme canadien et les Canadiens français ne conservent que le souvenir meurtri de la conscription de 1917[41]. La dépression a par ailleurs ramené des problèmes plus urgents sur le devant de la scène. Autrement dit, les Canadiens ont toutes les raisons de vouloir oublier cet épisode tragique[42]. Aussi la Première Guerre mondiale est-elle loin de stimuler l'éclosion de nouvelles études militaires. Certes, le gouvernement a bien tenté de consigner par écrit la participation militaire des Canadiens à ce conflit pour servir une identité et une mémoire nationales en émergence, mais, à certains égards, ce fut un échec, même les vecteurs « officiels » de la mémoire de cette guerre ayant failli à leur tâche : il faudra attendre le début des années soixante pour qu'une histoire officielle de la Grande Guerre soit publiée[43].

Pendant la Deuxième Guerre, le gouvernement canadien dote l'histoire militaire d'une institution favorisant son développement. En 1940 est créée la section historique de l'état-major de l'armée avec, à sa tête, le colonel C. P. Stacey. Le rôle de ce dernier consistera à assurer la collecte de renseignements et l'organisation d'archives, ce qui lui permettra de publier une œuvre fondamentale pour l'historiographie militaire canadienne de la Deuxième Guerre[44]. À la suite de l'unification des forces armées, en 1968, la section historique est remplacée par le Service historique de la Défense nationale (aujourd'hui Histoire et Patrimoine) qui aura entre autres pour mandat de rédiger les histoires officielles de la marine[45] et de l'aviation canadiennes[46]. Ainsi le développement de l'historiographie militaire au Canada a-t-il dépendu essentiellement d'instances officielles pour le soutenir[47] tout en reposant sur les épaules d'un nombre restreint de «pionniers». Ceux-ci, tel Stanley, ont permis de développer une formation de calibre en histoire militaire au Royal Military College (RMC) de Kingston; toute une génération d'historiens militaires qui ont essaimé dans les universités en est d'ailleurs issue, dont J. L. Granatstein, D. Morton, A. M. J. Hyatt, S. Bernier, auteurs d'études marquantes en histoire militaire. D'ailleurs, le RMC organise depuis 1970 un colloque d'histoire militaire d'envergure internationale, longtemps annuel et unilingue anglais, maintenant bisannuel et bilingue.

Deux synthèses majeures de l'histoire militaire du Canada sont issues de ces deux générations d'historiens. Dès 1954, George F. G. Stanley publiait *Canada's Soldiers*, un ouvrage traduit en français en 1980[48]. Desmond Morton publie *Canada and War: A Military and Political History* en 1981[49]; puis en 1985 une synthèse d'ordre sociomilitaire sur l'histoire de la vie militaire au Canada depuis les débuts de la colonisation blanche: *A Military History of Canada*[50], traduite en français en 1992[51].

Le Canada anglais a donc bénéficié de structures favorisant le développement d'une historiographie militaire qui lui est propre. Nul doute que celle-ci a fait ressortir l'importance des guerres contemporaines dans la structuration de l'identité canadienne.

Dans *Armes, hommes et gouvernements*, Stacey traite de l'organisation du pays face à la guerre[52]. J. L. Granatstein a également abordé le sujet avec *Canada's War*[53]. Les travaux de Stacey et de Granatstein mettent en évidence l'affirmation du Canada en tant que nation et puissance internationale à la faveur de cette guerre moderne. Desmond Morton écrit à ce sujet:

> Les jeunes Canadiens qui s'embarquèrent pour l'Afrique du Sud, le 31 octobre 1899, ont peut-être répondu à l'appel de l'Empire, mais moins d'un mois après leur arrivée au Cap, ils ne se demandaient plus ce que cela signifiait être Canadiens. L'expérience allait se répéter au cours des deux guerres mondiales et dans quantité de missions de maintien de la paix de moindre importance[54].

Cette citation renvoie au mythe des origines qui imprègne l'historiographie militaire canadienne contemporaine: au même titre que d'autres États avant ou après lui, le Canada émerge en tant que nation «imaginée» à la faveur des deux conflits mondiaux. Il s'agit toutefois d'un acte de naissance manqué, ce Canada héroïque s'avérant essentiellement blanc, anglophone et d'origine britannique.

Jusqu'à récemment en effet, ce mythe a laissé dans l'ombre le rôle des Canadiens français, de même que celui d'autres peuples minoritaires au Canada dans les conflits contemporains[55]. Silence sur les origines, que Morton explique en ces termes:

> Les Canadiens ont fait de grandes choses à la guerre, mais ils ne les ont pas faites ensemble, et la guerre a laissé un héritage de profondes divergences que le passage du temps n'a guère comblées. Les crises de la conscription ont divisé les francophones et les anglophones. Mais d'autres ont nourri des souvenirs tout aussi sinistres, depuis la défaite des Métis en 1885 jusqu'aux Ukrainiens et aux Canadiens d'origine japonaise internés parce que la guerre permettait de traduire en actes de vieux préjugés[56].

La création d'une section francophone au Service historique en 1974 a néanmoins ouvert la porte à des auteurs et à des études originales francophones, en plus d'offrir les traductions coutumières[57]. Ainsi, dans une perspective sociomilitaire, Serge Bernier et Jean Pariseau se sont interrogés sur la place qu'occupe le Canada français dans l'histoire militaire canadienne[58]. Toutefois, cette antenne francophone commence seulement à percer dans les universités du Québec, grâce d'une part au travail acharné de Serge Bernier et d'autre part à un intérêt nouveau de la part d'étudiants québécois pour l'histoire militaire. Symbole de ce rapprochement, depuis 1994, plusieurs colloques, dont certains se sont déroulés uniquement en français, ont été organisés, fruit d'une collaboration entre Histoire et Patrimoine et le Département d'histoire de l'UQAM[59]. Certes, l'engouement de certains historiens québécois pour l'histoire militaire semble avoir relevé jusqu'à récemment d'initiatives personnelles, faute de structures québécoises comparables à celles mises en place au niveau fédéral – et pour cause, le Québec étant un État non souverain, sans armée.

Précisons que l'historiographie québécoise universitaire est elle-même très jeune dans son ensemble par rapport aux autres historiographies occidentales, celle du Canada anglais comprise. Le fondateur de la discipline au Québec fut l'abbé Lionel Groulx qui créa l'Institut d'histoire de l'Amérique française en 1946[60]. Lui-même ainsi que ses collègues (Thomas Chapais et Gustave Lanctôt), puis ses successeurs (Guy Frégault, Michel Brunet et Maurice Séguin) s'intéressèrent essentiellement au Régime français ou aux années qui suivirent la Conquête[61], problématique qui marqua l'historiographie jusqu'aux années soixante-dix. La question centrale qui agite alors la communauté historienne tourne autour de l'impact de la Conquête sur le destin du peuple canadien-français, autrement dit de la question de ses origines. Le premier à rédiger une histoire contemporaine du Québec fut Robert Rumilly, historien d'origine française proche des milieux clérico-nationalistes. Ses écrits sur les deux guerres mondiales se concentrent sur les divisions qu'elles engendrèrent entre Canadiens français et Canadiens anglais. Ils constituèrent longtemps l'une des rares références de l'histoire québécoise contemporaine dont s'inspirèrent plusieurs manuels d'histoire[62].

Au tournant des années soixante-dix, l'histoire des Canadiens français du XIXe et du XXe siècle restait donc à écrire. Et que dire de l'histoire militaire ? D'autant que l'école française des *Annales*, privilégiant une approche sociologique et reléguant le récit des batailles au rang de vieillerie, commençait à influencer la pratique historienne au Québec[63]. Aussi, à quelques exceptions près, la guerre-combat est-elle absente de l'historiographie québécoise[64]. Jusqu'à la fin des années soixante, on n'observe pour ainsi dire aucune production québécoise notable en la matière. Sauf peut-être l'œuvre de Guy Frégault, *La guerre de la Conquête, 1754-1760*[65] où l'auteur oppose les miliciens « canadiens » (de souche française) valeureux aux militaires européens inexpérimentés[66], une étude militaire qui resta sans suite au Québec. En 1968, Charles-Marie Boissonnault publie une synthèse peu marquante de l'histoire politico-militaire des Canadiens français[67]. Au Québec, la question militaire est plutôt abordée comme phénomène de société et les chercheurs touchent surtout la période de la Nouvelle-France jusqu'au début du XIXe siècle[68].

L'arrivée, au tournant des années soixante-dix, d'historiens que Ronald Rudin qualifie de «révisionnistes» n'apporta guère plus. Exception faite de certaines histoires régimentaires, de qualité variable[69], les Québécois semblent avoir continué de bouder l'histoire militaire. En 1977, Gérard Filteau publie *Le Québec, le Canada et la Guerre, 1914-1918*, seule étude originale francophone publiée sur la Grande Guerre, entreprise sans suite. *Le Québec et la guerre*[70], dirigé par Jean-Yves Gravel (1974), traite de la question des Canadiens français dans ou face à l'institution militaire en cinq articles majeurs. On y trouve sous la plume de Desmond Morton une étude sur la milice canadienne au Canada français entre 1868 et 1914; une étude de René Durocher sur Henri Bourassa, les évêques et la guerre de 1914-1918; un tableau d'ensemble du Québec militaire pendant la Deuxième Guerre mondiale de Jean-Yves Gravel, suivi d'une autre étude sur la fondation du Collège militaire royal de Saint-Jean; James Ian Gow signe un article sur les Québécois et les relations internationales entre 1945 et 1960; Gravel clôt l'ouvrage par des statistiques sur les francophones dans les forces armées canadiennes.

En 1981, Geneviève Auger et Raymonde Lamothe publient une histoire de la vie quotidienne des Québécoises pendant la Deuxième Guerre[71]. Leur démarche s'inspire aussi du courant d'histoire sociale des années soixante-dix et s'inscrit dans le contexte d'une historiographie féministe en pleine expansion. Cette étude qui s'intéresse essentiellement aux conséquences du conflit sur la condition féminine ne démontre aucun intérêt particulier pour la guerre elle-même. De toute façon, à partir des années soixante, les champs de bataille sont quasiment occultés des manuels et livres d'histoire québécois, la reprise économique, les différends fédéraux-provinciaux, le rôle des femmes dans l'économie de guerre, et surtout le Non au plébiscite de 1942, prenant presque toute la place. Ainsi, le deuxième tome de l'*Histoire du Québec contemporain*, un ouvrage de 740 pages, consacre tout au plus huit lignes aux opérations militaires[72].

Les sources de cette occultation ne semblent cependant pas attribuables aux seules déficiences de l'historiographie. En effet, sur le plan scolaire, les autres aspects de la Deuxième Guerre évoqués dans les manuels d'histoire du Québec sont très peu étudiés, en particulier la question du plébiscite, si sensible. Vu l'importance de cet épisode dans la mémoire québécoise, on aurait pu s'attendre à ce que des chercheurs québécois se penchent sur cette question. Cela ne s'est pas produit. André Laurendeau a certes publié *La Crise de la conscription*, en 1962, mais il s'agissait plus d'un testament politique que d'une recherche scientifique. Les deux études publiées sur la question sont venues de la communauté anglophone[73]. C'est donc la guerre dans son ensemble qui semble avoir posé problème aux chercheurs québécois, comme si ceux-ci avaient eu peine à intégrer cette période au nouveau concept d'histoire québécoise, issu de la Révolution tranquille. En d'autres termes, circonscrire l'histoire des Canadiens français au territoire du Québec revenait à tourner le dos aux événements historiques vécus à titre de citoyens canadiens. À cet égard on pourrait parler d'un véritable acte de sécession sur les plans imaginaire et symbolique par rapport au reste du Canada. De fait, l'« oubli » des soldats canadiens-français partis au front apparaît comme l'une des composantes de cette démarche « sécessionniste ».

Par ailleurs, s'il existe un biais « antimilitariste » chez les historiens québécois, celui-ci puise avant tout ses sources dans l'anti-impérialisme d'Henri Bourassa, chef de file du nationalisme qui éclot en 1899 avec la guerre des Boers. Porté essentiellement par les Canadiens français, ce nationalisme pancanadien revendique l'autonomie du pays par rapport à la Grande-Bretagne et refuse toute participation aux aventures militaires impériales. Comme le résume Henri Bourassa :

> L'impérialisme anglais dans sa forme concrète et pratique peut se définir en dix mots : la participation active des colonies aux guerres de l'Angleterre. [...] C'est [...] l'asservissement de toutes les nationalités distinctes qui composent l'Empire britannique afin d'assurer la suprématie mondiale de la race anglo-saxonne[74]...

Ce nationalisme ne se réduit pas pour autant à un discours pacifiste ou antimilitariste car il ne remet jamais en question la nécessité d'assurer une défense raisonnable du territoire. Néanmoins, une certaine ambiguïté persiste à cet effet tout au long du XXe siècle. Par exemple, Lionel Groulx fait valoir dans son œuvre qu'à la « Conquête » du vainqueur par le sang, le peuple vaincu opposa la conquête pacifique de ses droits[75]. On observe par conséquent une confusion certaine autour de la problématique militaire au Québec. Le phénomène est sans doute attribuable à la superposition de la tradition anti-impérialiste et du pacifisme plus ou moins diffus qui se manifeste en Occident à l'issue des guerres mondiales, de celles de la Corée ou du Viêt-nam.

En dépit des conflits militaires où leurs compatriotes furent impliqués à titre de sujets britanniques puis de citoyens canadiens, le front, pour les historiens canadiens-français/québécois, était ailleurs. Ainsi, jusqu'à la Deuxième Guerre, la question de la survivance les agita beaucoup. Puis, au cours des années cinquante et soixante, ils s'interrogèrent surtout (et se chicanèrent énormément) sur les causes de leur infériorité économique, les uns l'attribuant aux suites de la Conquête, les autres, aux Canadiens français eux-mêmes[76]. À partir des années soixante-dix, les historiens « révisionnistes » tentèrent de projeter une image moderne du Québec dans le passé, en utilisant des outils et des sujets empruntés à l'histoire sociale. Ce projet historiographique correspondait à l'irrésistible ascension de l'État québécois[77]. À travers cette évolution, la guerre demeura un sujet négligé voire tabou. Faute de structures, tel que nous l'avons vu plus haut, mais aussi parce que les Québécois étaient en train de se définir en tant que peuple et de se donner des outils de développement économique propres. En ce sens, l'histoire québécoise s'impose comme le vecteur d'une mémoire que sous-tend un projet d'affirmation nationale sans armée[78].

Pour Jocelyn Létourneau, le projet d'affirmation québécois se caractérise dans la mémoire collective par le rejet, à partir des années soixante, de la *Painful Story* du Sujet collectif *canadien-français*, le perdant « scieur de bois et porteur d'eau ». Celui-ci sera remplacé par le Sujet collectif québécois, le gagnant, l'entrepreneur, s'affirmant face à l'instance fédérale. Cette rhétorique ravale l'avant-Révolution tranquille à une sorte d'Ancien Régime mythique, soit « la Grande Noirceur[79] ». Selon Ronald Rudin, les historiens québécois des années soixante-dix tentèrent de renverser cette impression en « normalisant » l'histoire du Québec, insistant sur les ressemblances de la société québécoise avec le reste du monde, tout en minimisant ses traits distinctifs – influence du catholicisme ou résistance au capitalisme – pourtant mis en évidence par des auteurs aussi opposés que Lionel Groulx et Fernand Ouellet. L'entreprise, toujours selon Rudin, contribua largement à dédramatiser l'histoire du Québec en présentant les Québécois comme des tenants de toujours «de la laïcité, matérialistes et urbains comme leurs voisins d'Amérique du Nord[80]». Bref, dans ce régime de vérité, les Québécois devenaient des gens comme tout le monde[81].

Ce processus de «dédramatisation» ne pouvait toutefois fonctionner, semble-t-il, qu'au prix d'un certain désinvestissement des historiens québécois non seulement à l'égard des épineuses questions religieuses et politiques, mais aussi et surtout à l'égard d'un passé militaire, tout aussi problématique[82]. Il en résulta que la mémoire des guerres au Québec demeura dans le registre populaire. Rarement soumis à l'examen critique de l'historien, cette mémoire releva jusqu'à aujourd'hui des lieux communs et des mythes qui tissent l'identité des sociétés. Ainsi, ceux qui définirent le discours par la suite tinrent longtemps pour acquis ou laissèrent entendre que les Canadiens (français) avaient peu ou pas participé à la Deuxième Guerre, et que ceux qui avaient osé briser le tabou fondateur de la société canadienne-française, ne pas combattre aux côtés des vainqueurs, étaient une quantité négligeable d'aventuriers méritant, au mieux, ironie ou dérision[83].

CHAPITRE II

Genèse du mythe de Dieppe

S'il est désormais presque communément admis chez les historiens « qu'opposer le "mythe" et la "réalité" n'a pas de sens[1] », s'impose un lieu où ces deux concepts apparaissent indissolublement liés : le champ de bataille, lieu de mémoire surinvesti par le mythe, aimant de toutes les projections symboliques, mais aussi moment de vérité où l'homme est confronté à la peur, à la souffrance et à sa propre mort. Théâtre d'une violence organisée, investie d'une raison d'État (ou d'États en cas d'alliance) et d'une légitimité professionnelle à défendre (la profession militaire), la bataille moderne vue d'en bas peut en effet devenir rapidement un chaos de feu, de mitraille et de sang[2]. Face à ce paradoxe, le besoin de transfigurer la souffrance du combattant en rituel sacrificiel nécessaire au bien commun, voire à l'émergence de la nation, semble irrésistible, et pour le pouvoir politique en mal de justification et pour la société en mal d'explication.

Dans cette gestion du symbolique, il s'avère certes plus aisé de « vendre » une victoire, fût-elle coûteuse en vies humaines, qu'une défaite. Le succès final permet, du moins dans un premier temps, d'occulter les souffrances subies par les soldats ou les civils impliqués dans les combats. Par exemple, durant la Deuxième Guerre, la bataille d'Angleterre deviendra instantanément le symbole de la résistance du peuple britannique aux bombardements ennemis, et ce, sous l'appellation commune du « Blitz[3] ». Occultant les insatisfactions et déchirements sociaux occasionnés par la guerre, le « Blitz » a offert un schéma explicatif instantané et apaisant à une population soumise à une expérience traumatisante. Mais qu'en est-il des désastres militaires qui, comme Jubilee, n'ont *a priori* que prisonniers, chairs lacérées et cadavres à offrir en pâture au public ? Dieppe nous plonge dans l'univers de la fatalité antique, où seul le sacrifice humain, exigé des Dieux, peut dénouer les crises. C'est en effet la convergence malheureuse de raisons d'États, de sensibilités nationales exacerbées, d'opinions publiques avides de revanche et d'ambitions personnelles, bref, d'irrationalité érigée en politique, qui a pavé la voie de cette entreprise risquée[4]. Cette résurgence archaïque en pleine guerre – déjà – technologique défie une modernité pétrie de certitudes mais en même temps, paradoxe ultime, sera exploitée pour travestir et justifier l'échec.

Aussi, la justification du raid semble s'être figée dans les médias, à certains détails près, quelques heures à peine après son tragique dénouement, comme si les événements n'avaient fait que se lover dans le canevas d'une intrigue préétablie, lui conférant ainsi le statut de mythe instantané. Plus surprenant encore, le Bureau de l'information qui alimente les médias en temps de guerre parvient à travestir un temps le désastre en succès, sans vraiment mentir sur les détails de l'opération. Bref, le récit de Dieppe dans les médias s'impose comme un cas presque parfait de manipulation de l'information. Constat troublant, qui fait de cet événement un observatoire privilégié de la gestion du symbolique par le politique en temps de guerre, mais aussi de ses limites. Présentée comme une opération de reconnaissance destinée à sonder les défenses ennemies, Jubilee avait beau offrir *a posteriori* une série de « leçons tactiques[5] », son coût humain démesuré a, de fait, hanté sans répit les consciences et entretenu la controverse jusqu'à aujourd'hui. En témoigne la part significative de la littérature consacrée à cet événement dans l'historiographie militaire canadienne, qu'il s'agisse d'œuvres de spécialistes ou d'amateurs[6].

Un mythe canadien

Selon Brian Loring Villa, Jubilee a représenté, dès sa planification, un enjeu important pour le nationalisme canadien.

Cette opération présentait enfin au général McNaughton l'occasion de mettre ses troupes en valeur et d'affirmer leur crédibilité au combat dans le concert des nations alliées. Le fringant commandant n'affirmait-il pas que l'armée canadienne devait être «*a dagger pointed at the heart of Berlin*»? Ce discours offensif enchantait les médias et une certaine opinion publique canadienne-anglaise. Nationaliste, McNaughton refusait tout engagement susceptible de dissoudre les forces canadiennes dans les contingents alliés ou de les éparpiller sur des théâtres secondaires. C'est pourquoi il aurait, semble-t-il, refusé, quoique de façon informelle, de participer à l'opération Torch en Afrique, prévue fin octobre 1942. Aussi insistait-il pour que l'on réserve aux forces canadiennes les nombreux raids lancés sur la côte ouest européenne. Cela permettait en outre d'entretenir l'esprit offensif des troupes en vue du grand débarquement final, et ce, à moindre coût, les raids étant généralement brefs et peu susceptibles d'entraîner de trop lourdes pertes[7].

Pour sa part, l'historien militaire canadien Brereton Greenhous distribue les blâmes entre Lord Mountbatten et son «acolyte» Hughes-Hallett, d'une part, et les généraux canadiens McNaughton et Crerar, d'autre part, qu'il accuse respectivement d'avoir bâclé l'opération et cédé à des ambitions personnelles[8]. L'historien britannique Peter J. Henshaw, quant à lui, considère que, dans l'ensemble, Villa et Greenhous expriment des récriminations injustifiées à l'égard du commandement britannique. Selon lui, le commandement canadien est seul responsable d'avoir acquiescé en connaissance de cause au plan Jubilee[9]. Ce procès semble exagéré. Sans pour autant nier la responsabilité de McNaughton, Villa montre en effet que les responsables militaires britanniques, le chef de l'état-major impérial, le général Sir Alan Brooke en tête, connaissant les risques de l'opération, se sont exercés à y consacrer le moins de ressources d'appui possible. Ses arguments les plus accablants pèsent sur le chef des opérations combinées, Lord Mountbatten, lequel aurait lancé l'opération sans autorisation officielle.

Au Canada français, les auteurs ont boudé Dieppe. Pourtant la mémoire du raid est palpable au Québec. En 1970, l'«exécution» du ministre Pierre Laporte n'était-elle pas revendiquée par «la cellule Dieppe (Royal 22ièm[10])» [*sic*] par référence au présumé statut de colonisé des Québécois? Parmi les francophones, seul Lucien A. Dumais, sergent-major dans les Fusiliers Mont-Royal au moment du raid, a légué un témoignage très personnel des événements: *Un Canadien français à Dieppe*[11]. Le journaliste Pierre Vennat a produit quant à lui un ouvrage pour rappeler la mémoire de son père André, mort au champ d'honneur en 1942: *Dieppe n'aurait pas dû avoir lieu*[12]. De vagues mais douloureuses réminiscences, un témoignage et une commémoration, la mémoire de Dieppe semble s'être toujours dérobée à l'examen critique.

En dehors du Canada ou de la Grande-Bretagne, la tragédie a laissé peu de traces dans la mémoire des nations ex-belligérantes qui la considèrent, au mieux, comme un épiphénomène militaire. Lorsqu'il est question de grands enjeux stratégiques, la plupart des historiens européens tiennent Jubilee pour quantité négligeable. Certains résument les faits à une «coûteuse erreur dictée par le prurit de faire quelque chose à tout prix[13]». D'autres, comme les historiens français Pierre Milza ou Jacques Chastenet, passent carrément l'événement sous silence[14]. Dans sa synthèse de la période, le Britannique John Keegan tait également l'épisode, quoiqu'il consacre plusieurs pages au «dilemme stratégique» qui agite Churchill à l'époque[15]. Plus récemment, une édition spéciale du *Monde*, consacrée à la Deuxième Guerre, relègue l'événement dans une colonne chronologique à une formule minimaliste: «18-19 [août]. France: vaine tentative de débarquement à Dieppe de 5000 Canadiens, 100 Anglais et une poignée d'Américains[16].»

Des auteurs français salueront certes l'intervention canadienne à Dieppe par des récits détaillés de l'opération et autant de tentatives d'explication[17]. Mais leurs analyses s'inspireront de l'interprétation émise par C. P. Stacey après la guerre: «Les pertes encourues lors du raid représentaient une partie du prix qu'il fallait payer pour l'expérience qui nous a permis de lancer la grande opération de 1944 en sacrifiant moins de vies humaines que les plus optimistes n'avaient osé le croire[18].» Point de vue d'un professionnel de la guerre doublé d'un historien dont la rationalité un peu sèche ne satisfait guère, encore une fois, la mémoire investie d'interrogations d'ordre plus émotif, voire existentielles.

C'est finalement l'incroyable faiblesse des motifs militaires ayant présidé au lancement du raid qui semble fasciner ces auteurs: «[...] on pourra toujours se demander quelle a été, dans la décision, la part de ces considérations militaires pures au milieu de multiples considérations stratégiques, politiques et psychologiques qui ont été passées en revue dans la première partie de ce livre», écrit Jacques Mordal, lui-même ancien membre de la marine française[19]. Autre point de vue de militaire: «L'on est effrayé par ce gouffre sans fond, toute la hiérarchie a sa part de faute et personne n'est responsable!» écrit René Abautret, officier de l'armée de l'air[20]. L'un des principaux artisans de Jubilee, le capitaine J. Hughes-Hallett, conseiller naval au quartier général des Opérations combinées, l'affirmera lui-même avec une étonnante désinvolture: «À l'origine, nous n'avions aucune raison particulière de choisir Dieppe, si ce n'est qu'il s'agissait d'un petit port de mer et [...] que cet objectif convenait à l'attaque d'une division[21]...» Quand on connaît la configuration géographique de l'objectif, une souricière entourée de falaises bien défendues, une telle légèreté laisse songeur.

Il faut attendre l'enquête de l'historien canadien Brian Loring Villa, en 1989, pour que ressortent plus clairement et de façon mieux documentée le caractère improvisé, voire «non autorisé», du déclenchement de l'opération sous la pression de considérations plus politiques que militaires, ainsi que la désespérante dépendance du Canada sur les plans diplomatique et militaire au sein des forces alliées.

Mise en récit dans les journaux

Comment, à l'époque, les autorités ont-elles tenté de «vendre» le désastre de Dieppe à la population? La couverture des journaux étudiés démontre un souci d'information de la part des services concernés, censure et propagande, certes très calculé, mais relativement honnête compte tenu du contexte: encore une fois, 1942 est un point tournant du conflit. Les Alliés passent à l'offensive, la censure militaire se renforce et les services de propagande se réorganisent pour mobiliser l'opinion publique et raviver son intérêt pour l'effort de guerre. Le conflit dure depuis trois ans, perturbe la vie civile, et les Alliés n'ont essuyé que des revers. Vu du Canada, Dieppe est un moment charnière, dernier épisode d'une série de catastrophes – chute de la France, bombardements de l'Angleterre, Hong-Kong, Pearl Harbour – et début d'une série d'offensives – le front ouest, débarquements en Afrique, en Sicile, en Italie, en France. Il s'agit donc d'une opération particulièrement délicate[22]. Dès lors, Jubilee tournant au désastre, comment « informer » la population sans la démoraliser ni surtout aviver les divisions nationales ? En inscrivant le récit dans le registre du sacré, celui du sacrifice héroïque, de l'épopée. Ainsi s'opère, commandé par la raison d'État, le transfert du sacrifice religieux au sacrifice patriotique.

Au Québec, l'opération prend un visage canadien-français. Malgré leur rôle secondaire sur le terrain, les Fusiliers Mont-Royal se retrouvent à l'avant-scène médiatique. À la tête de l'unique régiment francophone ayant participé à l'opération, le colonel Dollard Ménard et l'aumônier, l'abbé Armand Sabourin, deviennent les héros d'une épopée dont le coût humain et militaire ne sera révélé que graduellement. Cette stratégie de communication à l'endroit des Canadiens français n'a rien d'original. Depuis le début de la guerre, le Bureau de l'information publique, supervisé par le ministère des Services nationaux de guerre, alimente la presse québécoise d'une littérature résolument « héroïque » et spécifiquement destinée aux Québécois où Dollard et Montcalm côtoient les héros de Courcelette et de Vimy, ceci dans l'espoir d'éveiller la fibre patriotique des francophones. La ficelle est grosse au point d'indisposer certains Canadiens anglais, ceux-ci jugeant cette rhétorique distincte dangereuse pour l'unité nationale. L'information est drainée dans les médias sous forme de communiqués contenant des renseignements généraux, des annonces ministérielles et des photos officielles. Discret au début, ce créneau d'information prend de l'importance, le conflit progressant et l'opposition nationaliste se radicalisant. Dès avril 1941, la documentation destinée à la presse francophone du Québec se multiplie, Ottawa adoptant une politique d'information plus active et mieux ciblée[23].

Pour la couverture de Dieppe, les journaux étudiés s'alimentent aux mêmes sources, soit les correspondants de guerre, les communiqués officiels ou les agences de presse internationales, lesquels se plient aux directives de la censure et de la propagande[24]. Cela n'empêche pas cependant les journaux de publier des communiqués ennemis, concernant les pertes en particulier. Mais c'est surtout dans les éditoriaux et dans le traitement de la nouvelle que s'expriment les différences d'opinion et de perception de l'événement. De fait, en ce qui concerne l'information militaire, la marge est de plus en plus étroite. À partir de mai 1942, la censure se réorganise et le ministère de la Défense nationale en profite pour réclamer un contrôle plus strict de la couverture des opérations militaires dans la presse écrite et à la radio[25]. Ainsi, au moment de Dieppe, la censure et l'information gouvernementale portent déjà une attention particulière aux journaux. Ainsi, le 29 juin 1942, une lettre circulaire du Bureau d'information en temps de guerre nous apprend que de petits comités-conseils doivent se réunir pour formuler des politiques de censure sur des sujets précis[26]. Et, en juillet 1942, Charles Vining, alors sur le point de réorganiser les services d'information, désigne les journaux comme des instruments de propagande plus efficaces que les affiches, les dépliants ou les fascicules[27].

Les trois temps du récit de Dieppe

Y a-t-il eu une stratégie d'information précise concernant Dieppe ? Tel n'est pas l'objet de cette recherche, puisque celle-ci s'intéresse surtout au récit qui en a été fait dans les médias. Toutefois, l'analyse de l'information diffusée dans ces journaux fait soupçonner l'existence d'une telle politique. En effet, on relève trois phases dans la narration du récit de Dieppe : 1) le récit stratégique (19 et 20 août) ; 2) le récit héroïque (à partir du 21 août) ; 3) la « révélation » (8 et 15 septembre[28]). Ces récits, alimentés par les agences de presse, les communiqués du gouvernement ou des états-majors, se développent de façon relativement autonome par rapport aux positions éditoriales respectives des journaux étudiés. Initiés successivement, les récits de ces différentes phases s'amalgament progressivement pour s'ordonner en récit socialement acceptable.

Phase 1. Le récit stratégique. Dès le 19 août 1942, une pluie d'informations éparses et contradictoires semble s'être abattue dans les salles de presse pendant au moins trois jours. D'un journal à l'autre, on retrouve la même mouture qui met l'accent sur l'attaque victorieuse mais violente, nécessaire en tout cas. Le coût humain élevé n'est que suggéré. En dépit d'une certaine confusion, une impression globale ressort : en quelques jours, le récit de Dieppe semble déjà scellé ; tous les éléments clés de l'entreprise, de même que ses justifications, reprises jusqu'à aujourd'hui par maints auteurs, s'étalent dans les journaux, le rideau à peine refermé sur la tragédie.

Dans *Le Devoir* du 19 août 1942, la nouvelle éclate comme un coup de tonnerre : « Les troupes canadiennes déclenchent une violente attaque sur Dieppe[29]. » Un communiqué des quartiers généraux britanniques qui y est publié transmet un rapport très positif de l'opération :

> Les troupes qui ont pris part au raid sur la région de Dieppe sont débarquées sur tous les points choisis. Elles ont rencontré une violente opposition à certains endroits, et sur le flanc gauche, une compagnie de débarquement a été repoussée instamment mais s'est reformée plus tard et a pris la baie d'assaut.

Les troupes du flanc droit ont rembarqué après avoir atteint leur but. Et au centre, où des chars ont débarqué, « une dure bataille se poursuit[30] ». Dans son éditorial, Georges Pelletier met cependant un bémol à cet enthousiasme. Il perçoit surtout ce « coup de sonde » comme un compromis pour calmer les alliés communistes :

> Il ne s'agit pas du lancement du front occidental dont on parle tant depuis quelques semaines ; entreprise dont l'exécution paraît prématurée aux autorités militaires, puisqu'elles ne l'ont pas encore lancée, malgré les instances de la Russie et des campagnes amorcées à ce sujet dans les milieux sympathiques par-dessus tout à la cause russe[31]...

Mais ces propos pèsent peu face à la couverture enthousiaste du grand média de masse qu'est *La Presse* de l'époque[32]. Dans l'éditorial du quotidien de la rue Saint-Jacques, on apprend que des troupes britanniques ont débarqué à Dieppe et que les Canadiens représenteraient une « forte proportion » des troupes. Les nazis reconnaissent eux-mêmes la violence de l'assaut. C'est une opération d'ampleur inégalée faisant intervenir les trois armes et du matériel lourd. On insiste sur les précautions prises à l'égard des civils dieppois prévenus de ne pas prendre part aux opérations pour éviter les représailles nazies. C'est un succès: « [...] dès maintenant il semble bien que ce débarquement a été pleinement réussi, qu'il a pris les Allemands complètement par surprise et leur a causé des pertes très sérieuses ». On notera la conclusion, triomphaliste:

> Le raid accroîtra le prestige qui entoure ces troupes d'élite, qui nous représentent comme des combattants d'une audace extrême, toujours prêts pour les missions les plus périlleuses, entreprises même aux lieux les mieux défendus de la côte occupée par les Allemands[33].

Le Canada exploite la même veine: « Canadiens en tête, les Alliés tiennent Dieppe un jour entier. » En éditorial, Edmond Turcotte triomphe. Il présente Dieppe comme « une répétition générale pour le jour où les forces britanniques se jetteront comme une masse sur les fortifications nazies ». Il ajoute: « En tout cas, les fausses offensives comme celle de Dieppe entretiennent chez l'ennemi l'état d'incertitude qui est un des éléments de la surprise dans l'art de faire la guerre[34]. » Le 20 août apporte peu d'informations supplémentaires: « Les détails sont encore rares sur le raid contre Dieppe », note *Le Devoir* qui souligne que des Canadiens français appartenant aux Fusiliers Mont-Royal seraient du lot des attaquants[35].

Mis à part le bilan exact des pertes, la plupart des éléments de l'histoire de Dieppe sont exposés dans les journaux vingt-quatre heures après la fin de l'opération: Dieppe est un préliminaire à l'ouverture du second front réclamé par Staline (motif politique et stratégique), une « répétition générale de ce que pourrait être le lancement d'un second front sur le continent européen[36] », un « coup de sonde » qui s'apparente aux précédents pour tester les défenses ennemies – Georges Pelletier fait mention de Saint-Nazaire, du Spitzberg et de l'Islande – (orientation tactique[37]). La thèse présentant Jubilee comme une opération expérimentale de débarquement de forces combinées est diffusée par le quartier général des forces armées à Londres. On parle d'« attaque [qui] nous a donné une expérience vitale dans l'emploi de troupes suffisamment nombreuses dans une attaque ainsi qu'une expérience dans le transport de l'équipement lourd des troupes durant des opérations combinées » (tactique).

Selon les Alliés, les objectifs sont au moins partiellement atteints: destruction d'une batterie de six canons et du magasin de munitions, d'une station de radio et d'une batterie antiaérienne. Mais les Allemands prétendent que les positions fortes n'ont pas été touchées (bilan tactique): « L'ennemi a subi une défaite accablante dans cette tentative d'atterrissage qui servait seulement des fins politiques et était contraire à tout motif militaire. La vigilance allemande dans l'ouest a donné la réponse appropriée à cette entreprise d'amateurs[38]. » On sait cependant déjà que les pertes sont lourdes. Les premières estimations, quoique vagues, s'avèrent alarmantes et les données contradictoires des Alliés et des Allemands ajoutent à la confusion et à l'inquiétude[39]: du côté allié, on insiste sur le fait que l'objectif est atteint malgré des pertes importantes, mais présentées comme nécessaires; du côté allemand, on qualifie l'opération d'« entreprise d'amateurs » (effectifs). Dans *Le Devoir*, les Fusiliers Mont-Royal sont déjà mentionnés comme faisant partie de l'expédition (effectifs).

Les responsables de l'information semblent s'être livrés ici à un habile exercice de relations publiques, vu l'ampleur de la défaite. Ainsi, dès les premiers jours, les services d'information jouent la carte didactique, faisant mine de mettre le lecteur dans le coup[40]. Dans l'édition de *La Presse* du 20 août, une photo aérienne de Dieppe illustre une analyse du raid. Les chefs militaires anglais se penchent sur le « cas » et les leçons tirées de l'expérience serviront aux prochains assauts, fait-on valoir. Étonnamment, l'article conclut en présentant la situation militaire sous la forme d'un excitant suspense:

> Ce qui est encore plus important, l'ennemi ne saura jamais lequel de ces raids marquera pour de bon le début de l'invasion et il lui faudra concentrer pour chacun des forces suffisantes comme s'il s'agissait du véritable début de l'offensive. Quant à savoir quand sera inauguré le deuxième front, ce sera peut-être cet automne, peut-être le printemps prochain[41].

L'article apporte même des précisions, surprenantes dans un contexte de guerre, qui annoncent la recette de base de l'opération Overlord (débarquement de 1944):

> Cette offensive sera précédée d'un débarquement de commandos de grande envergure. Les commandos s'assureront une vaste tête de pont et la maintiendront. Ils seront suivis de l'armée d'invasion, composée de divisions de 15000 hommes, de pièces d'artillerie, de tanks et de camions. Une armada aérienne les survolera[42].

Sans doute trop généraux pour mettre directement en danger la sécurité alliée, ces éléments n'en indiquent pas moins clairement l'orientation tactique des plans de débarquement alliés. Pourquoi publier de telles informations, si ce n'est pour rassurer l'opinion publique? Ce souci transparaît dans ces propos du ministre de la Défense, J. L. Ralston, adressés à la nation:

> Nos hommes ont combattu avec courage. Les pertes ont été lourdes. Mais nous devons nous y préparer car la guerre est une entreprise terrible. Mais le fait de juger si le prix a été grand ou faible repose dans le cœur du peuple canadien. Comparé au coût de l'expédition, il y a le droit des hommes, des femmes et des enfants à vivre en liberté plutôt que d'entrevoir l'esclavage et la dégénérescence sous la botte des tyrans allemands[43].

Le gouvernement en profite pour vanter la valeur des troupes canadiennes stationnées depuis deux ans et demi en Angleterre: «Le combat a été très rude. Cela était prévu, car personne ne sous-estime la valeur des Allemands. Mais, à partir des grèves de Dieppe, nos hommes ont ouvert leurs chemins jusqu'à leurs objectifs qui comprenaient la destruction de plusieurs travaux de défense ennemis. Lorsque leur tâche fut accomplie, ils se sont retirés[44].» Dieppe n'est donc pas un échec, mais l'occasion pour les Canadiens de montrer ce dont ils sont capables. Le message du général McNaughton va dans le même sens:

> L'opération a été en vérité un exploit remarquable et le Canada peut être très fier du courage et de l'habileté des hommes qui y prirent part. Cette opération marque, espérons-nous, le début d'une nouvelle phase contre la tyrannie nazie en Europe.
>
> Nous avons dû payer le prix fort en pertes mais un coup terrible a été frappé en faveur de la juste cause pour laquelle nous combattons et les résultats ont été, c'est évident, importants[45]...

Paradoxalement, ce désastre humain et militaire devient un exploit, un symbole de ralliement national. J. L. Ralston affirme :

> L'exploit d'aujourd'hui vient persuader les Canadiens à leurs foyers que nous partageons nous aussi une grave responsabilité. Il nous appartient d'être dignes des vaillants Canadiens qui ont combattu aujourd'hui à Dieppe et qui, avec la même ardeur et la même noblesse de cœur, feront face vaillamment aux combats de l'avenir[46].

Dès lors, Dieppe entre de plain-pied dans le registre du mythe, de l'épopée héroïque. Les propos de Ralston préfigurent en effet la campagne des emprunts de la Victoire, laquelle s'appuiera sur cette « mythologie » de Dieppe. Dans cette perspective, on fera appel aux témoignages de rescapés de Dieppe. Rapportés et commentés dans la presse, ces témoignages contribueront au renforcement du récit épique de Dieppe. À cet égard, la stratégie de communication semble déjà prête. Dès le 20 août, Ralston annonce : « Dans quelques jours [...] des histoires d'héroïsme indomptable nous parviendront. Que les récits soient rapportés individuellement ou qu'ils viennent dans un ensemble, ils formeront un record [registre] de valeur qui méritera d'être placé parmi les hauts-faits [*sic*] des braves[47]. »

Phase 2. Le récit héroïque. La deuxième phase se caractérise par la diffusion d'une version héroïque de Dieppe, laquelle s'appuie sur trois points : 1) la valeur des combattants ; 2) la participation glorieuse des Canadiens français ; 3) l'unité nationale face à l'ennemi. Dans les communiqués destinés aux journaux francophones, on semble s'être surtout soucié de donner autant que possible un visage canadien français à « l'exploit ». Tel que nous l'avons déjà mentionné, jusqu'au 15 septembre 1942, on laisse dans l'ombre la proportion réelle de Canadiens ayant participé au raid[48].

Parallèlement au développement de ce récit épique, les listes de morts et de disparus sont publiées au compte-gouttes dans *La Presse* et *Le Devoir*, laissant longtemps entrevoir un bilan inférieur à 1000 pertes canadiennes. Le 8 septembre, on parle de 917 victimes dans les deux journaux. Toutefois, la transparence y est plus grande que dans *Le Canada*. Organe officiel du Parti libéral, celui-ci se distingue par son silence sur la question. Après avoir publié une première et timide évaluation des pertes le 22 août, il s'abstiendra dorénavant de publier les noms et adresses des soldats morts, blessés ou disparus[49]. La première estimation réaliste des pertes apparaît en manchette du *Devoir* le 15 septembre 1942, soit presque un mois après les événements : « 3500 Canadiens morts, blessés et disparus à Dieppe. » Ce nombre représente un saut quantique comparativement aux disparitions annoncées progressivement dans *La Presse* jusque-là. Mais entre-temps, les journaux ont diffusé de façon récurrente un récit épique de nature à neutraliser les inquiétudes de la population. Dans son édition du 16 septembre, *La Presse* publie la liste complète des morts ou disparus en l'illustrant avec les photos de Montréalais francophones uniquement[50].

Entre le 21 août et le 15 septembre 1942, ce récit héroïque domine les nouvelles. On l'adapte aux sensibilités nationales. Au Québec, dès le 21 août, Dieppe devient un acte d'héroïsme canadien-français. Les articles d'agences destinés aux journaux francophones mettent l'accent sur les héros du régiment des Fusiliers Mont-Royal. La manchette du *Canada* en particulier a de quoi frapper l'imaginaire – et la fierté – du Canadien français moyen :

> Les « Fusiliers Mont-Royal » nous ont fait honneur à Dieppe / Les Canadiens français portaient des pamphlets de propagande et des affiches recommandant aux Français de rester neutres pour ne pas s'attirer de représailles / Héroïsme d'un aumônier / Les Nazis assassinent leurs prisonniers Canadiens français [*sic*] et en font mettre d'autres tout nus, mais sans pouvoir les empêcher de s'en revenir avec leurs blessés [*sic*[51]].

Dans tous les journaux francophones, on met un accent identique sur le rôle des Fusiliers. Les articles s'abreuvent aux mêmes sources : des communiqués de la Presse Canadienne émis de Londres les 20 et 21 août. Ils insistent sur le rôle des Fusiliers Mont-Royal dans « l'exploit de Dieppe[52] » : « Les Fusiliers Mont-Royal ont joué un rôle de premier plan » ; « Les Fusiliers Mont-Royal nous ont fait honneur à Dieppe[53]. » Dans *La Presse* du 21 août, on célèbre en première page « [l]a belle conduite de nos Fusiliers [...] sous les tirs intenses de l'ennemi, à

Dieppe[54] ». Or, on l'a vu précédemment, les effectifs canadiens-français représentent une minorité dans cette opération.

La surenchère autour du régiment canadien-français est telle qu'elle provoque des remous dans la presse anglophone. Vers le 24 août, éclate une dispute à ce sujet entre le *Star* de Toronto et le *Globe and Mail*. Dans un court article, le *Star* rend hommage aux morts de Dieppe, ajoutant que « [l]es fils du Canada français étaient parmi les héros qui ont réussi le coup de Dieppe, la semaine dernière », qu'ils « se sont distingués par leur bravoure et leur ténacité dans une épreuve difficile », etc. Réplique du *Globe and Mail* du 27 août : cette guerre est une guerre de nations. Pour qu'il y ait la paix, il faut qu'il y ait unité des nations, sans distinction de classes, de religions, de races, etc. Le journal ne comprend pas ce crédit particulier aux Canadiens français et ne voit aucune raison pour distinguer les Canadiens français des autres[55].

Cette politique d'information, mettre l'accent sur les Canadiens français au Québec, serait-elle par ailleurs à la source d'une croyance encore répandue chez les Québécois contemporains, même dans les milieux informés, selon laquelle on exposa surtout des Canadiens français au feu de l'ennemi ? Par exemple, dans leur histoire du collège Stanislas entre 1938 et 1950, les deux fondateurs de l'institution, Jeannette et Guy Boulizon, notent en 1988 que « le malheureux raid de Dieppe [...] fera, en quelques heures, plus de 2000 victimes, surtout canadiennes-françaises[56] ». En entrevue, Mme Boulizon nous a confirmé ce point de vue : « Nous, les Français, on en était absolument scandalisés qu'on envoyait tous les Québécois aller se faire tuer sur les plages de Dieppe. Les Anglais restant bien peinards, les Anglais d'ici je veux dire. [...] Les hauts gradés restaient en Angleterre... tous les petits Canadiens français, tous allaient se faire tuer[57] ! » François-Albert Angers, économiste nationaliste bien connu, nous a rapporté pour sa part sa réaction en apprenant le raid de Dieppe en ces termes : « Ma réaction [a été] de trouver qu'en somme on avait sacrifié des Canadiens français ; en somme, on avait fait des expériences avec nos soldats, en les envoyant dans une mission impossible[58]. » Dans les années quatre-vingt, deux historiens québécois tiennent des propos similaires dans un manuel d'histoire :

> Le régiment des Fusiliers Mont-Royal, commandé par le lieutenant-colonel Dollard Ménard, est chargé de ce débarquement qui a lieu le 19 août 1942. Mais l'opération a été mal préparée par le haut commandement, on a sous-estimé les forces ennemies. *Les troupes canadiennes-françaises* subissent un retentissant échec; elles perdent 2753 hommes, tués, blessés ou faits prisonniers[59].

De fait, le contenu des communiqués envoyés aux deux quotidiens francophones en 1942 se concentre essentiellement sur le rôle des Fusiliers Mont-Royal, laissant les autres unités dans l'ombre:

> Les Fusiliers Mont-Royal, de même que leurs camarades, ont reçu vaillamment le baptême du feu dans un combat dont la violence peut se comparer avec tout ce qu'ont pu expérimenter leurs pères durant la première grande guerre. Ils ont vu un certain nombre de leurs camarades tomber sous les balles ennemies, d'autres s'affaisser couverts de blessures, d'autres enfin capturés par les Allemands[60].

Quoique l'on précise un peu plus loin leur statut de «réserves flottantes», les Canadiens français sont présentés comme les acteurs principaux du récit du raid (les premiers Canadiens français à fouler le sol français). Les ressorts de ce discours sont les suivants: unité nationale, défense de la mère patrie d'origine, appel à la tradition, baptême du feu, légitimation de l'attaque alliée et diabolisation de l'ennemi. Ils ont agi de concert avec des unités canadiennes-anglaises (unité nationale). Les Fusiliers Mont-Royal foulent la patrie de leurs ancêtres (défense de la mère patrie d'origine). Ils se situent dans la lignée des héros de la Première Guerre (appel à la tradition), reçoivent le baptême du feu et perdent leurs compagnons. Plus loin on ajoute qu'ils ont été témoins d'atrocités nazies envers douze compagnons canadiens, abattus de sang-froid par un peloton allemand (légitimation de l'attaque alliée, diabolisation de l'ennemi).

La sélection des Fusiliers Mont-Royal pour participer à l'opération est présentée comme un honneur, une marque de confiance, non comme un envoi à l'abattoir. Leurs qualités leur ont valu d'être «choisis» dès le début: «À cause de l'énergie, de l'habileté et du sang-froid dont ils avaient fait preuve en Angleterre lors d'exercices préliminaires, ces

Canadiens français ont été choisis dès qu'il s'agit d'exécuter l'opération de Dieppe, première d'une série de grandes opérations de sondage en vue de préparer l'invasion du continent européen[61].» Bien entraînés, ils «n'ont pas déçu les espoirs qu'on avait mis en eux». Ce n'est qu'à la toute fin de la dépêche que l'on mentionne la présence d'«autres régiments[62]». On retrouve des propos semblables dans *La Presse* sous la plume de William Stewart qui, basé en Angleterre, célèbre la bravoure des soldats en ces termes: «Aujourd'hui, les Canadiens français qui ont survécu à l'épreuve sont revenus à leur camp d'Angleterre. Ils se rappellent la grève où beaucoup sont tombés sous les balles qui pleuvaient des falaises, des rues jonchées de morts, le rembarquement couvert par un écran de fumée, les blessés transportés à dos, l'aumônier qui a tenu à les accompagner[63].»

C'est cependant le correspondant de guerre Ross Munro, de la Canadian Press, témoin et acteur du raid, qui livre l'écriture épique la plus percutante. Pourvu de la double légitimité de journaliste et de témoin direct de l'exploit – «le seul reporter canadien qui a débarqué sur la côte française avec les troupes de commando» –, il écrit un article exalté[64]. Dans cette version initiale – il en présentera une autre en conférence, un mois plus tard –, le journaliste mentionne de «lourdes pertes» et met l'accent sur ses compagnons du Royal Regiment de Toronto aux côtés desquels il a débarqué à Puys. Lorsqu'il relate ses aventures devant le public montréalais, les Fusiliers Mont-Royal prennent la vedette. Le ton, à l'instar de celui des actualités diffusées dans les cinémas pendant la guerre, est dramatique: «Je reviens de la plage ensanglantée de Dieppe avec une flottille de bateaux qui portent les marques de la mitraille, et qui ramènent de nombreux Canadiens épuisés par les [assauts?] qu'ils ont soutenus sur la côte française[65].»

Le bateau du journaliste est pris sous le feu ennemi: «Mais loin de se laisser effrayer par ce feu, par les dangers du piège où nous paraissions être tombés, les soldats du Royal Regiment furent pris de rage, de la rage des guerriers. Se dissimulant du mieux qu'ils pouvaient derrière les plaques de blindage, ils tirèrent à leur tour et leur feu fut tout aussi nourri que celui de l'ennemi[66]...» Le résultat est assez terrifiant: «Plusieurs soldats tombèrent parmi nous dans notre bateau. Un soldat fut atteint de deux balles à la jambe. Un autre reçut une balle en pleine tête. Un autre se fit emporter les orteils[67]. » Ailleurs, précise le journaliste, les combattants du Royal Hamilton Light Infantry, de l'Essex Scottish et du Calgary Tank Regiment ont eu plus de chance, écrasant des Allemands « à droite et à gauche » : « Ils ont couvert les rues de Dieppe de cadavres allemands[68]. » Le correspondant de guerre, qui entreprend en septembre une tournée de causeries sur Dieppe à travers le Canada manifestement destinées à entretenir la ferveur patriotique[69], adaptera son récit au public montréalais, déplaçant les Fusiliers au centre de l'intrigue.

> La flottille qui transportait les Fusiliers Mont-Royal se trouvait au centre de l'expédition [...], à gauche de la flottille des Fusiliers Mont-Royal, se trouvait celle transportant le Royal Regiment de Toronto. Quelque peu en avant, on distinguait celles de l'Essex Scottish de Windsor, de l'Infanterie légère de Hamilton et des chars d'assaut de Calgary. À droite, d'autres bateaux transportant le régiment de la Saskatchewan-sud et des Cameron Highlanders de Winnipeg[70].

Le portrait de la situation à Dieppe est toujours aussi épique, mais l'aspect calamiteux des combats semble avoir été gommé. Effet de la censure ? Les balles dans la tête et les orteils arrachés ont disparu des colonnes. On met l'accent sur des héros qui ont enfin un nom. Devant un auditoire de 8000 personnes, le conférencier mentionne l'héroïsme de l'aumônier des Fusiliers Mont-Royal, le capitaine Armand Sabourin[71]. *La Presse* rapporte l'événement en des termes particulièrement ronflants : « Les héros de Dieppe entrent dans la grande histoire de notre pays ! L'émouvante manifestation d'hier soir au Forum est une autre page du livre d'or qui pour longtemps à venir conservera, avec leurs noms, le souvenir de valeureux soldats qui consentirent le suprême sacrifice au nom du plus bel idéal : la liberté. » Dans leur compte rendu de la causerie, *Le Devoir* et *La Presse* mettent l'accent sur le rôle des Fusiliers Mont-Royal. Le reportage du *Devoir* est toutefois plus succinct et réservé que celui de *La Presse* qui titre : « Mes soldats : les meilleurs au monde ! – Dollard Ménard / Hommage rendu aux héros de Dieppe. » L'action héroïque du « colonel Ménard en tête de ses hommes » est au cœur du récit :

> Le colonel Ménard se mit à la tête de ses hommes et se préparait à se lancer à l'assaut de l'ennemi lorsqu'il fut atteint alors qu'il enjambait le parapet de la digue [...].
>
> Malgré ses blessures, le colonel Ménard resta à son poste et avec l'aide de ses officiers continua à diriger ses hommes qui, mélangés aux régiments de Toronto et Hamilton se battirent avec courage et sang-froid pendant des heures[72].

Munro souligne: «Rien ne pouvait arrêter les gars du Canada français – en avant fut l'ordre donné et en avant il le demeura.» Tous les ingrédients du récit d'aventures sont rassemblés: un officier jeune, brave, courageux, blessé par l'ennemi, canadien-français de surcroît, parvient à galvaniser le courage de ses troupes malgré une écrasante adversité. Le journaliste se fait ici propagandiste de l'effort de guerre. Certains historiens ont dénoncé depuis cette attitude[73]. Encore faut-il remettre ce choix dans le contexte de l'époque. Munro lui-même l'a justifié par la suite en ces termes: «Je m'étais complètement et totalement engagé dans cette guerre dès le début... Je ne pense pas que les jeunes d'aujourd'hui puissent éprouver ce même sentiment d'engagement. Peut-être était-ce simplement faire preuve de jingoïsme, de chauvinisme ou de stupidité, mais nous sentions que les Allemands allaient conduire notre monde au naufrage et que nous devions les arrêter[74].» Les propos et l'engagement du journaliste en 1942 traduisent une émotion et une admiration compréhensibles envers des hommes, des compagnons, dont il a partagé l'expérience et l'uniforme. Aussi l'autocensure de Munro apparaît-elle consubstantielle à son expérience personnelle. Par ailleurs, peut-on raisonnablement, dans une situation de conflit extrême, demander au reporter d'être «objectif»? Dans le contexte de 1942, pouvait-on parler de Dieppe comme d'un inqualifiable désastre? Cela eût été, du point de vue allié, démoraliser le public ou se l'aliéner.

Peut-on conclure pour autant que Munro et ses confrères aient convaincu le public? Un sondage de l'Institut canadien de l'opinion publique montre que les Canadiens font plutôt confiance à l'information de guerre. À la question: «Croyez-vous que l'on vous fournit autant de nouvelles de guerre importantes qu'on devrait ou si [*sic*] une trop grande partie de ces nouvelles est censurée?», 56% des Canadiens se disent satisfaits des nouvelles, 36%, insatisfaits et 8% ne savent pas. Plus friands de nouvelles, les hommes (52 % satisfaits des nouvelles) seraient plus sceptiques que les femmes (60 % satisfaites des nouvelles[75]). Le sondage ne précise pas quelle est la position spécifique des Canadiens français sur cette question. Toutefois une autre question portant sur la couverture des torpillages de navires dans le golfe Saint-Laurent fait soupçonner que ceux-ci se méfient plus de la teneur des informations que les Canadiens anglais. Si les Canadiens anglais s'avèrent partagés sur la question (40 % satisfaits et 40 % insatisfaits des renseignements diffusés sur la question), les Canadiens français sont nettement plus sceptiques : 30 % seulement pensent que les renseignements sont suffisants tandis que 59 % les trouvent insuffisants[76].

La résistance de l'opinion canadienne-française au récit héroïque de Dieppe se manifeste rapidement. Premier lieu de cette résistance : *Le Devoir*. Le quotidien, qui par ailleurs traite l'affaire avec doigté et respect pour les combattants, se tient résolument en retrait de la grosse machine médiatique qui, dès septembre 1942, mettra le colonel Dollard Ménard et l'abbé Sabourin à l'avant-scène. Lorsque, au Forum, Munro relate l'assaut héroïque du commandant canadien-français, le journal de la rue Notre-Dame n'en souffle mot dans ses colonnes, contrairement à *La Presse* qui en fait grand cas. Le quotidien de la rue Saint-Jacques souligne les ovations qui saluent les mentions d'Armand Sabourin et de Dollard Ménard : « Son récit [de Ross Munro] a été haché d'applaudissements et à chaque mention des noms des régiments locaux ce fut une ovation. Va sans dire que les noms du " padre " Armand Sabourin et du lieutenant-colonel Dollard Ménard ont provoqué des tonnerres d'applaudissements[77]. » De même, l'acte de bravoure du sergent Dubuc qui sauva son chef, Ménard, d'une mort presque certaine en le rembarquant sur un navire, mentionné dans *La Presse*, reste ignoré du *Devoir*. Seul héros retenu par le rédacteur du journal indépendant : l'abbé Armand Sabourin. À cause de son statut d'homme d'Église ? Pourtant son engagement politique trop vif en faveur de l'effort de guerre lui vaudra les foudres des milieux nationalistes.

Pendant un mois, l'expédition est donc présentée comme un ensemble de « faits d'armes d'un grand héroïsme[78] ». Ce récit domine jusqu'au mois de septembre 1942, date à laquelle on apprendra l'ampleur réelle de la participation et des pertes canadiennes.

Phase 3. La révélation. Cette phase est inaugurée le 8 septembre 1942 lorsque le public apprend de la bouche de Winston Churchill que « [l]es cinq sixièmes des troupes à Dieppe étaient des Canadiens[79] ». Jusqu'à ce jour, l'estimation des pertes canadiennes restait nébuleuse et la proportion exacte des Canadiens demeurait inconnue. Winston Churchill dévoile dans un discours la part exacte des Canadiens dans l'opération dont lui-même se tient personnellement responsable. La révélation de l'ampleur de la participation canadienne à Dieppe force King à réitérer la rhétorique du Canada défenseur de la démocratie et de la chrétienté contre les « puissances des ténèbres » :

> Ce n'est pas simplement pour empêcher les barbares de venir à travers l'Atlantique et le Pacifique envahir notre pays et s'en emparer que les jeunes Canadiens qui ont combattu à Hong-Kong et à Dieppe, dans le ciel de nombreux pays et dans les eaux de plusieurs océans, ont sacrifié leur vie. Ils ont combattu et sont morts afin que l'âme humaine ne puisse être asservie par les puissances des ténèbres, ainsi que la liberté ne puisse être détruite dans l'esprit humain[80]...

Le bilan complet des pertes est publié le 15 septembre 1942. À cet égard, *La Presse* fait preuve d'un curieux cynisme. On peut y lire : « Les pertes totales du Canada à Dieppe atteignent 3350 morts, blessés et disparus. Jusqu'à présent ce fut l'un des faits d'armes les plus glorieux des nôtres outremer[81]. » Le quotidien de la rue Saint-Jacques publie la liste des pertes sur deux pages complètes[82]. Dans ce contexte funèbre, la persistance du récit héroïque et enthousiaste des premières semaines sonne de plus en plus faux :

> Il est très clair maintenant que la mission des « commandos » canadiens s'est accomplie dans des circonstances où, bien que chaque détail de l'attaque fût prévu, les gains devaient s'acheter au prix de lourdes pertes. Cela, nos hommes n'étaient pas sans le savoir. N'importe ! on leur donnait une tâche à remplir et ils la rempliraient, sans considérer les risques et les dangers. Attitude crâne, vaillance admirable, bien dans la tradition créée par les officiers et les soldats de notre Dominion lors de la guerre 1914-1918[83].

Manque de tact ou esprit du temps ? Au Québec, le souvenir de la Grande Guerre a laissé beaucoup d'amertume et le sentiment anti-impérialiste persiste. Aussi, cette référence, maintes fois reprise dans d'autres discours sur Dieppe, semblait peu de nature à mobiliser l'opinion publique. Censure oblige, on relève peu de réactions directes à ce genre de discours. Mais plus personne n'est dupe. « L'opération militaire de Dieppe passera désormais dans l'histoire du Canada comme la plus coûteuse depuis le début de la deuxième grande guerre, plus coûteuse encore que la défense de Hong-Kong, alors que 1900 Canadiens ont été tués, blessés ou faits prisonniers », est-il écrit dans *Le Devoir*[84].

Le détail des pertes restera longtemps imprécis : au mépris des conventions internationales, les Allemands tardent à faire parvenir les listes de prisonniers[85]. Quant à l'exposition publique des faits, la boucle est quasiment bouclée. Le point final sera donné par Ralston le 18 septembre 1942 lorsque, se fondant sur le rapport du général Roberts, le ministre exposera le déroulement et le bilan de Jubilee à la presse[86]. Ces données décisives – participation des Canadiens, pertes et description de l'opération – ne sont donc rendues publiques qu'au terme d'une intense campagne de glorification des héros de Dieppe. Ironique, *Le Devoir* commente : « Hélas ! on ne fait pas la guerre sans qu'il en coûte[87]. » Ces révélations – prévisibles compte tenu des listes de disparus publiées quotidiennement – sont rapidement appuyées par les témoignages inquiétants de plusieurs combattants de retour du front. Ainsi, le capitaine J. N. Bonin, des Fusiliers Mont-Royal et combattant de Dieppe, rapporte que ce fut une « expédition glorieuse mais passablement sanglante[88] ». Les Allemands les attendaient, l'effet de surprise n'a pas joué, affirme le capitaine aux journalistes, ce qui explique les pertes élevées. « Je dirais même plus que cela : ils savaient la venue des soldats canadiens ; ils en avaient été informés par une source sûre. C'est à se demander si la Cinquième Colonne en Angleterre n'est pas en constante intelligence avec l'ennemi[89]. »

Six jours plus tard, Ralston concède que la rencontre d'un convoi allemand a pu compromettre l'effet de surprise nécessaire au succès de l'opération[90]. Les historiens ont depuis minimisé l'impact de cet accrochage et mis en évidence des lacunes plus graves, attribuables au montage bâclé de l'opération

– puissance de feu insuffisante par suite des retraits de la marine et de l'aviation – pour répondre à des motifs d'ordre politique – pression de Staline sur Churchill pour l'ouverture d'un second front – et personnel – les ambitions de McNaughton qui accepta ce plan boiteux[91]. Dans l'ensemble, l'exposé de Ralston montre que la mécanique de Jubilee, à l'exception de quelques succès ponctuels – Varengeville et Pourville –, s'est déréglée rapidement. Même pour le lecteur non averti, le rapport ne peut cacher la confusion régnant sur le théâtre des opérations : chars rapidement immobilisés à cause des dommages ; débarquement des Fusiliers Mont-Royal malgré l'embouteillage évident de la plage. En dépit des tentatives – maladroites – de minimisation du désastre, l'impression d'ensemble est plutôt catastrophique. Et l'évocation du « magnifique appui apporté par la Royal Navy », de même que le rappel des actes de bravoure des uns et des autres, semble vaine[92].

Les médias canadiens accueillent cette mise au point finale avec froideur. Les premières réactions à l'exposé viennent du *Globe and Mail* qui se demande pourquoi on a poursuivi l'opération, sachant l'effet de surprise compromis. Le quotidien attribue 67 % des pertes à cet impair. Georges Pelletier reprend la question à son compte : « [...] le "Globe and Mail" de Toronto (19 septembre) pose une question sensée [...]. M. Ralston voudra sans doute éclaircir l'affaire, très coûteuse et dont les résultats positifs restent à définir[93]. » Quant aux journaux américains, leur réaction reste prudente. Si tous saluent « la bravoure des soldats qui se sont lancés à l'assaut des falaises de Dieppe » comme le *Los Angeles Times*, plusieurs d'entre eux accueillent les explications de Ralston avec circonspection : « [l]a révélation des pertes subies à cet endroit pourrait calmer ceux qui ont réclamé à grands cris l'ouverture d'un second front », affirme le *Hartford Courant*. Réaction identique de la part du *Cleveland Plain Dealer* qui conseille aux partisans du second front « de penser à Dieppe avant d'ouvrir la bouche de nouveau[94] ». Ralston ne reviendra plus sur la question. L'accent sera mis désormais sur l'« exploit » de Dieppe, histoire de faire mousser les emprunts de la Victoire. Le ministre invoque le contexte de guerre pour justifier son silence : « On ne connaîtra que plus tard la valeur de l'expédition de Dieppe. Pour le moment il est impossible de faire une analyse publique des leçons du raid de Dieppe sans fournir des renseignements à l'ennemi[95]. »

Dans cette affaire, le Bureau d'information en temps de guerre paraît jouer la transparence, ce qui vaut à J. L. Ralston les éloges du *New York Daily Mirror*: «On n'a pas doré la pilule au peuple canadien: carrément, le ministre de la Défense a annoncé que 5000 Canadiens, qui composaient les quatre-cinquièmes des forces engagées, ont subi 67 pour cent de pertes[96].» Ce faisant, le journal new-yorkais dénonce la politique d'information de Washington, laquelle consiste selon lui à préparer l'opinion avant de publier les mauvaises nouvelles. Pourtant, les services d'information canadiens ont apparemment procédé de façon identique. D'une part, ils ont diffusé certaines informations cruciales avec parcimonie – contribution et pertes canadiennes – ; d'autre part, ils ont tenté de travestir un échec en victoire. Avec l'aide des correspondants de guerre, ils ont construit un récit héroïque de Dieppe, avec des héros concrets – Dollard Ménard et l'abbé Sabourin pour les Canadiens français, lesquels connaîtront le triomphe à leur retour. Aussi, contrairement à ce que croit le *New York Daily Mirror*, ce n'est qu'après avoir préparé l'opinion publique que Ralston se permet de «révéler» les dessous de Dieppe. Mais jusqu'à quel point ces stratégies médiatiques ont-elles atteint leur cible au Québec?

Le raid dans l'opinion publique québécoise

A priori le «sacrifice» des Canadiens français aurait pu avoir quelques résonances dans une société catholique très pratiquante, prompte à valoriser le sacrifice et le martyre chrétien. La presse québécoise, on l'a vu, n'a pas manqué d'exploiter le filon. En plus d'avoir communié, avant de partir à l'assaut, les Fusiliers Mont-Royal n'ont-ils pas «fait à l'avance le sacrifice de leur vie», sachant qu'il s'agissait d'une «mission de suicide[97]»? À l'émission *Jean-Baptiste s'en va-t-en guerre*, l'aumônier Sabourin se serait adressé en ces termes aux parents des disparus:

> [J]e tiens à vous dire que, quelques heures avant notre départ pour cette expédition, j'ai eu le bonheur de donner à tous sans exception l'absolution générale et la Sainte Communion. Cette seule pensée, pour des Canadiens français catholiques, devrait atténuer les inquiétudes et les angoisses qui accompagnent fatalement les opérations militaires de cette nature[98].

Difficile de présumer du degré d'adhésion de l'auditoire à ces propos. Plusieurs indices laissent cependant supposer que ce genre d'argument laisse de glace l'opinion canadienne-française. Même si la population semble accepter de bon gré de saluer ses «héros», elle demeure méfiante. Le 26 août, *Le Devoir* rapporte des rumeurs selon lesquelles la nouvelle du raid de Dieppe aurait stimulé les candidatures de volontaires[99]. Même son de cloche dans *La Presse*: au lendemain du raid, le nombre de candidats officiers canadiens-français aurait augmenté à Brockville[100]. Or selon un rapport du quartier général de l'armée canadienne, le recrutement dans tout le Canada à cette époque a très peu augmenté et a même décru par la suite[101]. Apparemment, le plein des forces canadiennes-françaises est quasiment atteint en 1942.

En fait, le dévoilement des pertes à Dieppe relance le débat sur la conscription et sème l'inquiétude dans les milieux nationalistes canadiens-français. Dans *Le Devoir* du 30 septembre 1942, Léopold Richer s'en prend au lieutenant-colonel Alan C. Cockeram, membre du parti *tory* et ancien député du comté de York Sud. Au cours d'un banquet, celui-ci appelle à la mobilisation pour combler les rangs des unités décimées à Dieppe. Pour l'ex-député et militaire, Ralston n'est pas à «la hauteur de sa position». Sachant que 67% des troupes canadiennes envoyées à Dieppe ont été anéanties, fait valoir Cockeram, la nécessité de combler ces vides et d'envoyer outre-mer des équipes bien entraînées et bien équipées s'impose. Devant des positions si ouvertement impérialistes, L. Richer somme Ralston de se prononcer et de mettre fin aux rumeurs: «Il était inévitable que le raid de Dieppe fut exploité de la façon dont le lieutenant-colonel Cockeram l'a fait. M. Ralston est mieux placé que quiconque pour mettre les choses au point. La population canadienne veut savoir où on la conduit[102].»

L'incertitude concernant la conscription pèse sur le moral de la population fait valoir l'éditorialiste qui se demande si l'on imposera le service obligatoire aux jeunes de 18 à 20 ans[103]. Ses appels resteront sans réponse. L'incident reflète le malaise des nationalistes canadiens-français face au récit héroïque de Dieppe diffusé dans les journaux. Ceux-ci sont coincés entre un certain respect pour les combattants des Fusiliers Mont-Royal et leur gêne face à l'utilisation de «l'exploit» à des fins politiques. Cette ambiguïté, André Laurendeau l'expliquera plus tard en ces termes:

> Bien sûr, nous respections les volontaires canadiens-français parce qu'ils risquaient leur vie: mais quand à partir du courage qu'ils manifestaient sur les champs de bataille, on venait nous demander une adhésion à la politique de King, nous éprouvions un violent mouvement de recul[104].

Ceux qui soutiennent ouvertement l'effort de guerre, comme Edmond Turcotte, s'inquiètent rapidement de l'effet boomerang de Dieppe sur une opinion canadienne-française plutôt anti-britannique: «La dure expérience de Dieppe nous fait mieux éprouver que la guerre moderne est une entreprise sérieuse, dangereuse, coûteuse, écrit-il dans *Le Canada*. Gardons-nous bien à son propos de réflexions injustes pour nos alliés britanniques et autres[105].» Un sondage de l'Institut canadien, publié le 29 août dans *La Presse*, confirme par ailleurs la divergence croissante entre Canadiens anglais et Canadiens français sur la question de la conscription pour le service outremer. Chez les anglophones, le pourcentage des partisans est passé de 68% en avril 1942 à 78% en août. Chez les francophones, le refus de la conscription s'est accru: en avril, 88% la rejettent, en août, c'est 90% qui se prononcent contre[106].

Les services d'information canadiens doivent aussi composer avec une propagande ennemie qui cible les Canadiens français. Depuis février 1942, Radio-Vichy et Radio-Berlin ont multiplié leurs programmes à ondes courtes destinés aux francophones d'Amérique. En septembre 1942, Rudel-Tessier, un employé à la section française de la Commission d'information, produit un rapport inquiétant. Selon lui, Radio-Vichy se préoccupe de voir les Canadiens français menacés par la conscription et, après le raid de Dieppe, de voir ses soldats «envoyés à la boucherie». Le raid de Dieppe démontre l'utilisation scandaleuse qui a été faite des Canadiens français: Churchill a voulu démontrer ainsi que les Canadiens français pouvaient attaquer la «mère patrie[107]». Une étude subséquente démontrera que les effets de ces émissions, quoique relativement connus chez les Canadiens français, «sont généraux et diffus plutôt que spécifiques[108]». Le correspondant de guerre Wallace Reyburn se fait toutefois presser de questions à ce sujet: «Depuis mon retour, on m'a dit: "Est-ce que Dieppe n'est pas typique des Anglais... Ils savaient que l'entreprise était difficile et c'est pourquoi ils ont envoyé les Canadiens à leur place[109]." »

La Clinique des rumeurs, un organisme privé destiné à contrecarrer les rumeurs démoralisantes qui se répandent dans le public, tentera en vain de contrer cette ambiance durant toute la guerre[110]. En automne 1942, Charles Vining, responsable du Bureau d'information en temps de guerre, est confronté à cette rumeur persistante: le raid de Dieppe est un complot contre les Canadiens français. Les régiments de Québec ont été décimés parce que les Britanniques les ont laissés débarquer tout en sachant qu'un espion avait averti les Allemands. La situation précipitera l'association du Bureau d'information en temps de guerre avec la Clinique des rumeurs[111]. Faut-il pour autant attribuer ces ouï-dire à la seule propagande nazie? La révélation de l'ampleur des pertes canadiennes suffisait à inquiéter le citoyen ordinaire. Fin septembre, Churchill lui-même est bien obligé d'admettre que «Dieppe a été fort coûteux», atteignant «près de la moitié» des effectifs engagés dans l'opération[112]. Ironiquement, la propagande se voit forcée de revendiquer la paternité d'une opération désastreuse aux yeux de tous afin d'apaiser les soupçons des anti-impérialistes:

> Les Canadiens sont allés à Dieppe parce qu'ils l'ont voulu, [répond Reyburn à ceux qui accusent l'Angleterre]. Ils ont même insisté pour être les premiers à participer à une invasion d'envergure du continent. Le général McNaughton a d'ailleurs résumé en une phrase ce que tous ses hommes pensent: «Si les gens croient que nous allons nous contenter de rester assis derrière le fossé, c'est-à-dire la Manche, et d'attendre que quelque chose se produise, ils peuvent s'attendre à une surprise[113].»

Quoi qu'il en soit, la propagande destinée au Canada français rate sa cible. Selon Léopold Richer du *Devoir*, elle pèche par flagornerie à l'égard d'une population reléguée, dans les faits, au bas de l'échelle sociale: «La meilleure propagande que le gouvernement d'Ottawa puisse faire auprès des Canadiens français est sans contredit de les bien traiter.» La promotion d'officiers canadiens-français ne suffit pas. Richer déplore la rareté des cadres supérieurs francophones dans la finance et l'industrie de guerre, dans la fonction publique et en politique. Phrase assassine dans le contexte de Dieppe encore récent: «Plus le conflit prend de l'ampleur et plus nous avons l'impression qu'on a décidé à [*sic*] se passer de nous partout, sauf parmi les rangs des forces armées[114].»

Le retour des héros

La décoration des combattants de Dieppe à leur retour clôt le cycle du récit médiatique de Jubilee. L'événement fait la une de *La Presse* le 15 octobre 1942[115]. Grandiose, le retour des héros s'avère soigneusement orchestré. Louis Saint-Laurent, ministre de la Justice, C.-G. Power, ministre de l'Air, Adélard Godbout, premier ministre du Québec et le brigadier-général Panet président l'événement. La cérémonie s'ouvre sur le *Ô Canada* et se termine sur le *God Save The King*. Sur ordre du gouvernement, tous les postes de radio canadiens diffusent l'hommage le soir même sur leurs ondes. La cérémonie est précédée d'un cortège à 19 heures. En dépit du climat de méfiance évoqué plus haut, les Canadiens français expriment une sympathie certaine envers leurs «héros[116]». Selon *Le Canada*, une foule de 25000 personnes «délirantes» assiste à la cérémonie[117]. *Le Devoir* précise même que la foule, maintenue à une distance respectueuse, a été déçue de ne pouvoir approcher plus les soldats et leur commandant: «Ces gens tenaient moins à entendre les discours répercutés par des hauts-parleurs [*sic*] qu'à voir les soldats de Dieppe, les traits mâles et énergiques du commandant des Fusiliers Mont-Royal et de ses compagnons d'armes[118].»

C'est l'occasion de présenter les héros de Dieppe, de rappeler les événements majeurs du raid, mais surtout de lancer la campagne du 3e emprunt de la Victoire[119]. Le jour même de la cérémonie, des entrevues avec Dollard Ménard, Armand Sabourin et d'autres vétérans font la une. Le lieutenant-colonel aborde les événements sous l'angle stratégique – «Dieppe, une expédition nécessaire», lit-on en manchette –, tandis que l'abbé Sabourin vante l'héroïsme des Fusiliers – «Des Braves! tous furent des braves[120]». Ménard s'en tient *grosso modo* à la description du travail de ses soldats: «Dieppe, c'est une expédition qu'il fallait faire et que les Canadiens ont réussie ! » dit-il. Comme officier pouvait-il se prononcer autrement ? Réservé, il précise ne vouloir rapporter que ce qu'il a vu et ne vouloir donner que ses impressions, programme auquel il se tient. Suivent des considérations sur l'aspect tactique de Dieppe, Ménard faisant valoir que l'aviation les a couverts pendant l'opération. Il conclut l'entrevue en exprimant sa hâte de se retrouver avec sa famille[121]. Son discours du parc La Fontaine s'avère plus « littéraire » : « Nos dispositions prises, nous avons eu le temps de réfléchir en cette nuit du 18 août. Nous songions à la France, courbée sous le joug allemand. Nous songions aux femmes, aux mères désespérées, aux enfants à qui les nazis arrachent le pain de la bouche, nous songions aux Français devenus esclaves, nous songions que le prix de la capitulation est infiniment plus grand que le prix de la victoire[122]. »

Le colonel ne manque pas de rappeler les batailles de la Grande Guerre qui a inspiré ses hommes, Vimy, Courcelette, Paschendaele et Ypres, dont le souvenir glorieux a inspiré ses hommes : « Nous savions que nous ne pouvions pas être moins braves que ceux de l'autre guerre. » Indubitablement, le lieutenant-colonel fait sa part de propagande. Il conclut par une envolée dont l'esprit et la phrase finale se retrouveront dans les publicités du 3e emprunt de la Victoire :

> Ceux qui là-bas risquent leur vie pour vous ont le droit de compter sur votre appui de tous les moments. Par votre labeur et votre argent c'est vous qui leur fournissez les armes de la victoire, sans lesquels les héroïsmes les plus admirables sont impuissants. J'ai appris aujourd'hui que le gouvernement lance un troisième emprunt de guerre. Permettez-moi de vous demander d'être aussi généreux. Eux ne prêtent pas leur vie, ils la donnent[123].

Toutefois, Ménard ne déroge jamais vraiment à ses préoccupations militaires. Ses interventions concernent uniquement le théâtre européen, les troupes, leurs besoins, la pénurie d'officiers canadiens-français, et la nécessité de gagner la guerre. Il ne se prononcera jamais directement sur les questions de politique intérieure. C'est probablement ce qui lui valut le respect des nationalistes canadiens-français. Il n'en va pas ainsi avec l'abbé Sabourin. Par contraste, le discours de l'aumônier, qui déborde largement le cadre de Dieppe, s'avère incendiaire. Il fulmine contre les « stratèges en pantoufles » –, les nationalistes canadiens-français qui critiquent l'opération : « Vous n'avez pas le droit d'employer les mots "suicide" et "échec" pour qualifier le raid de Dieppe », s'insurge-t-il dans une entrevue du 15 octobre[124].

On peut comprendre l'émotion de l'aumônier qui a vu mourir ses compagnons. Mais nombre de ses compatriotes anticonscriptionnistes toléreront moins sa hargne à leur égard. Ce sont surtout ses prises de position politiques en faveur de l'unité canadienne dans l'effort de guerre qui finiront par indisposer l'élite clérico-nationaliste. C'est à titre d'aumônier des Fusiliers Mont-Royal de Dieppe que Sabourin soutient le major-général Laflèche durant la campagne électorale d'Outremont. À cette occasion, il s'en prend à l'adversaire de Laflèche, Jean Drapeau, lequel affirme « se tenir debout » face à l'enrôlement obligatoire. « Ce sont ceux qui ont attaqué Dieppe qui étaient debout » et non ceux qui s'opposent à l'effort de guerre outre-mer, dénonce l'aumônier. Pour ce dernier, Dieppe symbolise l'indépendance du Canada dans cette guerre : « Nous ne nous sommes pas battus pour l'Angleterre, mais avec l'Angleterre pour le Canada[125]. » Lionel Groulx et nombre de ses condisciples ne lui pardonneront pas un tel engagement[126]. Ce qui fera dire à Jean Drapeau : « Lorsqu'il [Armand Sabourin] se fait le propagandiste de la doctrine impériale, il cesse d'être militaire et aumônier ; en tant que prêtre son devoir consistait à donner aux parents des victimes de Dieppe l'assurance que leurs fils étaient tombés en paix avec Dieu et prêts à comparaître devant leur juge[127]. »

Les limites de la propagande

Dieppe semble perçu avec ambivalence dans la société québécoise. À la fois avec douleur, ressentiment et fierté. Cette ambivalence s'explique par la guerre idéologique dont Dieppe est l'enjeu pendant au moins plusieurs semaines. D'un côté, la propagande canadienne manipule les médias pour présenter Dieppe comme un sacrifice nécessaire pour la victoire ; de l'autre, la propagande ennemie en fait un symbole de l'impérialisme britannique qui opprime les Canadiens. Les Canadiens français sont déchirés entre une fierté légitime pour leurs «héros», Dollard Ménard en tête, et l'amertume d'avoir payé cher cet «exploit». De fait, pendant cette période, les journaux considèrent unanimement le raid comme un sacrifice nécessaire, ce qui n'empêche pas les escarmouches. *Le Canada* érige clairement Dieppe en symbole de l'unité nationale et utilise la bravoure des soldats pour mousser l'effort de guerre. L'éditorialiste Edmond Turcotte en profite pour dénoncer au passage la tiédeur des nationalistes canadiens-français:

> Si les propos obscurs de nos démagogues [de la Ligue du Canada] et de leurs journaux confidentiels [Le Devoir et L'Action nationale] ont un sens caché, c'est que les Canadiens français ne veulent pas se battre. Le sergent-major régimentaire Rosario Lévesque, DCM [Distinguished Cross Medal: Médaille de conduite distinguée], trois fois blessé au cours de la guerre précédente et qui fut à Dieppe leur donne un éclatant démenti: «Les hommes étaient tellement heureux lorsqu'on leur a annoncé qu'ils iraient combattre en France qu'ils se sont mis à chanter. Ce que j'appellerai le "Fighting Spirit" était incomparable[128].»

Pourtant, sur la question de Dieppe, *Le Devoir* semble observer une prudente réserve. La censure en serait-elle la cause? L'on sait certes que celle-ci ne retient guère le quotidien indépendant[129]. En particulier, le 24 août 1942, le service des relations extérieures du ministère de la Défense se plaint au directeur de la censure de sa couverture biaisée de l'armée canadienne[130]. Quoi qu'il en soit, Georges Pelletier, son directeur, n'utilise Dieppe à aucun moment pour dénoncer ouvertement une quelconque oppression impérialiste. Nulle part le journal ne critique la pertinence de l'opération elle-même, son directeur affirmant à plusieurs reprises laisser ce soin aux stratèges militaires. Surtout, nulle part on ne méprise ou ne discrédite les militaires ayant pris part à l'opération, nulle part on ne répudie le volontariat. Dieppe et les événements publicitaires qui l'entourent, quoique couverts sobrement, ne donnent lieu à aucun commentaire désobligeant à l'égard de l'institution militaire et des combattants. C'est essentiellement la politique de guerre d'Ottawa, sa politique conscriptionniste qui est critiquée dans *Le Devoir*. Il faudra l'engagement virulent de l'abbé Sabourin dans la campagne d'Outremont, l'utilisation qu'il fera du courage des vétérans de Dieppe, pour que *Le Devoir* réagisse en citant les critiques de Jean Drapeau envers l'aumônier.

La couverture de Dieppe par *La Presse*, de loin le plus lu des journaux étudiés, donne une meilleure idée du récit de Dieppe avec lequel les Canadiens français doivent composer. Organe populiste qui mise sur le sensationnalisme et l'émotion pour augmenter le tirage, ce «journal du peuple» bénéficie avec la guerre d'un filon inespéré. Comme *Le Canada*, *La Presse* joue la carte du patriotisme et de l'héroïsme des combattants. Mais l'implication politique du journal repose essentiellement sur le traitement de la nouvelle – surabondante sur la question de Dieppe – et dans le jeu des photos et des gros titres. Moins virulents que ceux du *Canada*, les éditoriaux ne s'attaquent pas directement aux nationalistes canadiens-français. La plupart du temps, ces derniers sont tout simplement ignorés. Si *Le Canada* est l'organe du Parti libéral, *La Presse* est plutôt sa vitrine. Peut-être n'en est-il que plus efficace?

Cette stratégie médiatique semble même avoir eu des répercussions inattendues sur la mémoire populaire. Au lieu de galvaniser la combativité de l'opinion publique, le mythe de Dieppe cristallisa à long terme les frustrations nationales: jusqu'à aujourd'hui, la mémoire populaire a retenu qu'il s'agissait d'une boucherie au profit de l'impérialisme britannique. La construction de ce mythe se nourrit certes d'un sentiment d'injustice. En 1942, les Canadiens français se sentent bernés par le plébiscite du 27 avril. Ce qui n'arrange rien, à l'époque les rumeurs les plus désobligeantes circulent, au Canada comme aux États-Unis, au sujet du Québec, repaire de la Cinquième Colonne[131]. Que des héros canadiens-français surgissent de l'épopée de Dieppe ne peut que flatter une fierté nationale passablement malmenée. Toutefois, le bilan du raid s'alourdissant et la propagande ennemie capitalisant sur ce fiasco, ce sursaut pouvait-il durer? Aussi, le traitement de Dieppe dans les médias s'avéra finalement un échec du point de vue des services de l'information. Il conforta chez les Canadiens français le sentiment, déjà largement partagé, d'être les jouets d'une guerre sur laquelle ils n'avaient aucune prise. Ainsi, l'affaire de Dieppe ne fit que raviver le vieux scénario de la Conquête en générant deux nouveaux mythes antithétiques, Dieppe sacrifice nécessaire contre Dieppe boucherie coloniale, chacun portant en lui une mémoire nationale et un projet national distincts. La guerre finie, la censure levée, qu'advint-il de ces mythes dans la mémoire collective québécoise ?

CHAPITRE III

L'impossible commémoration (1945-1959)

Après la guerre, la société québécoise semble vouloir oublier les années de braise qui ont précédé. Entre 1946 et 1959, des témoins et acteurs directs du conflit lèguent certes les bribes éparses de leurs souvenirs à une société épargnée par les affres de la violence, que ce soit sous forme de récits et de romans, mais ces écrits ne soulèvent guère les passions. Par ailleurs, le thème de Dieppe tient peu de place dans cette production. Quant aux médias, ils s'avèrent peu diserts sur ce passé immédiat. Le raid, qui a tant accaparé l'attention en 1942, n'est plus qu'un souvenir et semble encore trop proche pour que se déploie déjà une symbolique commémorative. Le premier compte rendu des événements tragiques proviendra en fait de vecteurs de mémoire officiels, soit de la Section historique de la Défense nationale. Dans son *Résumé officiel* des opérations militaires canadiennes pendant la Deuxième Guerre, C. P. Stacey livre cependant une première autopsie de l'opération Jubilee. L'épisode, l'auteur l'admet, occupe une place disproportionnée dans cet ouvrage[1]. Dans une première version, Stacey justifie ce choix en ces termes: «Nous avons cru en particulier que, possédant aujourd'hui tous les renseignements sur Dieppe, nous devions les transmettre au peuple canadien, même s'ils risquaient de déranger quelque peu l'équilibre de l'ouvrage[2].» Dans la seconde version publiée neuf ans plus tard, Stacey explique toutefois la place prépondérante des « opérations actives » comme Hong-Kong et Dieppe « à cause de l'importance des polémiques qu'elles ont suscitées[3] ». Au Québec, les sources consultées ne reflètent pourtant pas une telle demande sociale à ce sujet.

Timide commémoration

Force est de constater la discrétion entourant la commémoration du raid de Dieppe dans les journaux, compte tenu de l'impact médiatique de cette opération au moment des faits. D'autres sujets, évidemment, mobilisent l'actualité : occupation de l'Allemagne, reconstruction de l'Europe, début de la guerre froide (1947), représentation du Canada à l'ONU (1948), sa participation à la fondation de l'OTAN (1949), son engagement dans la guerre de Corée (1952-1953) et son adhésion au traité NORAD (1957), course aux armements, etc.[4]. Aussi, jusqu'aux années soixante, les médias ne font que souligner discrètement les cérémonies commémoratives du désastre[5]. Quant au débat historiographique entourant Jubilee qui s'amorce, il intéresse peu la presse québécoise. Ainsi, lorsque le maréchal Montgomery affirme dans ses mémoires[6] avoir ordonné de contremander l'opération avant son départ en Afrique, la jugeant trop risquée, la révélation ne suscite aucune réaction notable dans les journaux[7]. Un ouvrage dévastateur publié quelques semaines auparavant sur le raid de Dieppe[8], celui de l'historien américain Samuel Eliot Morison, semble se buter à une indifférence similaire[9].

À cette époque, c'est plus le statut des francophones dans les forces armées canadiennes que leur rôle dans le dernier conflit qui mobilise médias et milieux politiques et militaires. Dans ce contexte, le rappel de Dieppe semble plus une source d'amertume que de fierté patriotique, l'occasion aussi pour certains de mesurer l'occultation des Canadiens français des cérémonies commémoratives[10]. Cet effacement va de pair avec une réelle infériorité des Canadiens français dans l'armée. Au début des années cinquante, le rapport Bernatchez et le rapport Jetté mettent en évidence la sous-représentation des francophones dans les forces, particulièrement dans les échelons supérieurs de la hiérarchie, situation principalement attribuable à des barrières d'ordre linguistique, religieux et culturel[11]. Aussi les Canadiens français réclament-ils, en temps de guerre comme en temps de paix, une place équitable pour les francophones au sein des forces armées canadiennes. En particulier, *Le Devoir*, *Le Droit* et *L'Action catholique* se joignent à la Société Saint-Jean-Baptiste pour réclamer l'institution d'un collège militaire bilingue. C'est dans ce contexte, parfois houleux, que sera fondé le Collège militaire royal de Saint-Jean, le 13 novembre 1952, destiné à la formation des officiers francophones[12].

Polarisation des manuels

Si les journaux traduisent une faible demande sociale au sujet de la guerre, les manuels d'histoire diffusés pendant la période ne manquent pas en revanche d'aborder la question. Leur étude révèle l'existence de deux récits antagonistes de la guerre à l'intérieur du système d'éducation francophone de l'époque. Au-delà de la ferveur mystique et religieuse qui teinte leur récit de la guerre, ces ouvrages se caractérisent par une très nette polarisation politique au sujet de la participation des Canadiens à la guerre[13]. Ainsi, le manuel des frères des Écoles chrétiennes se range sans réticence derrière l'Angleterre, livrant une interprétation « bonne-ententiste » de la guerre :

> Nos gouvernants ne mettent pas toutes leurs espérances dans la puissance des canons, mais ils […] proclament « des jours d'humbles prières et d'intercession au Dieu Tout-Puissant pour la cause dont le Royaume-Uni, le Canada et autres Dominions du Commonwealth des nations britanniques, ainsi que leurs alliés et associés, se sont faits les champions, […] et pour l'établissement d'une paix prochaine et durable reposant sur la justice et la bonne entente[14] ».

Dans cet ouvrage, « [l]e Canada, pays indépendant, participe de son plein gré à la défense de la civilisation et des peuples opprimés lors de la guerre de 1939-1945[15] ». Les auteurs ne cachent pas leur fierté pour les combattants : « Le Canada joua un rôle important dans la poursuite de la Seconde Guerre mondiale. Ses soldats, ses marins et ses aviateurs se distinguèrent sur terre, sur mer et dans les airs ; ils suscitèrent l'admiration générale[16]. » Il en va de même pour le manuel de Guy Laviolette qui célèbre l'action des régiments canadiens-français en ces termes: « Au prix de combats épiques, dignes de ceux du 22e régiment pendant la guerre de 1914, ils traversent lentement l'Italie, la France, la Belgique et terminent la guerre en Hollande, où leurs "jeeps" se remplissent de tulipes et de lilas en signe d'allégresse[17]. » Quant au manuel de Grypinich, il consacre presque tout son chapitre sur la Deuxième Guerre mondiale – 21 pages – aux opérations militaires canadiennes. L'auteur présente la guerre comme l'occasion pour le Canada de jouer le rôle de puissance internationale souveraine et indépendante que lui confère le statut de Westminster[18].

Les manuels des abbés Herman Plante et Louis Martel[19], ainsi que celui d'Albert Tessier[20] contrastent avec les précédents. Ces deux ouvrages expriment au contraire leur profonde désapprobation face à l'engagement militaire du Canada. Ils sont également les seuls à évoquer la question de la conscription. « Dès le 10 septembre 1939, notre pays se rangeait "librement" aux côtés de l'Angleterre[21] », peut-on y lire. Les guillemets donnent le sens du chapitre. Albert Tessier dénonce la « propagande impérialiste et militariste » qui fait oublier aux chefs libéraux leurs promesses solennelles « de ne jamais dépasser, dans l'effort militaire, une participation volontaire et modérée[22] ». Avec le plébiscite, la trahison est consommée: « King avait les mains libres. Sans se soucier de la volonté nettement déclarée de la province qui l'avait porté au pouvoir, il biffa l'article qui restreignait la mobilisation au service dans le pays[23]. »

Plante et Martel présentent la guerre comme une aventure douteuse ayant mis en péril les finances[24], la paix et l'unité du pays. Ils envisagent de même la conscription comme une trahison nationale: « Politique de volte-face, de compromis, d'accrocs à la liberté, mélange de prudence et d'audace, série de mesures gouvernementales, qui tenaient à la fois de la dictature mitigée et du machiavélisme démocratique[25] », écrivent-ils. Dans ce contexte, l'armée apparaît source de honte ou de malheur. Les auteurs insistent sur l'état de sujétion des forces canadiennes dans l'Empire britannique pour avoir toujours combattu « sous le commandement d'un général anglais dans l'une ou l'autre des armées britanniques» et déplorent l'éparpillement des forces canadiennes dans le conflit: «Ce n'est qu'en 1945, à la fin du conflit, que l'armée canadienne retrouva son unité[26]. »

Tessier présente un discours similaire. À ceci près qu'il manifeste un anti-impérialisme et un antimilitarisme plus directs encore. «La guerre abominable», imposée de force aux Canadiens français du Québec, débouche sur une paix «douloureuse, précaire[27]». L'auteur évite soigneusement de présenter l'armée canadienne comme un sujet actif de la victoire. Tout au plus apprend-on qu'une «division canadienne participe à l'invasion de la Sicile et pénètre en Italie». Ce sont cependant les vaisseaux et les avions «alliés» qui débarquent des troupes en Normandie. De victoire point, puisque «le Canada sortait du conflit écrasé de dettes[28]». Tessier insiste plutôt sur les différentes étapes de «la mobilisation forcée», attribuables selon lui à «la propagande impérialiste et militariste» et aux «pressions des conscriptionnistes»: «Sous une forme plus graduée, plus nuancée, écrit-il, [la levée de la mobilisation limitée] était l'application pure et simple du procédé conservateur de 1917, procédé si souvent et si violemment dénoncé par les orateurs libéraux[29]. »

Quant au manuel de Gérald Filteau, il implique très peu les Canadiens dans le conflit, une discrétion qui confine à la dénégation, comme si cette guerre n'avait concerné qu'accidentellement le Canada. Le chapitre de 18 pages consacré à la Deuxième Guerre expose les principales causes et trace les grandes lignes de la période mais omet de mentionner que le Canada a déclaré la guerre à l'Allemagne[30]. Les troupes canadiennes n'interviennent dans le récit qu'à la douzième page du chapitre pour illustrer le débarquement en Sicile et l'invasion de l'Italie à l'été 1943[31]. L'auteur passe donc le raid de Dieppe sous silence.

Ce coup de sonde dans les manuels scolaires montre à tout le moins que l'opportunité de la participation des Québécois à la dernière guerre ne fait pas l'unanimité dans les milieux cléricaux. Deux perceptions antagonistes du Canada se dessinent dans ces ouvrages: celle d'un pays uni derrière l'Angleterre, d'une part, et celle, d'autre part, d'un pays aspirant à plus d'autonomie. Mais, quels que soient les points de vue, guerre et question nationale semblent plus que jamais indissociables. Le récit de Dieppe proposé dans ces manuels n'échappe pas à ces interprétations antagonistes. Tous les manuels étudiés, sauf celui de Gérald Filteau, évoquent le raid. Les interprétations se répartissent en fonction des clivages politiques notés précédemment. Ainsi, les guerriers sont vus tantôt comme des « victimes », tantôt comme des « héros ». C'est néanmoins autour de la remémoration de Dieppe que ce clivage entre « victimes » et « héros » apparaît le plus marqué, cet événement apparaissant investi d'une haute tension symbolique.

Dans deux manuels, le portrait des combattants est nettement héroïque. Laviolette célèbre l'exploit des « héros » en ces termes : « Après des semaines, des mois, des années même de longue attente en Angleterre, nos soldats surent enfin, un soir d'août 1942, qu'ils iraient au combat, pour vrai[32]. » On accepte le sacrifice des soldats. On le valorise même. Malgré les pertes, Dieppe est qualifié d'« exploit », non de défaite. C'est aussi l'occasion de mettre en valeur l'unité nationale : « Au moins cinq mille Canadiens, venus de l'Alberta, de la Saskatchewan, du Manitoba, de l'Ontario et du Québec (Fusiliers du Mont-Royal) recevaient la mission de traverser la Manche et de libérer le port fortifié de Dieppe, sur la côte de France[33]. » Le manuel de Grypinich offre une vision identique, à cette différence près que le cas de Dieppe est présenté comme un préliminaire tragique mais nécessaire à la glorieuse campagne de Sicile et d'Italie et au débarquement réussi de Normandie : « Riche de l'expérience acquise à Dieppe, le quartier général allié préparera soigneusement un nouveau débarquement[34]. » Ainsi est agréée la thèse de Dieppe comme « leçon de tactique ».

Les manuels de Tessier, de Plante et de Martel proposent une interprétation beaucoup plus pessimiste du rôle du Canada dans la guerre. « Si la guerre de 1756-1760 a fait tomber le Canada sous la dépendance anglaise, la guerre de 1939-1945 l'a dangereusement asservi à la tutelle américaine[35] », écrivent Plante et Martel[36]. Loin d'héroïser les combattants de Dieppe, les auteurs les présentent comme les victimes du pouvoir central. Tessier écrit : « À l'été de 1942, un bataillon de 5000 Canadiens tente un débarquement à

Dieppe. L'effet de surprise est manqué et l'aventure se solde par la mort de plus de 3000 des nôtres[37]. » Dans cette guerre en général, à Dieppe en particulier, les Canadiens sont des citoyens de seconde zone, sacrifiés inutilement, et le Canada est un instrument entre les mains des grandes puissances en guerre – Empire britannique et États-Unis. Ainsi, Plante et Martel rangent le raid de Dieppe parmi les opérations « dangereuses » et « ingrates » que l'on réserve systématiquement aux troupes canadiennes : « Ce sont eux qui ont été chargés de sonder les positions allemandes de Dieppe et de Caen, eux qui ont préparé la voie aux troupes d'invasion alliées, toujours à la peine, rarement à l'honneur[38]. » Les frères des Écoles chrétiennes se cantonnent quant à eux dans une maussade neutralité. Le raid est traité sur un mode plus laconique et plus expéditif que dans les manuels précédents, résumé en un paragraphe. Point de fioritures ni de héros ici. L'épisode se résume à « un holocauste sanglant », « car 3250 de nos soldats tombent sous les balles des mitrailleuses et des avions ou sont capturés[39] ».

Les récits de Dieppe et de la Deuxième Guerre proposés dans ces manuels laissent donc transparaître de sourdes discordances au sein de l'élite cléricale sur le sens à donner à ces événements. S'il y a eu débat à ce sujet toutefois, celui-ci semble être demeuré largement souterrain puisque les médias n'en rapportent aucun écho significatif. Jusqu'aux années soixante[40], la mémoire du conflit transmise dans les manuels demeure un terrain de lutte idéologique entre ceux qui valorisent la participation des Canadiens français au combat et ceux, nettement anti-impérialistes, qui déplorent cet engagement. Il s'agit donc de deux visions du Canada diamétralement opposées qui déterminent les discours sur Dieppe en particulier et sur la guerre en général. Dans quelle mesure ces divergences reflètent-elles l'opinion publique de l'époque ? Difficile de répondre à partir de sources aussi partielles. On s'aperçoit toutefois que le discours des élites canadiennes-françaises sur l'engagement militaire du Canada dans la guerre est loin d'être aussi monolithique que l'on aurait pu s'y attendre. Constat étonnant dans la mesure où, en 1942, les Canadiens français se sont prononcés presque unanimement contre la conscription pour le service outre-mer…

La littérature de guerre, vecteur de contestation

Mais il y a plus étonnant encore : l'existence d'une littérature de guerre québécoise significative, sinon en quantité, du moins en contenu. On ne peut certes que constater une certaine disproportion entre l'importance intrinsèque de la Deuxième Guerre mondiale dans l'histoire du XXe siècle et son faible écho dans l'imaginaire québécois d'après-guerre. Seuls quatre romans de guerre canadiens francophones explorent l'expérience intime du combat. *Neuf jours de haine* de Jean-Jules Richard (1948), *Les Canadiens errants* de Jean Vaillancourt (1954), *Les chasseurs d'ombres* de Maurice Gagnon (1959) et *Deux portes... une adresse* de Bertrand Vac (1952) (Aimé Pelletier[41]). Entre 1945 et 1960, les romans dont l'intrigue se situe au front ne représentent que 1,26 % de la production de romans francophones[42]. C'est très peu[43] si l'on considère que près de 160 000 Canadiens français, dont environ 90 000 du Québec, se sont engagés comme volontaires pour le service actif outremer. Le thème de la guerre vue d'ici représente pour sa part 1, 57 % de la production romanesque. Il s'agit de *Bonheur d'occasion* (1945), *Les Plouffe* (1948), *La fin des songes* (1950), *Évadé de la nuit* (1951), *Mon fils pourtant heureux* (1956[44]). À cela s'ajoutent trois œuvres destinées à la scène[45] et quatre récits de civils, témoins de la guerre en Europe[46]. En outre, les œuvres de l'époque qui présentent la guerre vue du Québec, et dont l'intrigue se déroule au Québec, semblent être seules restées gravées dans les mémoires : *Tit-Coq*, de Gratien Gélinas, *Les Plouffe* de Roger Lemelin, *Bonheur d'occasion*, de Gabrielle Roy. Quand ils ne sont pas étudiés au cégep ou à l'université, ces titres ont été adaptés au cinéma (*Les Plouffe*, *Bonheur d'occasion*, *Tit-Coq*).

Les romans qui situent leur action au front n'ont pas connu le même succès populaire et ont moins retenu l'attention des chercheurs et des critiques, malgré une valeur littéraire équivalente[47]. Pourtant, ces œuvres présentent le double intérêt d'avoir été écrites par des anciens combattants canadiens-français et, à ce titre, de refléter l'expérience d'une portion significative de la population québécoise : le contact intime avec la guerre. Les auteurs ne cachent d'ailleurs pas leur intention documentaire. À cet effet, Jean-Jules Richard affirme avoir écrit son roman en souvenir de ses compagnons du Black Watch décimés :

> [En Angleterre,] j'ai voulu écrire *Neuf jours d'amour* parce que je me suis dit que si je revenais malgré tout de la guerre, je recommencerais à écrire. Mais je suis passé à l'action. Mon régiment a été décimé [les Black Watch]. J'ai été blessé. Tous mes garçons sont morts. Alors j'ai dit : « On va écrire *Neuf jours de haine* à la place[48]. »

Quant à Jean Vaillancourt, selon son ami Olivier Marchand, c'est le souci du réalisme qui a guidé l'écriture des *Canadiens errants* : « Mais si l'art d'écrire lui tint à cœur plus que tout, il se méfiait néanmoins de la littérature. Pour lui écrire n'avait rien d'un jeu. C'était un moyen de traduire la réalité. Durant la guerre, les nombreuses (et longues) lettres qu'il fit parvenir à sa famille lui servirent à apprendre l'art de transmettre avec application ce dont il était témoin[49]. » Maurice Gagnon reflète le même souci de témoigner : « Peu de Français ont participé aux grandes opérations navales de la Deuxième Guerre [...]. De plus, je devais ce livre à mes camarades morts ou vivants : il y a peu d'écrivains chez eux. Le devoir d'écrire ce que nous avons vécu me revenait[50]. »

Pénétrer l'univers de ces romans ramène donc à la surface une expérience collective qui a été rapidement évacuée de la mémoire québécoise. Fréquemment, la littérature québécoise d'après-guerre renvoie une image distanciée et négative du guerrier. Ainsi, Fabrice Navarin, personnage principal de *Mon fils pourtant heureux*, jeune petit-bourgeois de Québec, promeut un héroïsme à rebours. Pour lui, le brave est celui qui résiste à l'appel des armes alors que le lâche est celui qui se jette dans la bagarre :

> [C]elui qui hait la guerre, celui qui ne veut pas tuer, ni être tué [...], ce sont eux qui ont raison [...] et non pas ceux qui acceptent ou qui vont au-devant, ceux qui "font comme les autres", ceux qui se gonflent sous l'uniforme, claquent les talons et bombent le torse [...]. Celui à qui la guerre ne fait point horreur, c'est lui le vrai lâche[51] !

La plupart des auteurs-vétérans présentent en revanche l'enrôlement pour le service outre-mer comme un geste positif de contestation, non comme un acte de lâcheté. Leurs romans, qui mettent en scène des êtres de chair et de sang, débouchent sur une critique parfois acerbe, mais toujours lucide, de la guerre et de l'armée, les grands idéaux du départ se délitant inexorablement dans l'ironie et la dérision. En ce sens, ils constituent un trésor méconnu de la mémoire québécoise. C'est pourquoi leur étude sera centrale dans ce chapitre. Mais au préalable, qui sont ces écrivains revenus de l'enfer?

Issu d'une famille modeste, Jean-Jules Richard (1911-1975) est né à Saint-Raphaël dans le comté de Bellechasse. Sa jeunesse a pour toile de fond la crise des années trente. Après avoir abandonné des études classiques entamées à Ottawa, il collabore à divers journaux et revues, signant des poèmes, des contes et des articles sur la poésie contemporaine. Pendant les années noires, il exerce mille métiers, subit mille misères: voyageur de commerce, débardeur et «hobo». En 1940, à 29 ans, il s'enrôle dans le Black Watch de Montréal et part pour le front où il est blessé. Rapatrié en 1946, il publie *Neuf jours de haine* deux ans plus tard. Il publiera par la suite d'autres titres estimés par la critique: *Le feu dans l'amiante* (1956), *Journal d'un Hobo* (1965), *Le voyage en rond* (1973), etc.

Bien que de douze ans son cadet, Jean Vaillancourt (1923-1961), connaît un cheminement personnel très proche de celui de Richard: il interrompt très tôt ses études pour exercer plusieurs métiers, notamment ceux de mineur et de bûcheron. Engagé volontaire aux Fusiliers Mont-Royal en 1942, à 19 ans, il fait la campagne de Normandie, puis devient brancardier en Belgique. De retour au Québec, il semble se raccrocher plus difficilement à la vie civile que son aîné, Richard. Il suit des cours d'art graphique puis signe quelques articles dans les journaux, dont *La Presse*, pour finalement s'installer comme garde forestier à Sorel. C'est là qu'il rédige *Les Canadiens errants*, roman qui lui vaudra le prix du Cercle du livre de France en 1954. Ce sera sa seule œuvre connue, car il mourra prématurément, en 1961.

Maurice Gagnon, quant a lui, a été lieutenant commandant dans la marine canadienne pendant la Deuxième Guerre mondiale. Né à Winnipeg en 1912, il étudie au collège de Rimouski et à la faculté de droit de l'Université McGill. Il n'échappe pas lui non plus à l'instabilité des années trente, se faisant tour à tour journaliste, décorateur et chauffeur de camion. Après son service dans la marine canadienne pendant la Deuxième Guerre mondiale, il entreprend une carrière dans l'industrie qui durera onze ans. En 1956, il commence une carrière prolifique d'écrivain, publiant une trentaine de titres en français, surtout des romans policiers et de la science-fiction, de même que des traductions. Une partie de son œuvre s'adresse surtout aux jeunes. Il a également participé à la rédaction finale de l'histoire régimentaire des Fusiliers Mont-Royal. Son œuvre littéraire lui a valu le prix du Cercle du livre de France en 1956 pour son premier roman, *L'échéance*, et le prix de l'Actuelle pour son premier roman d'anticipation, *Les tours de Babylone*.

Le parcours de Bertrand Vac (pseudonyme du Dr Aimé Pelletier) diffère légèrement de celui de ses confrères puisque, en qualité de chirurgien, il n'a pas combattu directement au front. Né à Saint-Ambroise-de-Kildare en 1914, il fait ses études au Séminaire de Joliette, puis complète ses études en médecine à l'Université de Montréal en 1940. Deux ans plus tard, il s'engage dans les services de santé de l'armée canadienne où il restera jusqu'en 1946. C'est à ce titre qu'il débarque en Normandie en 1944, puis participe à la libération de la Belgique et de la Hollande. Il a alors 30 ans. Après s'être spécialisé à Paris, il est nommé chirurgien à l'Hôpital général de Verdun, en 1948. Cela ne l'empêche pas de poursuivre une carrière d'écrivain. Il remporte à trois reprises le prix du Cercle du livre de France : en 1950 pour le roman *Louise Genest*, en 1952 pour *Deux portes... une adresse* et en 1965 pour *Histoires galantes*. Puis, ses publications se font sporadiques jusqu'en 1988, date de parution de sa dernière œuvre connue, *Bizarres*, un recueil de nouvelles.

Outre un destin commun, ces quatre auteurs partageaient des aspirations similaires. Tous s'étaient engagés pour fuir un monde devenu trop étriqué pour eux. Ils ont connu le baptême du feu, la guerre, et en sont revenus profondément transformés. Passés au tordeur de la tragédie humaine, ils sont devenus étrangers à eux-mêmes et dans leur propre pays. Cette trame commune, bien qu'elle soit exprimée à travers des intrigues différentes, ressort à des degrés divers de leurs œuvres, toutes empreintes de réalisme.

Débarquement, combats de tranchées, prise de prisonniers, libération de villages, histoire d'amour qui tourne mal, bombardements, hécatombe, cour martiale, occupation des territoires libérés, femmes tondues, *Neuf jours de haine* décrit les variations d'un même thème: la haine. Vécue par une compagnie de soldats originaires des quatre coins du Canada pendant la campagne de France, elle plonge Frisé, Noiraud, Martedale, Prairie et les autres dans cette « cinquième dimension » qui rend l'homme semblable à la bête. Dans ce monde bouleversé, les valeurs se déforment. Noiraud, véritable héros de l'intrigue, l'apprendra à ses dépens. Il finira en prison non pour avoir « fraternisé » trop brutalement avec l'ennemie, une Allemande, mais pour avoir été pris sur le fait.

Les Canadiens errants plonge le lecteur au cœur d'une Normandie en flammes où un bataillon canadien-français découvre les affres de la guerre. L'auteur met en scène de simples soldats. Ceux qui n'ont pas grand-gloire ni médaille à espérer. Avant d'être soldats en Europe, ils étaient bûcheron, lutteur, orphelin… « tous des tramps », dit Richard Lanoue, le héros de l'intrigue. Sans foi ni loi, cet orphelin qui espère trouver dans la guerre la mort ou une renaissance sait de quoi il parle. Inscrit au séminaire grâce à la sollicitude d'un prêtre, il a fui l'institution religieuse pour s'enrôler. Après avoir bravement combattu jusqu'en Hollande, Lanoue est gravement blessé puis rapatrié au Québec. Mais personne ne l'accueillera en héros à son retour.

Les chasseurs d'ombres relate la traversée d'un convoi pendant la bataille de l'Atlantique sous les ordres d'un officier canadien-français modèle, Jérôme Gauvain, le commandant de la frégate *Summerville*. Vétéran de la guerre d'Espagne, Gauvain est un nomade. Lui-même fils de militaire, suivant son père au gré de ses affectations, il n'a pu s'enraciner ou s'intégrer à sa société d'origine et a développé un attrait pour l'aventure. Ce héros s'est donné pour mission de redorer le blason de la marine canadienne et d'affirmer la puissance tranquille de son pays face aux autres pays alliés. Accompagné d'une vingtaine de bâtiments d'escorte dont deux autres frégates britanniques, son bâtiment doit mener soixante navires jusqu'au port de Mourmansk, en URSS. Des trois frégates, seul le bâtiment canadien échappera aux salves des *U-Boats* allemands qui les harcèlent, pour finalement mener le convoi en Islande.

Sur le plan de l'intrigue, l'œuvre de Bertrand Vac tranche avec celles des trois précédentes. Alors que *Neuf jours de haine, Les Canadiens errants* et *Les chasseurs d'ombres* sont exclusivement consacrés à l'analyse de la guerre vue de la ligne de feu et de ses répercussions sur la conscience du combattant, l'intrigue de *Deux portes... une adresse* est plutôt centrée sur l'impossible histoire d'amour entre le personnage central, le capitaine Jacques Grenon, et une jeune Française, Françoise Clair. Cette expérience intime lui fait prendre conscience de la vacuité de l'existence qu'il a laissée derrière lui. Mais il devra rentrer dans le rang à son retour.

En filigrane, c'est la société québécoise des années cinquante, celle de Duplessis, que ces auteurs remettent en question, le thème de la guerre offrant un exutoire pour exprimer leur révolte. Fuyant leur société d'origine ou en quête individuelle d'un destin meilleur, leurs héros cherchent en la guerre l'épreuve initiatique ultime qui leur permettra enfin de se réaliser. Leur récit du conflit apparaît donc d'ores et déjà marqué par les aspirations d'après-guerre. Néanmoins, le point de vue de ces romanciers détonne dans un Québec anti-conscriptionniste, dans la mesure où ils présentent l'engagement des soldats comme un geste de contestation individuelle, non comme un acte de soumission. C'est toute la fonction cathartique du thème de la guerre qui se déploie ici, révélant les tensions internes de la société québécoise des années 1945 à 1960.

Dans *Neuf jours de haine,* Jean-Jules Richard met en scène deux soldats francophones personnifiant un Québec aliéné en quête d'affirmation et d'identité. L'un symbolise la lumière, l'autre, l'obscurité. Leur origine sociale semble également les opposer. Robert Nanger, un «intellectuel», vague étudiant de Québec, est chargé de comptabiliser les pertes de la compagnie. Jean Manier, un «provincial québécois» et homme du peuple, est un simple soldat. Le premier, prométhéen, essaie de «sauver» son camarade en l'incitant à apprendre l'anglais pour l'aider à s'intégrer au groupe. À travers lui, il s'agit d'éclairer le «peuple», que personnifie Manier, pour l'affranchir de son aliénation et de l'obscurantisme de ses élites. «Il [Jean Manier] était surpris de trouver dans l'anglais tant de mots similaires au français. Ça l'enchanta. Ça simplifiait. Il apprendrait l'anglais contre le gré des obscurantistes. Il en était résolu[52]. »

L'armée ouvre l'esprit à ce « provincial québécois », rendu idiot par son milieu d'origine[53] : « Le contact des copains, êtres évolués, l'amitié de ces costauds équilibrés le dédommagent de toutes ses années de veulerie[54]. » À ses côtés, Nanger symbolise le Canadien français en quête d'une identité nouvelle, qu'étouffe sa société d'origine. « À la poursuite d'un idéal bridé par les dictateurs de la pensée[55] », Nanger essaie de briser sa coquille canadienne-française traditionaliste. Il prône une citoyenneté canadienne transitoire, ouverte, quasi messianique, fer de lance d'une citoyenneté mondiale. Il rêve de l'abolition des frontières impériales, culturelles et nationales : « [...] plus tard, nous ne serons plus canadiens ni sujets britanniques, mais humains, tout simplement humains, si comme cela doivent s'appeler les habitants du monde[56] ».

Dans les *Canadiens errants*, on retrouve un tandem de combattants similaires, en rupture de ban avec leur société d'origine : Richard Lanoue et Xavier Gagnon. Encore une fois, il y a opposition : « Lanoue a de l'instruction, l'autre pas[57]. » À cette différence près que ces hommes viennent tous les deux d'un milieu défavorisé. Le premier cherche une forme de rédemption dans la guerre, l'autre, l'occasion inespérée de jouir de la vie, d'avoir de l'alcool et des femmes. Orphelin, placé dans un séminaire, Lanoue, élève sérieux, docile, solitaire, fermé, l'a fui pour s'engager. Enfant abandonné, donc sans passé, fuyant un univers étouffant et mortifiant, Lanoue est en quête d'un monde nouveau. À son major il affirme « qu'il avait commencé à vivre le jour où il était entré dans l'armée et que son passé n'existait pas[58] ». L'armée est pour lui une ouverture au monde, un passage obligé pour une renaissance. Dans une lettre destinée à un curé, Lanoue décrit son adolescence comme « un fruit vert pourri ». Il confie être venu à la guerre « pour y mourir ou en sortir comme un nouveau-né[59] ». D'ailleurs, au retour, il compte sur son statut de vétéran pour entrer à l'université et devenir poète[60]. Aussi la guerre est-elle pour lui plus épopée de l'âme, quête d'identité et désir de réalisation personnelle que pur altruisme. Dans une lettre personnelle à Gilles Marcotte, Vaillancourt affirme d'ailleurs avoir inventé de toutes pièces le passé de ce personnage, « l'élément le plus faible de mon roman», s'excuse-t-il. Lapsus? Cette «imagination facile», comme il l'écrit, reproduit l'archétype du Canadien français, «enfant abandonné sur les bords du Saint-Laurent, orphelin laissé à son triste sort par ses parents dénaturés», pour paraphraser la célèbre formule de F.-X. Garneau[61].

Pour Jacques Grenon, héros de *Deux portes... une adresse* de Bertrand Vac, la guerre s'avère également le catalyseur d'une révolte féroce contre sa société d'origine, le Québec des années quarante. Le conflit européen lui permet d'échapper provisoirement à Berthe, une épouse stupide, et de tomber amoureux de Françoise, une Française cultivée, intelligente et émancipée. Cette intrigue amoureuse illustre le déchirement du héros entre une société d'origine (que personnifie Berthe), exaspérante de trivialité, qu'il devra réintégrer, et une société idéalisée mais inaccessible (que personnifie Françoise) à laquelle il lui faudra renoncer. Le spectacle de la guerre accentue cette déchirure en lui faisant mesurer l'inconscience et le retard de la société québécoise face aux grands enjeux humains et mondiaux.

Même le commandant de frégate Jérôme Gauvain, héros des *Chasseurs d'ombres* et personnage guerrier plutôt optimiste, est aussi un «Canadien errant» fuyant une société étouffante. Élevé dans les bagages de son père, un militaire de carrière courant d'une affectation à l'autre, le jeune homme n'a pu ni s'enraciner ni s'intégrer nulle part, ce qui explique son parcours d'aventurier et son engagement en Espagne dans les brigades internationales: «[G]arnisons, une école suivant l'autre; toujours le "nouveau" dans chaque classe; de racines point; de maison familiale comme la vôtre, jamais. Et, sur tout cela, l'effort acharné pour "tenir son rang" comme ils disent, ne rencontrer que des gens "bien"... Insupportable... étouffant... Un jour, je suis parti[62].»

Ce détournement de la révolte dans la guerre se retrouve d'ailleurs dans la littérature des civils de l'époque. Dans *Bonheur d'occasion*, Azarius Lacasse, père de famille chômeur, s'engage certes pour nourrir enfin sa progéniture, débarrasser sa femme d'une présence encombrante et inutile, mais aussi pour tout recommencer et laver l'échec d'une vie minable et étriquée en embrassant une cause qui le dépasse. Comme Lanoue, Lacasse aussi cherche dans la guerre une rédemption.

> Libre, libre, incroyablement libre, il allait recommencer sa vie [...] il eut un grand besoin d'aventures, de périls, de hasards, lui qui avait si misérablement échoué dans les petites choses. Et même, lui qui s'était trouvé incapable de secourir le malheur qui l'entourait, il fut saisi d'une fièvre intrépide à la pensée de combattre les grandes afflictions qui ravageaient le monde[63].

Sauve-qui-peut identique dans *Les Plouffe* avec la décision – avortée – d'Ovide de s'engager. À ceci près que ce moine défroqué doublé d'un intellectuel raté considère son désir d'engagement comme le symptôme d'une maladie mentale : « Pourquoi allait-il s'enrôler ? Il commençait à se demander si les désirs de bravoure ne sont pas le partage des anormaux, puisqu'on ne peut pas vouloir se faire tuer pour la patrie quand on est Québécois et qu'on a du bon sens[64]. » Malgré ces réserves, la guerre reste l'occasion de changer la vie, de s'ouvrir sur d'autres possibles. Dans *Bonheur d'occasion*, par exemple, elle investit Azarius d'une nouvelle dignité :

> Était-ce là l'homme [Azarius] qu'il avait vu profondément accablé, il n'y avait pas plus d'une semaine ? Était-ce là le mari de Rose-Anna ?
> [...] Une vigueur émanait de lui, presque irrésistible. Tout simplement, il était devenu enfin un homme ; et de l'éprouver lui donnait une joie sans mesure.
> Ainsi donc le salut était venu dans le faubourg !
> Le salut par la guerre[65] !

Dans la littérature canadienne-française, les hommes voient donc en la guerre une issue inespérée à un milieu oppressant. Dans *Un simple soldat*, cette espérance prend les traits pathétiques de Joseph Latour. « Soldat manqué[66] », ce personnage cherchait lui aussi « une raison de vivre[67] » en allant au front. Incarnation de l'échec absolu, même cette chance lui est refusée ; la guerre s'achevant trop tôt pour lui, il n'a même pas l'occasion de revenir en héros et ne parvient pas à s'adapter à la société. La seule issue à son désespoir sera de repartir pour la guerre de Corée, où il mourra au champ d'honneur. Mis à part Marcel Dubé, seuls les auteurs qui ont connu les champs de bataille semblent en mesure d'exprimer la désillusion du retour. Pour eux, elle est totale. Dans leurs œuvres, l'irréversible « métamorphose par la guerre » oblitère la quête de « salut par la guerre» manifestée au départ. Métamorphose tragique qui les rend irrémédiablement étrangers à leur société, monstrueux la paix revenue. Comme l'écrit Jean-Jules Richard: «À la libération, on jette sur l'armée des regards sinistres. La haine coule dans les veines avec le sang. Le goût du masochisme et du sadisme s'infiltre dans la pensée corrompue par les mauvais traitements. On vient de suivre un cours de haine. La libération en est le diplôme[68].» C'est la part d'ombre du guerrier que lui seul semble pouvoir comprendre et que, de toute façon, la société refuse de voir. Par exemple, Guillaume Plouffe cache la cruauté de son expérience de la guerre à sa mère, laquelle, ne l'apprenant qu'au retour du fils, ne peut l'accepter: «C'EST PAS CROYABLE! GUILLAUME QUI TUE DES HOMMES[69]!»

Aussi, au retour, tout comme Joseph Latour, les hommes se sentent-ils trahis, marginalisés. Trois des quatre romans de guerre québécois s'achèvent sur ce thème. Dans *Neuf jours de haine*, Frisé, que la perte au combat de son frère Paul a brisé et rendu cynique, laisse jeter en prison son compagnon Noiraud, injustement accusé de viol, pour ne point nuire à son propre avancement. Déçu par le retour à la vie civile, Richard Lanoue des *Canadiens errants* se console dans les bras d'une prostituée[70]. À son retour, Jacques Grenon, de *Deux portes... une adresse*, réintègre son foyer à contrecœur et renonce aux promesses d'une vie épanouissante auprès de Françoise. Après la lutte, la «Patrie» rappelle ses fils à l'ordre, au calme et... à l'ennui. Conscientisés et mûris par la guerre, ces «retours du front» s'adaptent mal au conservatisme et à l'abêtissement nés d'une prospérité trop rapide: «Le pays les remettrait dans le moule de la banalité, de l'envie, de la misère morale et du terre à terre, de la pudibonderie, de l'hypocrisie, de ce qui aveulit un homme. Ils y passeraient tous, même les héros[71].»

Figures tragiques, ces êtres ont été mystifiés. Sous l'uniforme du héros mythique, créature de la propagande et puissant aimant pour les sans-cause et les déshérités, palpite l'homme aliéné, chair à canon: «Ces muscles, ils en jouissent pour se battre. Ils s'en servent pour déjouer la mort. Ils ne sont pas des athlètes concurrents, ni des modèles, ils sont la pulpe à charogne s'ils tombent. Des pions d'existence, s'ils résistent[72].» On retrouve une image similaire dans *Mon fils pourtant heureux*, lorsque le personnage principal, Fabrice

Navarin, se présente au recrutement: «Cette barrière franchie, nous cessions d'être des hommes pour devenir je ne sais quelle pulpe, quelle matière première, quelle substance charnelle dont ont besoin les gouvernements pour se faire la guerre[73].» Héros aux accents shakespeariens, Richard Lanoue s'interroge surtout sur le sens de son engagement dans une aventure dont l'absurdité l'assaille chaque jour un peu plus:

> La vie était un bien grand mystère. La guerre, un mystère non moins considérable, pour ceux qui s'y penchaient et qui étaient venus y chercher le sens de la vie. Plusieurs étaient morts aujourd'hui et ils avaient cessé de chercher, sans que Richard, qui pensait à eux en ce moment, pût savoir s'ils avaient trouvé quelque chose[74].

Ces Canadiens «errants» apparaissent donc sans patrie ni cause définie, *lonesome cowboys* prêts à embrasser les idéaux qui se présentent: «De c'te race-là, y en a toujours eu et y'en aura toujours. Quand ça sera pas pour sauver la chrétienté, ça sera pour sauver autre chose, c'est toute[75]», affirme Lanoue. On retrouve d'ailleurs une affirmation comparable dans *Un simple soldat*: «Pour un gars comme Joseph, il va toujours y avoir une guerre à courir, un coin de pays du bout du monde pour risquer sa peau[76].» Le message de ces romanciers-vétérans est clair: au Canada, personne ne meurt pour la patrie et l'expérience du champ de bataille demeure une expérience foncièrement individuelle irréductible à toute mémoire commémorative officielle. Et pour cause, leurs héros ne savent trop eux-mêmes pour quelle patrie ils se battent, les contours de celle-ci s'avérant on ne peut plus flous.

Une nation forgée dans le sang

Richard, Vaillancourt, Vac et Gagnon s'interrogent tous, à des degrés divers, sur le rôle du Canada dans cette guerre et sur les répercussions du conflit sur ce jeune pays. Pour ces auteurs, guerre, question nationale et modernité semblent indissociables. Quelle nation et quelle société émergeront de cette période troublée? se demandent-ils. Chez eux, l'expérience commune de l'enrôlement et de la guerre débouche sur des perceptions de la nation assez semblables, à quelques nuances près. Les œuvres de Richard, de Vaillancourt et de Gagnon en particulier mettent en scène des unités de combat qui représentent autant de microcosmes du pays imaginé par chacun d'entre eux. La compagnie C de *Neuf jours de haine* symbolise le cosmopolitisme canadien, ferment internationaliste. *Les Canadiens errants*, avec son régiment du Saint-Laurent fait référence à un Canada plutôt «québécois». Quant aux *Chasseurs d'ombres*, c'est lui qui affirme le plus clairement l'idée de ce Canada mythique «forgé par la guerre».

> Ils viennent de tous les coins d'une terre immense, aux horizons infinis comme ceux de cet Atlantique [...]. Anglais, Français, Irlandais, Écossais... Et pourtant, sur leur diversité, des traits communs: jeunesse, inexpérience, certes; mais une assurance intérieure, un joyeux fatalisme, un refus de s'en faire, de craindre, d'imaginer la défaite, un tour d'esprit cynique, rabelaisien, terre à terre. Et capables d'une furie sous le feu, ce qui rappelle les guerriers de Vimy et de Courcelette[77]...

Cette vision lyrique n'est cependant pas entièrement partagée par les autres auteurs qui insistent plutôt sur le caractère individuel de l'engagement des combattants et la faiblesse de leurs motivations patriotiques. Poussés par la propagande ou par le goût de l'aventure, ces hommes se moquent bien de la patrie. Dans *Neuf jours de haine*, les combattants se retrouvent confrontés à l'absurdité de leur choix:

> Des Européens, même des Allemands, leur [aux soldats canadiens] ont souvent demandé:
> – Que venez-vous faire ici? Nous ne vous reprochons rien.
> Peu pourraient donner une réponse. Ils restent là, surpris de cette question. C'est vrai. Que venaient-ils faire ici? Jusqu'à maintenant la propagande les a tenus. Maintenant cette question les remplit de malaise[78].

Pour Richard, la guerre est un miroir aux alouettes qui attire des individus en quête d'idéal, de dépassement ou de sensations fortes. Défenseurs de l'impérialisme britannique, de la civilisation, prolétaires en veine d'instruction, fatalistes impuissants à «guérir le mal millénaire du monde, au-delà de leurs motifs et de leurs causes respectives, ces hommes sont finalement venus "pour l'aventure", sans cause, portés par la vague[79]».

On retrouve la même idée chez Vaillancourt. Son héros, Lanoue, conscience du régiment, forme avec ses compagnons d'armes une sorte de tribu recomposée aux hasards des combats, constituée de marginaux quasi congénitaux cherchant leur salut dans la guerre. « Moé, je suis rien qu'un tramp, j'suppose », dit son camarade Gagnon. « On est tous des tramps, Xavier, réplique Lanoue. Qu'est-ce qu'on ferait icitte si on était pas des tramps, hein[80] ? » Naufragés en temps de paix, ces hommes semblent avoir trouvé leur « élément naturel à la guerre[81] ». En fait, ces Canadiens n'ont pas de Cause avec un grand C. Les leurs, grandes ou petites, sont multiples, individuelles. Et c'est probablement Gabrielle Roy qui en a le mieux résumé la diversité dans *Bonheur d'occasion* :

> [A]ucun d'eux n'allait faire la guerre dans le même but; il y en avait qui s'en allaient chercher au bout du monde l'assurance que leur Empire durerait. Il y en avait qui s'en allaient au bout du monde tirer des balles, recevoir des balles et c'était tout ce qu'ils savaient. Il y en avait encore qui s'en allaient chercher au bout du monde le pain de leur famille[82].

Dieppe dans la littérature

Pour cette période, la tension observée entre « contestation » et « désillusion » dans la littérature touchant à la guerre ne se cristallise guère, ou très peu, autour de Dieppe. À une exception près en effet, il semble que cet événement n'ait pas « fait le plein » de signification dans le champ discursif. Deux romans font allusion à Dieppe, *Deux portes... une adresse* et *Les Canadiens errants*, et une pièce de théâtre, *Un simple soldat*. Aucun des auteurs n'ayant participé à cette opération, ces rappels du raid demeurent indirects. Dans ces trois cas la fonction mythologique de Dieppe semble avoir joué à plein. Ainsi, le Dr Aimé Pelletier (Bertrand Vac) affirme avoir appris la nouvelle par les journaux et qualifie aujourd'hui cet épisode de « geste le plus stupide qui ait été fait par l'armée anglaise[83] ». L'épisode lui sert d'ailleurs à illustrer, non sans une cruelle ironie, la place marginale du Canada dans cette guerre et sur les champs de bataille :

> Des vols d'avions anglais et américains projetés dans le ciel par des hommes en vie, ivres de mouvements et d'espace, rasaient en tornades cette scène d'Apocalypse, tandis qu'en bas, des fantassins disparaissaient dans la mer, comme par magie, que d'autres s'abattaient lourdement en lâchant l'arme à laquelle tout à l'heure ils s'agrippaient comme à la vie[84].

Ce passage semble avoir touché des cordes sensibles. À sa parution, le critique Jean-Marc Poliquin, qui par ailleurs n'a pas apprécié le roman, ne peut s'empêcher de saluer cet extrait: «S'il fallait choisir des passages dignes de figurer dans une anthologie, écrit-il, on ne pourrait signaler que les pages 52 et 53 où l'auteur trace un *tableau réaliste* du fameux débarquement de Dieppe[85].»

En fait de «réalisme», c'est plutôt une métaphore du rôle des Canadiens pendant la guerre qui est offerte ici. Les fantassins *canadiens* meurent en nombre piégés dans un «cirque cerné des falaises farcies de mitraillettes et de canons» tandis que des avions *anglais* et *américains* «projetés par des hommes ivres de vie» les survolent. Est ainsi mise en scène l'implacable hiérarchie des forces alliées réservant aux Canadiens le rôle de chair à canon. Ce «tableau réaliste» est en fait l'écho du mythe populaire de Dieppe évoqué dans le précédent chapitre. Cette perception fait-elle l'unanimité? Dans *Les Canadiens errants*, Jean Vaillancourt évoque Dieppe en faisant plutôt allusion à la libération de la ville par les Canadiens en 1944: «As-tu paradé dans les rues de Dieppe en te faisant crier "Bravo!" par dix mille personnes?» se promet de demander à son retour le soldat Xavier Gagnon à ceux restés au Canada[86]. Exceptionnellement, on évoque Dieppe ici sous un jour glorieux, la victoire finale ayant lavé l'affront. Sans doute cette allusion est-elle circonstancielle. Nous l'avons précisé, l'auteur a lui-même participé à la libération de l'Europe au sein des Fusiliers Mont-Royal. En 1944, ce régiment s'est fait un point d'honneur de prendre la ville où tant des siens étaient tombés sous les balles ennemies. Que Vaillancourt ait spontanément évoqué cette revanche ne surprend donc pas.

Dans *Un simple soldat*, la référence à Dieppe est plus ambiguë que dans les deux œuvres précédentes, car elle rappelle l'héroïsme dans l'échec. Ainsi, pour obtenir les faveurs d'une fille, Joseph Latour se vante d'avoir été blessé à Dieppe et d'avoir tué des Allemands: «J'étais à Dieppe, dit-il, j'ai vu mourir des gars à côté de moi. Ils tombaient comme des mouches[87].» Du même souffle, il est bien obligé d'admettre l'échec en ces termes: «Mais qu'est-ce que tu veux? À Dieppe on n'avait pas de chance, c'est une affaire qui a été organisée par les Anglais[88].» Ici, l'allusion nous semble d'autant plus significative qu'il s'agit d'un mensonge. Tant qu'à inventer, pourquoi le héros n'a-t-il pas choisi un épisode plus glorieux de la Deuxième Guerre? La campagne de Sicile et d'Italie, le débarquement de Normandie, la libération de l'Europe? Sans doute est-ce parce que le raid de Dieppe, comme on l'a vu chez Bertrand Vac, correspond le mieux à l'idée que se font les Canadiens français de leur rôle dans cette guerre. En quelque sorte, «Dieppe» est un symbole totalisant qui englobe toute la guerre, dans ses causes, comme dans ses finalités.

Du point de vue de la logique intrinsèque d'*Un simple soldat*, peut-être ce choix s'imposait-il, la dégelée de Dieppe s'harmonisant mieux avec le personnage de Joseph Latour, incarnation du perdant canadien-français emprisonné dans sa révolte, que les trompettes de la victoire. Ce vaincu est toutefois condamné à mort par l'auteur: son destin individuel de perdant ne cadre peut-être déjà plus avec les aspirations de la collectivité canadienne-française. Aussi la mort du «simple soldat» renvoie-t-elle à celle, annoncée, du peuple canadien-français du Québec qui ressuscitera sous une nouvelle identité québécoise après 1960. À cette mise à mort symbolique correspond d'ailleurs une réception mitigée de la critique à l'égard des quatre romans de guerre québécois.

Un récit marginalisé

Georges-Henri Daigneau salue *Neuf jours de haine* comme «le témoignage le plus proche qui soit de la réalité», «l'un des premiers [livres] de la littérature canadienne», de même qu'un livre «merveilleux» «pour faire haïr la guerre[89]». En revanche, Julia Richer déplore le «style mitraillette» de l'auteur et la brutalité du propos: «[...] M. Richard ne nous fait grâce d'aucun mélodrame guerrier: blessé au ventre ouvert, viol ou tondage de petites femmes à la collaboration facile, et tout et tout», écrit la critique pour qui «[i]l est d'ailleurs tout à fait impossible de considérer comme un roman l'œuvre de Jean-Jules Richard[90] ». *Deux portes... une adresse* suscite encore moins d'enthousiasme. Jean-Marc Poliquin, du *Droit*, réserve à l'œuvre le jugement le plus sévère de tous: « Du point de vue moral, il s'agit d'un livre de quatrième zone ; sur le plan littéraire, c'est un poncif[91]. » Plus clément, Guy Robert, de *La Revue dominicaine* écrit: « Miroir d'une époque tragique et tourmentée, ce roman n'est pas de trop[92]. »

L'accueil réservé aux *Canadiens errants*, sans doute le plus « québécois » des quatre romans à cause de ses personnages et de la langue utilisée dans les dialogues, semble significatif. C'est probablement le roman de guerre qui déstabilise le plus la critique, divisée entre le dégoût et l'empathie. Quoique généralement sympathique au destin de Lanoue, l'intelligentsia dénonce quasi unanimement la vulgarité de la langue des dialogues, de même que celle des anecdotes à caractère sexuel, surtout celle de l'épilogue qui met en scène le vétéran et la prostituée. Guy Robert exprime une pitié frôlant le dégoût à l'endroit de ces Canadiens errants qu'il décrit en des termes qui aujourd'hui feraient sourire: « Ces hommes ont fait "cette chose du diable qu'on appelait la guerre" et on les accepte tels qu'ils sont: devenus plutôt primitifs et vulgaires... » Il conclut sur ces « retours-du-front, ces loques humaines qui reviennent dans un pays qui ne veut plus les reconnaître » par une note ambiguë: « Fondamentalement, ils sont à la fois des héros et des martyrs: ne l'oublions pas[93] ! » Plus exceptionnelle et plus compréhensive est la position de Marcel Valois (Jean Dufresne) dans *La Presse*: « Dans ce livre il y a en effet des mots grossiers, nulle image sale ; de l'indécence, pas l'ombre de vice. Sous le blasphème de tous les instants, on sent palpiter la Foi et derrière l'expression cynique, le sens de l'honneur[94]. »

Les chasseurs d'ombres est plus fraîchement accueilli encore. Le thème de la guerre apparaît moins en cause que la qualité littéraire de l'œuvre jugée insuffisante par la critique: langue aseptisée d'un scénariste « influencé par la télévision[95] », intrigue et personnages simplistes... Jean-Paul Vanasse accueille favorablement ce « sujet en or [que Gagnon] exploite fort bien » mais doute que l'ouvrage passe à la postérité[96]. Au *Devoir*, Gilles Marcotte se montre particulièrement sévère: « [...] nous n'arrivons pas à prendre au sérieux ces hommes tout d'une pièce qui s'expriment constamment dans un langage de boy-scout[97] ».

Après la guerre, les Canadiens français ne semblent pas encore en mesure d'élaborer un récit le moindrement consensuel de leur participation à la guerre en général et sur Dieppe en particulier[98]. Les manuels d'histoire donnent plutôt l'impression d'un dialogue de sourds entre participationnistes et anti-impérialistes. La littérature de guerre se révèle une entreprise marginale ne suscitant que peu d'intérêt. Ainsi, l'image cruelle et lucide de Dieppe que projette Vac de même que la profonde désillusion qu'expriment les auteurs-vétérans, tant à l'égard de la société que de leur engagement militaire, ne soulèvent guère les passions. La critique sociale et politique dont ces récits de guerre s'avèrent porteurs indique pourtant l'existence d'une révolte souterraine qui fera le lit des années soixante et soixante-dix.

CHAPITRE IV

La « décolonisation » de la mémoire (1960-1979)

Tabula rasa. Voilà peut-être ce à quoi pourrait se résumer l'attitude des élites québécoises des années soixante et soixante-dix à l'égard d'un passé de « colonisé » longtemps figé sous le sceau de la soumission providentielle (Thomas Chapais) et de la survivance (Lionel Groulx). Les interprétations « traditionnelles » de l'histoire sont remises en question, exercice rendu nécessaire par les profondes mutations politiques et identitaires qui secouent alors le Québec. Au moment de l'élection de 1970, Michel Brunet écrit :

> La collectivité francophone du Québec a acquis, au cours de ces vingt dernières années, une nouvelle image d'elle-même et du monde. Ses membres ont rejeté les mythes et les écrans protecteurs à l'intérieur desquels les générations précédentes s'étaient réfugiées. Ils ne se voient plus comme les participants isolés d'un groupe minoritaire dont la survivance dépend de la générosité d'une majorité omnipotente[1]...

L'avenir des Canadiens français se jouera désormais à l'intérieur du limes québécois, non comme un peuple retranché toutefois, mais à titre de maîtres du seul territoire en Amérique du Nord où ils sont majoritaires. Comme l'écrit Jean Bouthillette en 1972 : « Le Canada français hors du Québec est un mythe[2]. » Avec la Révolution tranquille, le Québec se dote d'un État moderne et prend en main les rênes de son destin socioéconomique.

Cette affirmation nationale s'accompagne toutefois d'une certaine ambivalence sur le plan politique.

D'une part, l'on assiste à l'affirmation d'un courant nationaliste réformiste en rupture avec l'idéologie de survivance. Ce nouveau nationalisme s'est élaboré après la guerre sous l'impulsion d'intellectuels comme André Laurendeau ou d'historiens tels Guy Frégault, Maurice Séguin et Michel Brunet. Traversé par des influences souvent contradictoires, ce mouvement éclate en plusieurs tendances pendant la période qui nous intéresse. Il trouve son expression la plus radicale avec le Front de libération du Québec (FLQ), dont l'activisme atteindra son point culminant avec la Crise d'octobre 1970, et sa manifestation la plus modérée avec le Parti Québécois, élu en 1976, lui-même issu de la scission du Parti libéral du Québec et du sabordage du Rassemblement pour l'indépendance nationale (RIN) en 1968. D'autre part, la quête de modernité de cette époque s'inscrit dans un projet pancanadien. Certes, tous les Québécois ne sont pas prêts à remettre en question le modèle confédéral, ni alors, ni aujourd'hui, loin s'en faut. Le dénote leur engouement, lors des élections, pour Pierre Elliott Trudeau, fervent antinationaliste et promoteur d'un fédéralisme renouvelé, fondé sur le multiculturalisme. Cette figure de proue du courant libéral progressiste, né dans les années cinquante autour de *Cité libre*, domine en effet la scène politique fédérale durant la majeure partie de la période couverte par ce chapitre[3].

Cette ambivalence, Jean Bouthillette l'analyse en ces termes au début des années soixante-dix: « Épuisé l'imaginaire et revenu d'exil, [le Canadien français] liquide son passé, rejette le nationalisme traditionnel dont il fustige l'irréalisme et stigmatise l'échec sur tous les plans, et projette sa nouvelle image dans une réalité canadienne globalement consentie. » Pour l'auteur, « l'universalisme abstrait[4] » de ce « pancanadianisme dépersonnalisé, seconde forme d'expression idéalisée de notre échec historique[5] » n'est que l'autre expression d'une même fuite identitaire et, à ce titre, un leurre. Il ajoute: « La raison pancanadienne est fuite inconsciente d'une angoisse collective devenue insupportable. À la mélancolie orpheline du nationalisme traditionnel répond une sérénité orgueilleuse qui cache mal un stoïcisme désespéré[6]. » C'est donc à l'interface de ces deux projets politiques (fédéraliste et souverainiste) que se situe la genèse de l'identité québécoise. Née dans le bouillonnement de ce qu'il est convenu d'appeler « la Révolution tranquille », cette identité nouvelle transcende les appartenances politiques dans la mesure où elle traduit la montée d'un sentiment d'appartenance à une culture québécoise[7].

Cette ère nouvelle coïncide avec une restructuration de la mémoire collective de la Deuxième Guerre mondiale ayant pour effet de marginaliser les anciens combattants. Pour les tenants de la modernité, qu'ils soient indépendantistes ou fédéralistes, le sacrifice, les valeurs et les motivations de ces hommes ne cadrent plus avec le nouveau récit collectif dont le héros est l'individu maître de sa destinée. Dans le contexte occidental de l'époque, cette éthique moderne trouve peut-être son expression la plus achevée dans le courant d'opposition à la guerre du Viêt-nam qui élève le déserteur (*draft dodger*) au rang de héros[8]. Il faut dire qu'à l'horreur de deux guerres mondiales s'est ajoutée entre-temps celle des guerres de décolonisation. Pour les Occidentaux, mourir pour la patrie va donc moins que jamais de soi. Mais d'un point de vue plus spécifiquement québécois, le guerrier canadien-français incarne l'oppression nationale avec laquelle on souhaite rompre. Comme l'écrit André Laurendeau en 1962, faisant référence au dernier conflit : « Nous nous demandions pourquoi nous serait infligée, à nous, petite nation d'Amérique qui avait, quoique à un moindre degré, subi le crime de l'impérialisme – la vocation de l'empire et de la civilisation. Car nous nous sentions agis par une volonté étrangère[9]. »

Cette période correspond aussi à l'âge d'or du marxisme universitaire, lequel influence grandement la pensée sociale. En particulier, les théories marxistes de la décolonisation et du développement inégal sont à la mode. À cet égard, l'avant-garde intellectuelle du groupe Parti pris mène le jeu. Largement influencé par les théories de la décolonisation des Franz Fanon, Albert Memmi ou Jacques Berque, ce mouvement de gauche renouvelle la lecture anti-impérialiste du dernier conflit mondial, jusque-là portée par des intellectuels de droite, tels Bourassa et Groulx. L'essai du cofondateur du RIN, André D'Allemagne, *Le colonialisme au Québec*, résume assez bien la relecture du passé qui prévaut alors dans les milieux progressistes radicaux: «Depuis ses origines, le peuple canadien-français n'a jamais connu d'autre régime que le régime colonial. Ce fait a profondément marqué sa psychologie tout au cours de son histoire[10]», propose l'auteur en guise de préambule. Notons toutefois que la grille de la «décolonisation» interpelle tout autant des intellectuels modérés, tel André Laurendeau qui écrit au sujet du plébiscite de 1942: «À mon avis, l'attitude des Canadiens français se situe à l'intérieur du phénomène que l'on appelle aujourd'hui, la "décolonisation[11]". »

Ainsi observe-t-on un curieux passage du témoin entre nationalistes traditionnels et néonationalistes en ce qui concerne la mémoire de la Deuxième Guerre en général et celle de Dieppe en particulier. Pour la période, c'est le thème de la «guerre subie», tel qu'il est récité dans la version des manuels de Tessier, de Plante et de Martel, qui est repris dans les journaux, les revues ou la littérature. Chez les nationalistes en particulier, le récit de la Deuxième Guerre se caractérise par la résurgence des deux crises de la conscription dans la mémoire. L'essai d'André Laurendeau, *La Crise de la conscription*, illustre bien ce phénomène. Emblématiques de la sujétion des Canadiens français, ces crises semblent obstruer toute autre référence à la guerre. Michel Brunet écrit:

> La loi de la conscription durant la première grande guerre donna une fois de plus au Canada anglais l'occasion de rappeler *manu militari* à la population franco-québécoise qu'elle n'avait pas le droit de se poser de questions quand Ottawa a parlé. Au plébiscite de 1942, les Franco-Québécois découvraient qu'ils ne pouvaient même pas faire respecter un engagement solennel pris envers eux par tous les partis politiques pancanadiens[12].

La communauté historienne se préoccupe peu quant à elle de la période contemporaine, moins encore de ses épisodes militaires, ce qui laisse le champ libre à la construction d'une mémoire populaire de la Deuxième Guerre mondiale dépourvue du filtre critique de l'historien[13]. Ainsi, lire le discours des années soixante et soixante-dix sur la Deuxième Guerre, c'est lire presque au premier degré le projet qui agite la société québécoise tout entière.

Les combattants de la Deuxième Guerre feront, dans ce contexte, les frais de ces changements de paradigme. « Perdants » ou « colonisés » de service, ils deviennent les repoussoirs de la nouvelle mémoire collective en gestation, la remémoration de Dieppe illustrant à point ce triste statut. À travers ces figures, c'est la figure symbolique du « père » canadien-français, « scieur de bois et porteur d'eau » que les fils de la Révolution tranquille veulent « tuer », pour faire place au Sujet québécois[14]. Conséquemment, les héros de la Deuxième Guerre seront le conscrit, le rebelle, le déserteur, jamais le volontaire. Ce en quoi, même s'il n'y est jamais fait directement allusion, Dieppe peut évoquer le Viêt-nam. Chercher à comprendre comment les gens de l'époque ont « lu » cette guerre, c'est s'abreuver une fois de plus à des sources parcellaires, en marge d'un discours tourné essentiellement vers un pays à bâtir, marqué également par la montée d'un pacifisme diffus. D'une part, les manuels d'histoire nationale sont peu nombreux, d'autre part, la littérature aborde peu le sujet. Les journaux se montrent en revanche nettement plus diserts sur ce passé à peine composé.

La réactivation du mythe

À partir des années soixante, l'anniversaire de Dieppe est rappelé plus régulièrement dans les journaux et bénéficie d'une couverture plus élaborée que dans la période précédente. *Le Devoir* et *La Presse* fournissent alors un corpus abondant et significatif sur la mémoire du raid. C'est principalement par le prisme de ces médias qu'est réactivé le mythe de Dieppe « complot contre les Canadiens français », tel qu'il a déjà été véhiculé par la propagande allemande et la rumeur publique en 1942. Sauf que cette fois-ci la thèse du « complot » apparaît réexaminée en fonction des concepts antagoniques émergents : colonisation/décolonisation ; nation québécoise/nation canadienne ; individus (soldats)/institutions (armée).

On perçoit une résurgence de la mémoire de cet événement dans les journaux à partir du 20e anniversaire de Dieppe[15]. À cet égard, mentionnons un aspect singulier de la mémoire du raid de Dieppe dans les médias francophones québécois : des années soixante à aujourd'hui, c'est le journaliste Pierre Vennat de *La Presse* qui en sera le gardien fidèle. Fils du lieutenant André Vennat tué à Dieppe, le journaliste a commémoré le raid et porté la mémoire de son père dans les colonnes du quotidien de la rue Saint-Jacques, à l'occasion des grands anniversaires, mêlant ainsi mémoire individuelle et collective. Si le canevas factuel de ses articles change peu d'une commémoration à l'autre, on peut y discerner, en filigrane et au fil des ans, la révolte croissante d'un fils contre le sacrifice de son père. Révolte emblématique en ce qu'elle contient la révolte de toute une génération contre l'oppression de celle qui l'a précédée. On verra en effet qu'une attitude similaire à l'égard de la participation des Canadiens français au conflit prévaut dans les autres vecteurs de mémoire visités, manuels d'histoire et littérature.

Dans tous les journaux que nous avons consultés, Dieppe sert clairement à rappeler le statut colonial du Canada pendant la Deuxième Guerre, quand il ne devient pas prétexte à exprimer un sentiment anti-britannique certain. Mis à part de rares allusions aux Canadiens français, le soldat « colonisé » se révèle plutôt canadien, toutes origines confondues. Vingt ans après, Dieppe apparaît consacré comme un échec et un massacre dont les Canadiens, dépourvus de souveraineté réelle, ont fait les frais. La thèse du « complot » colonial persiste donc dans la mémoire populaire. Dans cette grande entreprise de dénonciation, le récit héroïque qui, deux décennies auparavant, célébrait le courage des combattants dans l'adversité a perdu de son lustre : les héros sont devenus sinon des « poires », du moins les victimes d'un grand dessein colonial. Face au destin des vétérans, Pierre Vennat semble se faire l'interprète d'une certaine gêne collective : « Dieppe fut-il un sacrifice inutile ? Par pudeur, je ne désire pas répondre. Je ne voudrais pas que mon père, qui croyait de son devoir d'être là, fût mort inutilement[16]. »

En fait, la controverse qui entoure Dieppe à cette époque peut se résumer à une question : l'intervention du Canada à Dieppe était-elle justifiée ? La polémique concerne le pays dans son ensemble. En témoigne la diffusion, en 1976, d'un débat portant sur Jubilee à Radio-Québec, au cours de l'émission *Aux yeux du présent*[17]. Le journaliste Pierre Fournier et l'historien Laurier LaPierre interviewent le général Jean Victor Allard, Dollard Ménard et C. Churchill Mann de l'armée canadienne, le contre-amiral Straus de la marine américaine, ainsi que le capitaine Lucien A. Dumais et le soldat Poirier des forces armées canadiennes. Le débat est alimenté, entre autres, par le témoignage préenregistré de Lord Louis Mountbatten. On invite également les téléspectateurs à se prononcer, par téléphone ou par écrit, sur la question suivante : « Le raid de Dieppe était-il stratégiquement justifiable et a-t-on eu raison d'employer l'armée canadienne[18] ? » Implicitement, c'est le statut colonial de cette armée, soumise à un état-major étranger autrefois tout-puissant, dès lors au banc des accusés, qui semble faire problème.

L'atrocité de cet épisode se révèle désormais sans fard. Repris dans *Le Devoir*, le témoignage du directeur du *Winnipeg Tribune*, Ross Munro, ex-hagiographe du raid, ne craint plus de dire : « Jamais je n'ai vu un semblable carnage », reniant ses propos d'autrefois. L'enthousiasme ampoulé de 1942 a fait place à plus de réalisme : « Ce fut un massacre. Durant les quatre années pendant lesquelles j'ai suivi les Canadiens dans leurs campagnes, je n'ai jamais vu un carnage semblable à celui de Puits [*sic*[19]]. » Au-delà de la dénonciation du massacre, le débat porte dès cette époque sur l'utilité tactique et la valeur de l'opération... qui fait l'unanimité contre elle. Comme l'écrit un lecteur du *Devoir* : « [...] Dieppe massacre inutile ? Oui. Plusieurs centaines de participants sont morts en vain. C'est malheureux, mais c'est ainsi[20] ».

Dans ce débat, c'est la prise de conscience du double assujettissement des combattants canadiens-français qui domine. En 1962, *La Presse* et *Le Devoir* rappellent les grandes lignes du raid et font le point sur vingt ans de controverses[21]. *Le Devoir* présente le raid comme une « journée héroïque et amère[22] ». Le journaliste Jules Leblanc signe un reportage abondamment illustré qui reprend sobrement les grandes lignes du récit officiel de l'opération de Dieppe, fondé sur les travaux de C. P. Stacey. On est loin du discours épique de 1942 : les héros canadiens-français ont disparu. Pas un mot sur le commandant Dollard Ménard, encore moins sur l'abbé Sabourin. Sur la même page, Michel Roy réactive le mythe du soldat canadien-français immolé dans une boucherie coloniale. Pour le Canada, avance le journaliste, Dieppe reste « une blessure dont nous porterons toujours la cicatrice ». Les Canadiens français ne sont certes pas les seules victimes du désastre. L'auteur distingue deux niveaux de colonialisme dans cette entreprise : en tant que Canadien et en tant que Canadien français. Le Canada a été traité en colonie, en simple instrument des intérêts britanniques. Les tragiques erreurs de Dieppe ont été assumées par les Canadiens alors que ce sont les Britanniques qui ont conçu l'opération et manipulé les Canadiens avides d'action. L'opération a échoué, non parce que les Canadiens étaient de mauvais soldats, mais parce que le plan, de *conception britannique,* était défaillant[23]. Par ailleurs, les Canadiens français ont été doublement dupés et assujettis dans cette affaire : engagés dans la guerre malgré eux et dominés par des dirigeants eux-mêmes assujettis aux intérêts britanniques. Dieppe devient dès lors le symbole de ce double jeu de sujétion et de manipulation : « Ce fut une guerre à laquelle beaucoup de Canadiens français ne voulaient pas participer et, dans cette guerre, il y a eu cette bataille que les Canadiens n'avaient pas préparée eux-mêmes. Ils y ont apporté la sueur et le sang. On oublie les blessures, mais les cicatrices demeurent[24]. »

Outre le thème de l'assujettissement colonial, Dieppe permet également de soulever celui de l'assujettissement de l'individu aux institutions, du soldat à l'armée en l'occurrence, un thème déjà abordé, on l'a vu, par les romanciers de la période précédente. Par exemple, le reportage anniversaire de *La Presse* signé Pierre Vennat traite le sujet de façon intimiste[25]. Ici, les témoignages de vétérans francophones qui émaillent le reportage, ainsi que le souvenir d'André Vennat, le père du journaliste, marquent l'intrusion de la mémoire individuelle dans le récit collectif de Dieppe. Le raid n'est donc pas uniquement perçu comme une énorme machine qui broie des vies anonymes, mais aussi comme un drame personnel pour ses protagonistes. Valeur éminemment moderne, l'individualisme émergent bouscule l'image d'Épinal du combat héroïque, s'immisçant désormais dans un média de masse et non plus dans quelque obscur roman. Ces hommes sont-ils des héros ou des victimes ? s'interroge le fils du héros de Dieppe. Entre un discours officiel qui depuis vingt ans s'émeut du « sacrifice des héros de Dieppe » et celui d'une foule toujours plus considérable qui dénonce le « massacre inutile d'innocents » ou le « coup monté » contre les Canadiens, le journaliste ne peut que dire son désarroi.

> Où est la vérité ? Ni à l'un ni à l'autre extrême probablement ! Cette vérité, voilà dix ans que je la cherche. Car mon père, le lieu-

tenant André Vennat, fut un de ces « héros » ou de ces « poires » qui laissèrent leur vie à Dieppe pour ce qu'ils croyaient être la défense de la démocratie[26].

Jean-Jules Richard et Jean Vaillancourt ont déjà répondu à la question dans leurs romans respectifs : parti héros, le combattant revient brisé la paix revenue[27]. Les trois vétérans de Dieppe interviewés dans le reportage ne font que corroborer ce point de vue. « Un effort inutile et une perte d'hommes », affirme le capitaine Conrad Camaraire, adjudant des Fusiliers Mont-Royal lors de l'opération. Les militaires sont donc victimes. Mais victimes de qui ou de quoi ? Des institutions et de l'incompétence de ceux qui les représentent, soit d'abord l'état-major et les services d'information. D'un complot ensuite. Le capitaine Yvon Tétrault avance même l'hypothèse suivante : le camp allié aurait transmis l'information à l'ennemi afin de pouvoir tester sa résistance ennemie en état d'alerte[28]. Cinq ans plus tard, pour le 25e anniversaire de Dieppe, Pierre Vennat reprend cette thèse en des termes vibrants : « Une expérience [de laboratoire], voilà ce que fut le raid de Dieppe. Avec les Canadiens comme cobayes des éprouvettes de l'état-major britannique[29]. » Ce récit journalistique condense une perception de Dieppe et de la Deuxième Guerre dont on retrouve des correspondances dans d'autres vecteurs de mémoire – littérature et manuels – contemporains.

Des manuels entre mémoire et oubli

Le contexte de transition provoqué par la mise en œuvre de la réforme de l'éducation au Québec complique l'analyse des manuels d'histoire de l'époque. Plusieurs manuels des années cinquante sont réédités en 1967 et en 1968 et approuvés par le tout nouveau ministère de l'Éducation. Par conséquent, la vision du passé diffusée dans certaines salles de classe date des années cinquante, ce qui est assez éloigné des objectifs du nouveau programme de 1967. Ce dernier remplace l'histoire apologétique et patriotique de l'époque précédente par une histoire plus apte à former des citoyens responsables[30]. Les manuels d'histoire demeurent néanmoins rares, la mode pédagogique de l'époque prônant le recours à un matériel pédagogique individualisé: chaque professeur a toute latitude dans le choix des références utilisées pour ses cours[31]. Il faudra attendre les années quatre-vingt pour que voie le jour un programme d'enseignement de l'histoire plus structuré allié à l'utilisation d'un manuel obligatoire homologué[32].

Un manuel domine néanmoins le marché pendant ces années: *Histoire 1534-1968*, publié en 1968, devenu par la suite *Canada-Québec, Synthèse historique* que dirigent Denis Vaugeois, Jean Provencher et Jacques Lacoursière[33]. Cet ouvrage publié en 1969 et réédité à plusieurs reprises reste donc la principale référence en enseignement de l'histoire pour la période. Sa qualité illustre néanmoins la «professionnalisation» de l'enseignement de l'histoire à l'époque. Plus mesuré, le ton du manuel diffère sensiblement de ceux qui l'ont précédé. Sa richesse iconographique de même que l'insertion de nombreux encadrés et documents hors texte témoignent d'un souci pédagogique certain. Le chapitre sur la Deuxième Guerre mondiale occupe 16 pages sur 625[34]. Pour la première fois, la Crise de la conscription est abordée en détail dans un manuel scolaire[35]. Le traitement des opérations canadiennes au front occupe pour sa part la moitié du chapitre. Bref, l'angle politique et militaire domine l'étude de la période. Cette approche s'avère cependant d'ores et déjà condamnée en enseignement de l'histoire.

En effet, le rapport Parent a déjà signé l'arrêt de mort de l'histoire militaire, celle des batailles en particulier, ravalant cette tradition au rang de vieillerie dangereuse. Désormais promue «l'une des disciplines les plus formatrices qui soient», l'histoire se doit d'être ordonnée et propre, rassurante, presque thérapeutique: «[...] l'histoire *n'est plus* une succession d'événements, de guerres, de personnages, mais elle illustre aussi la volonté de progrès, le travail de l'homme pour dominer la matière et la nature et les forces économiques et sociales[36]». Dans ce contexte, l'étude de la guerre elle-même devient douteuse. On prône «[...] un enseignement qui soit basé sur l'histoire des civilisations plutôt que sur la liste des batailles et des campagnes militaires qui sont *une sorte d'étude pathologique du passé humain*[37]». Aussi la thématique militaire disparaît-elle quasiment des manuels publiés au milieu des années soixante-dix. À cet effacement correspond l'importance grandissante du thème de la conscription. Par exemple, le *Cours d'histoire du Québec 475-412*[38] réserve l'équivalent d'un paragraphe au traitement de la Deuxième Guerre mondiale où la « Crise de la conscription » occupe une place majeure, l'aspect militaire de la guerre étant complètement ignoré.

Quoique rares, les références à Dieppe n'en sont pas moins significatives, ne serait-ce que par la relative popularité des ouvrages dans lesquels elles s'insèrent. Dans la *Synthèse historique* de Vaugeois, Lacoursière et Provencher, le mythe de Dieppe resurgit, épuré des scories de la rhétorique patriotique des manuels de la période précédente. L'on s'en tient aux faits. L'exposé y gagne en crédibilité et en vraisemblance. On décrit la rencontre malencontreuse avec un convoi allemand et le tragique enchaînement de circonstances qui s'ensuit.

> Dans le ciel, les avions de la « Royal Air Force » sont aux prises avec ceux de la Luftwaffe, pendant que les navires échangent des coups avec des batteries côtières. Le bruit est infernal. Les péniches, par vagues successives, continuent à déverser sur les plages hommes et matériel de guerre, aussitôt décimés par les balles et les obus ennemis. Toute la journée, les troupes tentent de réaliser les plans élaborés par les chefs militaires ; quelques objectifs seulement sont atteints[39].

Indice de sa prégnance dans la mémoire collective, le raid tient un espace relativement important par rapport à celui imparti aux autres opérations militaires, pourtant plus décisives : trois quarts de page sur Dieppe, comparativement à une demi-page sur l'invasion de la Sicile, à une page et un tiers sur la campagne d'Italie, à une page et un quart sur le débarquement de Normandie et une autre page et un quart sur l'effondrement de l'Allemagne[40].

On trouve un autre récit de Dieppe, plus militant, dans un manuel non officiel, le *Petit manuel d'histoire du Québec*[41]. Tiré à au moins 125 000 exemplaires en 1979, l'ouvrage de vulgarisation connaît un grand succès et à ce titre confirme l'évolution du paysage intellectuel de la période. Lu à travers la grille marxisante de la décolonisation, l'épisode de Dieppe y est relaté en ces termes :

> Les Québécois [, en disant non au plébiscite de 1942,] refusaient de se faire mettre l'uniforme sur le dos pour se faire expédier outre-mer comme chair à canon anglaise.
>
> Ce sentiment fut confirmé le 18 août par le désastre de Dieppe. L'état-major britannique veut voir si les Allemands défendent bien les côtes françaises. Pour vérifier une évidence, il lance 6100 soldats, dont les 4/5 sont des Canadiens, dans 253 bateaux vers les côtes françaises. Les pauvres gars tombent sur un convoi allemand à trois milles des côtes et le massacre commence. Quand ils réussissent à débarquer sur la côte française près de Dieppe, les mitrailleuses allemandes les descendent comme des lapins. Après deux heures [*sic*] de cette boucherie, l'état-major comprend que les Allemands défendent bien les côtes. On donne l'ordre d'évacuer les lieux. Sur les 4963 Canadiens, 2752 [*sic*] meurent sous les balles allemandes. Les 2211 qui restent, dont 617 sont blessés, réussissent à rentrer en Angleterre. Les colonisés servent toujours de chair à canon pour le colonisateur[42].

Ici, ce sont les Québécois qui refusent d'endosser l'uniforme pour jouer le rôle de chair à canon. Le désastre de Dieppe leur donne raison, mais ce sont les Canadiens qui se font tuer. Les « colonisés » sont tous des Canadiens. Mais les Québécois apparaissent finalement plus conscientisés, donc moins « colonisés » que leurs compatriotes anglophones, pour avoir refusé de participer à cette guerre.

La littérature de la décolonisation

Sur le plan littéraire, on ne retrouve pas de romans de guerre comparables à ceux étudiés dans la période précédente, c'est-à-dire des récits mettant en scène des soldats au front. Seulement deux romans abordent la Deuxième Guerre de façon significative : *La guerre, yes sir !* de Roch Carrier (1968) et *L'emmitouflé* de Louis Caron (1977). On ajoutera à cette série le poème de Jacques Brault, « Suite fraternelle » (1963), en hommage à son frère mort en Sicile. Dans la catégorie des récits de guerre, on relève deux témoignages du caporal Lucien A. Dumais, ancien combattant de Dieppe puis agent secret pendant la guerre, qui relate ces deux expériences : *Un Canadien français à Dieppe* (1968) et *Un Canadien français face à la Gestapo* (1970). S'ajoute celui du major Pierre Vallée, fait prisonnier au moment du débarquement de 1944, *Prisonnier à l'Oflag 79* (1964).

Les références à Dieppe sont absentes de la littérature. Quant à la Deuxième Guerre mondiale en général, elle reste un thème marginal pendant ces deux décennies. Ainsi, elle n'inspire aucun essai, exception faite de celui de Laurendeau sur la Crise de la conscription – exception significative par le thème exploité. Cependant, trait dominant de la période, les rares œuvres faisant allusion au conflit s'avèrent autant de variations sur le thème du conscrit résistant et/ou du colonisé dépossédé de son identité pour mener une guerre de « gros ». Et, fait à noter, elles jouissent d'une reconnaissance immédiate, sinon d'un certain succès populaire.

Ainsi le poème de Jacques Brault, « Suite fraternelle[43] », qui évoque la mort du frère de l'auteur en Sicile, est-il accueilli positivement par la critique. André Gaulin salue cette pièce comme étant à la poésie de Brault « ce que le *Speak White* est à celle de Michèle Lalonde[44] ». De fait, il s'agit non seulement d'une dénonciation de l'aliénation coloniale, mais aussi d'une œuvre phare du poète. Par ailleurs, *La guerre, yes sir !* et *L'emmitouflé* sont des succès d'édition. Le roman de Roch Carrier – son premier – a connu un retentissement énorme, dès sa parution en 1968. Devenu un best-seller, ce roman sera également adapté pour le théâtre[45]. Quant à l'ouvrage de Louis Caron, il aurait « été acclamé par la critique[46] ». De fait, la reconnaissance de ces œuvres apparaît largement tributaire du contexte décrit plus haut : la guerre y sert de révélateur du statut colonial du Canadien français.

Dans « Suite fraternelle », Jacques Brault fait référence à l'enrôlement de son frère – « Gilles mon frère oublié dans la terre de Sicile » – pour exprimer une mémoire de la dépossession :

> Maintenant je sais que tu es mort avec une petite bête froide dans
> la gorge   avec une sale peur aux tripes   j'entends toujours tes
> vingt ans qui plient dans les herbes crissantes de juillet[47]

En partant pour la guerre, ce frère a perdu son identité : « Tu es de là-bas maintenant tu es étranger à ton peuple[48]. » C'est en fait un individu sans patrie qui s'est engagé, « mon pays scalpé de sa jeunesse [...] je n'ai pas trouvé ton nom[49] », écrit Brault qui confond le destin de son frère avec celui de ce pays inexistant parce que innommé: «Je n'ai qu'un nom à la bouche et c'est ton nom Gilles ton nom sur une croix de bois quelque part en Sicile c'est le nom de mon pays un matricule un chiffre de misère une petite mort sans importance un cheveu sur une page d'histoire[50].» Cette idée d'aliénation dans la guerre, déjà manifeste dans les romans de la période précédente, on la retrouve d'ailleurs dans un autre poème, «À ceux-là»:

> Nos morts là-bas dorment casqués de certitudes
> Épaves promises à tous les rivages rêvés
> ils partirent un matin à la dérive
> [...]
> ils partirent déjà délestés de leur nom
> comme la vague qui court à sa brisure n'a déjà plus
> de visage[51]

Pour le Québécois, la guerre s'inscrit dans cette mécanique implacable: l'engagement, source d'illusions, conduit nécessairement à la mort et à l'aliénation. Mais sur la mémoire de ce destin tragique le peuple «apprend à se mettre debout» pour construire l'avenir: «Tu n'es pas mort en vain Gilles et tu persistes en nos saisons remueuses [...] / L'herbe pousse sur ta tombe et le sable remue [...] / Tu vis en nous plus sûrement qu'en toi seul / Là où tu es nous serons tu nous ouvres le chemin.» La mémoire est ici devenue l'instrument d'un peuple tourné vers l'avenir et non plus replié, tourné vers le passé. La mise en mémoire du destin de ce frère aliéné – littéralement: «rendu autre» –, pour notre part si proche du portrait d'un «colonisé», marque le début d'une prise de conscience, la naissance d'une patrie. «Je crois Gilles je crois que tu vas renaître tu es mes / camarades au poing dur à la paume douce [...] tu es la promesse qui gonfle les collines / de mon pays ma femme ma patrie étendue au flanc / de l'Amérique[52].»

Autre ton, mais finalement thème identique de la dépossession avec *La guerre, yes sir!* Ce conte satirique décrit de façon caricaturale les effets de la Deuxième Guerre sur la population d'un village canadien-français. Le conflit s'avère ici un prétexte pour brocarder le nouveau discours «anticolonialiste» québécois. Vedette omniprésente quoique invisible:

la « maudite guerre » décidée par des « gros » – des « Anglais d'Angleterre, des États-Unis et du Canada », « seulement des maudits Anglais[53] ». Fidèle aux règles du genre, l'auteur se moque férocement de cette microsociété canadienne-française en guerre, renvoyant dos à dos volontaires et « déserteurs » de l'intrigue. C'est l'occasion de mettre en scène tous les clichés québécois sur la guerre.

Les enrôlés sont de pauvres types. Prétexte de l'intrigue, le fils Corriveau, dont le corps est rapatrié en héros par sept soldats anglais, est mort au front en se soulageant sur une mine. Le soldat Bérubé quant à lui fait la guerre à la base d'aviation de Gander (Terre-Neuve) comme responsable de l'entretien des toilettes. Il se présente au village avec sa nouvelle épouse : une fille à soldats anglophone[54]. Les « déserteurs » ne sont guère mieux lotis. Enrôlé, Henri devient cocu pendant son absence et déserte à la faveur d'une permission. Il rejoint sa femme, Amélie, qui cache déjà son amant, Arthur, pour lui éviter la guerre. Les deux fuyards se retrouvent sous la coupe d'Amélie qui en profite pour mener le jeu dans la chambre à coucher : « Chacun votre jour dans mon lit, c'était notre loi. Elle n'est pas difficile à comprendre[55]. » La situation dépossède les conscrits de tout pouvoir face à une femme rendue omnipotente. Au début du roman, un autre personnage, Joseph, évite la conscription en se coupant la main à la hache. Castration symbolique que sa femme lui reproche en ces termes : « Tu crois que je me réjouis de coucher avec un homme qui n'a qu'une main[56]. » Ajoutant plus loin : « Un homme qui n'a pas le courage d'aller faire la guerre pour protéger son pays n'est pas un homme. Toi, tu te laisserais écraser par la botte des Allemands. Tu n'est [*sic*] pas un homme. Je me demande avec quoi je couche[57]. »

Ainsi, qu'ils aillent se battre ou non, ces hommes ne sont pas des hommes et ne s'attirent que le mépris de leur entourage. Car la guerre rappelle douloureusement leur statut de colonisé. Chassés par les soldats anglais de la veillée funèbre de Corriveau après une algarade, les villageois prennent pleinement conscience de leur sujétion.

> [...] quand ils pensèrent que des étrangers, des Anglais, les avaient chassés de chez Anthyme Corriveau, [...] mis à la porte

> comme des chiens qui auraient pissé sur le tapis, par des Anglais qui n'étaient ni du village, ni du comté, ni de la province, ni même du pays, des Anglais qui n'étaient même pas Canadiens mais seulement des maudits Anglais, les villageois mesurèrent la profondeur de leur humiliation[58].

Ce raccourci confirme une fois de plus l'état de la mémoire collective de la Deuxième Guerre au Québec pendant les années soixante. Il en ressort : 1) que les Canadiens français, traités comme des « chiens » par les Anglais, ne sont pas maîtres chez eux ; 2) qu'ils se font tuer dans une guerre décidée par d'autres ; 3) qu'ils sont envoyés au front pendant que leurs maîtres britanniques se planquent. Mais le dénouement de l'intrigue fait triompher la justice. Les villageois se vengent en attaquant les Anglais : « Vous n'aurez pas notre Corriveau[59]. » Henri le déserteur finira par tuer un des soldats, croyant que celui-ci veut le ramener au front. Ce sera finalement lui, le déserteur, pourtant désespéré d'avoir tué le soldat, qui deviendra le héros du village pour avoir mené au bout « sa » guerre. Les villageois le rassurent : « Tu étais en état de légitime défense ; tiens, bois. La guerre est la guerre[60] ! »

L'emmitouflé, écrit presque dix ans plus tard, fait référence à la Première Guerre mondiale, certes, mais traite essentiellement de la thématique du déserteur. Ici, l'histoire de Nazaire, un déserteur de 1917 installé depuis au Vermont, recoupe à presque soixante ans d'intervalle celle de son neveu, Jean-François, déserteur lui aussi pour avoir refusé de participer à la guerre du Viêt-nam. Une brève allusion à la Deuxième Guerre mondiale au début du roman permet d'amalgamer celle-ci à la problématique centrale de l'œuvre : l'affirmation dans l'insoumission[61]. La scène se situe vers 1965. Les protagonistes sont en pleine réunion de famille. Les discussions portent sur une guerre appréhendée aux États-Unis et au Canada – nous sommes en plein conflit du Viêt-nam. Effrayé par ces propos, Nazaire, l'ancien déserteur, s'est enfui à l'insu de tous. Venu porter main-forte aux recherches, le shérif évoque son engagement pendant la Deuxième Guerre pour sauver « notre liberté et la démocratie[62] ». S'ensuit une longue discussion entre le frère de Nazaire, qui a préféré l'usine au champ de bataille, et le shérif-vétéran.

> Je ne suis pas allé à la guerre, dit-il [le frère de Nazaire] lentement, parce que je savais qu'il y aurait suffisamment d'hommes comme vous qui auraient envie de se battre. Nous autres, les Canadiens français, on n'avait rien à voir là-dedans. C'était la guerre des Anglais, des Français et des Allemands.

Le shérif offusqué réplique que les Américains ont gagné la guerre. Son interlocuteur québécois fait valoir que « les Américains sont allés défendre l'Angleterre » et que les Canadiens français n'avaient rien à voir dans cette histoire. « Ni avec les Anglais, ni avec les Français. Après ce qu'ils nous avaient fait ! » de s'exclamer le frère de Nazaire, faisant ainsi doublement allusion à la Conquête britannique et à l'abandon de la mère patrie. Il poursuit : « Nous autres, [...] on n'avait ni le temps ni les moyens d'aller défendre les autres[63]. » Cette discussion virile reprend le thème de la « maudite guerre » des « gros » imposée à des « petits » développé dans *La guerre, yes sir !* « C'est tous des gros, dit un villageois du roman de Carrier. C'est pourquoi je pense que cette guerre, c'est la guerre des gros contre les petits[64]. » Du point de vue québécois, la Deuxième Guerre mondiale ne concerne que les puissances impérialistes, États-Unis, Angleterre, France et Allemagne, dont les intérêts sont contraires à ceux des Canadiens français, « du bien pauvre monde en ce temps-là ». Implicitement, le Canadien français est campé dans son rôle de « colonisé », simple exécutant des basses œuvres des grandes puissances. Le contexte ainsi posé, sa seule voie d'affirmation possible est l'insoumission : « On n'avait pas envie de la faire, *leur* maudite guerre. » (C'est moi qui souligne.)

La marginalisation d'une culture virile

Par leur contenu et par leur vision de la guerre, ces deux œuvres contrastent avec les trois témoignages de vétérans qui leur sont contemporains. Les récits d'aventures de Lucien A. Dumais en particulier, homme d'une autre génération, traduisent une mentalité rétrograde par rapport à celle des deux romans précédemment cités. D'aucuns parleraient aujourd'hui de culture machiste. L'auteur dédie le premier témoignage à « [s]es camarades de combat » : « J'aimerais qu'ils considèrent la publication de ce livre comme un hommage à leur grand courage[65]. » Sur un plan plus universel, le milieu de l'armée qu'il décrit apparaît déjà complètement étranger aux valeurs qui se dessinent au Québec. À la fois dur et joyeux, c'est un hymne à la camaraderie militaire et aux valeurs martiales. Ainsi Dumais raconte-t-il sans complexe, dans *Un Canadien français à Dieppe*, ses réactions après avoir tué son « premier » ennemi : « Ai-je du remords ou est-ce que je plains cet adversaire ? Pas du tout, je me félicite de ma vitesse et je le blâme d'avoir mal agi. Il n'aurait pas dû déboucher comme cela du coin de la bâtisse avec sa mitraillette dans la main droite[66]... » Dans *Un Canadien français face à la Gestapo*, publié deux ans plus tard, le capitaine devenu agent de l'Intelligence Service britannique ne fait toujours pas dans la dentelle :

> Quelle est la sensation d'être un tueur ? écrit-il. Aucune en particulier. Je me sens comme tout le monde et ça ne me chiffonne pas le moins du monde. J'avais un travail à accomplir et dans ce travail il était entendu que je devais tuer des hommes. Comme tout le monde, j'ai fait mon travail, c'est tout[67].

Un tel discours apparaît quelque peu décalé par rapport aux œuvres citées plus haut de Brault, de Carrier et de Caron. De toute évidence, par le ton et le propos, les mémoires de Dumais ne s'adressent ni au même public ni à la même génération. Les « aventures » de Lucien A. Dumais sont celles d'un gagnant au service des Alliés. Fait prisonnier à Dieppe, celui-ci parvient à s'évader et à rejoindre l'Angleterre. Ensuite, soldat de l'ombre, il monte un réseau de résistance en France, le réseau Shelburn, pour aider aviateurs et parachutistes alliés à évacuer le territoire occupé. Vingt-six ans après la fin de la guerre, cet archétype du guerrier dévoué détonne dans une société québécoise largement antimilitariste où dominent par ailleurs des valeurs hédonistes et individualistes.

La modernisation de la société québécoise n'est cependant pas seule en cause. Le durcissement de la question nationale à partir des années soixante contribue également à marginaliser la mémoire des anciens combattants. Se cristallise dès cette époque un récit de la Deuxième Guerre bien particulier où les emprunts au courant moderne de la décolonisation qu'inspirent les Fanon, Memmi et Berque permettent de renouveler la tradition anti-impérialiste conservatrice héritée d'Henri Bourassa et de Lionel Groulx. Désormais, la lecture de la Deuxième Guerre mondiale ne s'effectue qu'à l'aune du rapport colonisateur/colonisé. Dans ce contexte, deux figures mythiques émergent, l'une implicite, l'autre explicite : d'une part, le guerrier canadien-français volontaire sur la ligne de feu qui endosse le rôle de « colonisé » ; d'autre part, le « guerrier québécois » au double visage, conscrit ou déserteur, qui endosse celui de « résistant ». La première figure, marginalisée, voire occultée, se détecte surtout « en creux », par défaut ; la seconde, remémorée et célébrée, s'impose dans le récit comme une évidence historique.

Ces nouveaux paradigmes confirment donc l'effacement du guerrier canadien-français au profit du guerrier québécois « résistant » dans la mémoire collective des années soixante et soixante-dix. Cet effacement s'inscrit dans la démarche d'affirmation des Québécois d'alors pour devenir sujets de leur histoire. Dans cette logique discursive, le combattant de Dieppe (et d'ailleurs) « n'est pas un homme » parce qu'il se bat au service du colonisateur[68]. Aliéné, se battant pour une cause qui lui est étrangère, il subit son destin. Il ne peut donc s'inscrire dans le nouveau récit collectif qu'à titre de victime, non de héros. Le héros sera plutôt le conscrit ou le déserteur, auquel s'identifient les forces progressistes du Québec, symbole de la lutte au colonisateur qui se situe dans le sens du discours d'avant-garde. Il en résulte que, colonisé ou résistant, le Québécois se voit confisquer toute participation à l'Histoire avec un grand H. Certes, le résistant a une excuse : opprimé dans son propre pays, pourquoi irait-il défendre la liberté ailleurs ? « Quand un peuple se sent esclave, écrit André Laurendeau en 1962, voudrait-on qu'il parte librement défendre la liberté des autres[69] ? » Analyse qui rejoint celle d'Albert Memmi lorsqu'il écrit :

> La carence la plus grave subie par le colonisé est d'être placé hors de l'histoire et hors la cité. La colonisation lui supprime toute part libre dans la guerre comme dans la paix, toute décision qui contribue au destin du monde et du sien, toute responsabilité historique et sociale. [...] Le colonisé, lui, ne se sent ni responsable, ni coupable, ni sceptique, il est hors de jeu[70].

Cette problématique universelle, Jean Bouthillette la « québécise » en ces termes : « Dépossession nationale, notre servitude est aussi dépossession du monde: c'est elle qui nous l'a rendu hostile. Car nous n'avons pas et n'avons jamais eu, nous, les pionniers de ce continent, la vocation de l'isolement. C'est notre condition d'assiégés permanents qui nous a coupé les ailes et qui a dressé en contradiction notre appartenance collective et notre appartenance au monde[71].» Ce sentiment de dépossession du monde apparaît une clé centrale pour comprendre la mise en histoire de la Deuxième Guerre mondiale qui s'élabore au Québec. Pour le Québécois en gestation, devenir sujet de son destin passe plus ou moins explicitement par son affirmation dans la résistance au «colonisateur». Il ne reste donc plus d'espace dans son imaginaire pour raconter l'expérience intime du volontaire canadien-français sur le champ de bataille. Ni haï ni rejeté, ce dernier n'est admis dans la nouvelle mythologie québécoise qu'à titre de victime sacrificielle, les champs de bataille et les politiques internationales appartenant à celle du colonisateur. Aussi les combattants canadiens-français sont-ils condamnés au mutisme.

CHAPITRE V

La « féminisation » de la mémoire (1980-1995)

Les vingt dernières années du XXe siècle nous ramènent au cœur de la problématique de recomposition des mémoires de la Deuxième Guerre mondiale dans les États ex-belligérants évoquée dans le premier chapitre. Au Québec, cette mémoire se déploie, à la différence de la période précédente, dans un contexte dépourvu de projet politique mobilisateur, si ce n'est au début des années quatre-vingt-dix, alors que renaît le projet souverainiste. Cet intervalle, marqué par le rapatriement de la Constitution (1982) sans l'accord du gouvernement provincial, s'enlise dans une suite d'exercices constitutionnels stériles : l'accord du lac Meech (1987), l'accord de Charlottetown (1992), de même que la Déclaration de Calgary (1997) ne satisfont ni le Québec ni le reste du Canada. Deux référendums sur la souveraineté du Québec bornent la période, l'un en 1980, l'autre en 1995, signe que l'affirmation nationale continue d'imprégner la mémoire et les aspirations collectives. Mais, contrairement aux deux décennies précédentes, cet horizon historique ne sera plus le seul à inspirer le récit de la guerre au Québec.

À souligner : l'influence déterminante du discours féministe. Les années quatre-vingt se signalent notamment par l'émergence de figures féminines, souvent héroïques, dans les manuels d'histoire et dans la littérature. Leur présence s'impose souvent au détriment des figures masculines, déserteurs ou combattants, qui passent alors au second plan. À la grille d'analyse de la « décolonisation » de la période précédente succède donc la grille féministe. La « féminisation » de la mémoire de la Deuxième Guerre s'impose comme une tendance significative de la période. Notons que cette irruption de la mémoire féministe correspond à une production infime d'études sur les femmes au Québec entre 1939 et 1945[1]. Cette mémoire repose essentiellement sur l'essai de Geneviève Auger et Raymonde Lamothe, *De la poêle à frire à la ligne de feu*[2]. Publié en 1981, ce titre est considéré depuis comme une référence incontournable sur le Québec en guerre. On y trouve, entre autres, une consolidation des grands thèmes hérités des années soixante et soixante-dix, dont la minimisation de la participation militaire des Québécois francophones, la surdétermination de la question de la « conscription » et la banalisation des motifs d'enrôlement. Se greffe à ce récit le thème de l'émancipation trahie de l'héroïne de guerre qui, après avoir eu accès à un marché du travail émancipateur, est renvoyée à ses poêlons[3].

Les journaux de cette période montrent peu de changements significatifs dans le récit de Dieppe, généralement laconique et de circonstance. Dans *La Presse*, Pierre Vennat reprend à quelques détails près les mêmes articles aux dates anniversaires, 1982 et 1992. Dans les manuels d'histoire en revanche, la moisson s'avère plus imposante en ce qui concerne le récit de la Deuxième Guerre en général ; l'utilisation de manuels homologués par le ministère de l'Éducation devenant obligatoire, ceux-ci se multiplient. Le contenu des programmes se précisant, le récit institutionnel de cette période n'en devient que plus clair. Le corpus des romans faisant appel au thème de la guerre s'avère plus imposant que dans la période précédente, en partie à cause du contexte commémoratif du tournant des années quatre-vingt-dix. Cette production demeure toutefois marginale dans la littérature québécoise en général. Les références à Dieppe se font relativement plus abondantes, et le raid constitue la référence presque exclusive aux combats dans les intrigues, lesquelles se déroulent toutes au Québec. Plus que jamais la mémoire québécoise de la guerre semble se retrancher à l'arrière-front.

Dans les journaux, la couverture des commémorations de 1982 et de 1992 pourrait se résumer à un mot : « stagnation ». Les récits et les analyses du raid semblent en effet s'être figés depuis les années soixante et soixante-dix : dominent le paysage médiatique, la thèse officielle d'un « désastre nécessaire » et le rappel de la « controverse » sur la pertinence du raid. Le cinquantenaire de Dieppe, en 1992, se caractérise, contexte commémoratif oblige, par une multiplication des articles et des reportages à ce sujet, sans toutefois amener d'éléments vraiment neufs[4]. Rien à signaler de particulier donc, si ce n'est un miniscandale occasionné par la mise à l'écart du général Dollard Ménard des commémorations officielles à Dieppe pour des motifs obscurs[5]. Néanmoins, le point de vue exprimé en 1982 par Pierre Vennat dans *La Presse* mérite que l'on s'y arrête, car il synthétise assez bien le sentiment général à l'égard de ces commémorations.

Pour le journaliste, les Canadiens français se sont sentis trahis au lendemain de Jubilee et ce malaise s'est étendu ensuite au souvenir de la Deuxième Guerre en général. S'appuyant sur son expérience de « fils de héros », il rappelle qu'après le choc du raid, l'exemple des « héros de Dieppe », Dollard Ménard en tête, semble avoir mobilisé un temps la sympathie des Canadiens français. Puis, ceux-ci se sont sentis floués : « [...] on commença à se demander si les Canadiens n'avaient pas été bêtement sacrifiés ; si un tel massacre n'était pas inutile ». Selon l'auteur, c'est à partir des années soixante, « avec l'émergence du nationalisme québécois comme phénomène politique », que les « héros de Dieppe » furent récupérés « par les partisans comme [par] les adversaires du fédéralisme ». Les nationalistes québécois en ont fait des antihéros, déplore-t-il : « [...] les nouveaux héros étaient plutôt ceux qui ont pris le maquis quelques mois plus tard, pour lutter contre la conscription. » Les autres ont exploité leur mémoire pour promouvoir un Canada uni : « D'autres ont voulu donner à leur engagement une consonance qu'il n'avait pas, en faire, par exemple, des super défenseurs de la Démocratie, de l'Empire britannique ou d'un Canada from coast to coast[6]. »

La question nationale n'est cependant pas seule en cause. À travers la généalogie des militaires de sa famille, Pierre Vennat indique clairement que des décennies de non-engagement militaire et de prospérité ont transformé le rapport des hommes occidentaux à la guerre, leur éthique. Lorsqu'un conflit éclate sur un point du globe, il ne les concerne plus directement.

Ainsi épargnées, sa génération et celle de son fils sont devenues pacifistes :

> Mais aujourd'hui, alors que l'on s'entretue au Liban, après les guerres d'Indochine, d'Algérie, du Viêt-nam, on devient plutôt pacifiste dans ma famille autrefois farcie de nombreux militaires. [...] Mon fils, baptisé du même prénom que son grand-père, est le plus véhément. Il fait partie de cette jeunesse qui ne veut plus aller bêtement mourir à une guerre que décréteraient des politiciens[7].

Ce relatif désintérêt pour les épopées militaires touche aussi le reste du Canada[8] et le monde occidental en général. Comme le rappelle Gérard Chaliand, le rapport des Occidentaux à la guerre s'est métamorphosé depuis le dernier conflit mondial : autrefois, la guerre apparaissait comme un phénomène parfaitement naturel, la paix étant une trêve entre deux conflits armés. Aujourd'hui, l'opinion publique occidentale refuse d'envisager la guerre, plus encore d'assumer des pertes[9]. Néanmoins, ce contexte ne fait que renforcer le sentiment de trahison nationale que suscite le souvenir de Dieppe dans la société québécoise. Car ce sentiment affleure non seulement dans les articles commémoratifs des journaux, mais aussi dans les manuels scolaires et la littérature. Par ailleurs, il ne concerne pas uniquement le raid manqué, mais s'étend à toute la période du conflit, au point de devenir une marque significative de l'identité québécoise moderne.

L'institutionnalisation d'une mémoire collective

À maints égards, les manuels d'histoire nationale des années quatre-vingt et quatre-vingt-dix institutionnalisent la mémoire collective québécoise de la guerre qui s'est cristallisée pendant la période précédente. On peut y détecter la consolidation d'une mémoire qui marginalise le guerrier canadien-français perçu comme « colonisé » au profit du « résistant », conscrit ou déserteur, héritage de cette même période. L'apparition d'autres thèmes, reliés à l'élargissement des questions d'histoire – l'impact du conflit sur la prospérité économique, sur les lois sociales et sur la condition féminine au Québec –, concourt à marginaliser davantage les volets militaire et diplomatique de la Deuxième Guerre mondiale.

Ce « canevas » correspond à une redéfinition du récit collectif défini dans le programme d'histoire nationale destiné aux élèves de 4e secondaire[10]. Promulgué en 1981, ce programme a été longuement mûri. Ses étapes d'élaboration impressionnent par leur nombre et par leurs ramifications bureaucratiques[11]. Il est également le fruit d'un certain consensus obtenu entre différents acteurs – fonctionnaires, enseignants et historiens professionnels –, cela au terme de quatre années de réflexion au cours desquelles se sont succédé mémoires, comités, débats, consultations, etc.[12].

Dans ce programme d'enseignement, l'objectif avoué du chapitre[13] consacré à la Deuxième Guerre résume bien son orientation globale : « Analyser certaines répercussions de la Seconde Guerre mondiale sur le Québec. » Les objectifs intermédiaires sont hiérarchisés de la façon suivante : 1) montrer la participation du Québec à l'effort de guerre ; 2) décrire les diverses réactions des Québécois à la conscription ; 3) distinguer, parmi les politiques du gouvernement québécois, celles qui sont influencées par le contexte de guerre. Ces objectifs se subdivisent en un total de neuf sous-thèmes. Le traitement de l'aspect strictement militaire de la guerre est prévu dans deux de ceux-ci : participation militaire (dans « Participation du Québec à l'effort de guerre »), recrutement militaire (dans « Réaction des Québécois à la conscription[14] »). On notera certes que, parmi les « suggestions d'activités d'enseignement et d'apprentissage », les concepteurs du programme proposent des thèmes de recherche axés sur la problématique militaire[15]. En plus d'être facultatifs, ces thèmes spécifiques n'en demeurent pas moins subordonnés à l'objectif central du programme qui est le suivant :

> Le déroulement de la Seconde Guerre mondiale n'est pas abordé directement à l'intérieur de cet objectif terminal. L'élève devrait surtout s'intéresser aux conséquences de cet événement international sur la société québécoise et en particulier à l'effort de guerre des Québécois et à leurs réactions face à la conscription. Facultativement, il pourrait analyser les politiques de cette époque en fonction du contexte de la guerre[16].

Cette orientation limite d'emblée les dimensions diplomatique et militaire du conflit, puisqu'elle centre son étude au

Québec, province dépourvue de ces leviers politiques. En résulte un déficit symbolique qui empêche d'inscrire les Canadiens français comme acteurs de cette guerre. Aussi, le récit de la guerre proposé par le ministère de l'Éducation, en insistant essentiellement sur les « conséquences » et les « réactions » des Québécois, pourrait s'interpréter comme un récit d'« impuissants », les acteurs étant objets et non sujets de cette partie de leur histoire. Toutefois, la question de la conscription permet de transformer cette « impuissance » en une « résistance » fondatrice de l'identité québécoise. Pour soutenir cette prémisse, l'on aura donc tendance à faire passer au second plan la participation de Canadiens français volontaires au conflit au profit de ce qu'il convient d'appeler « la deuxième crise de la conscription ». Comment s'applique cette codification du récit de la Deuxième Guerre dans les manuels scolaires de l'époque ?

Dans l'ensemble, les manuels des années quatre-vingt respectent les objectifs du programme officiel. Néanmoins, on note certaines divergences dans le traitement de la Deuxième Guerre, principalement en ce qui concerne l'importance accordée à la question militaire. Deux grandes tendances s'opposent en ce qui a trait à l'intégration de l'histoire militaire dans le récit : ceux qui la marginalisent, voire la noircissent, et ceux qui tentent d'intégrer cet héritage dans les limites imparties au chapitre. En somme, ceux qui évacuent la question militaire et ceux qui l'intègrent au discours.

Effacement des combattants et affirmation du récit féministe

Le manuel de Jean-François Cardin *et al.*, *Le Québec : héritages et projets*, fait partie de la première catégorie[17]. Son orientation est sans ambiguïté : « Devant la Seconde Guerre mondiale, les Québécois désirent participer à l'effort de guerre, mais sont fermement opposés à la conscription[18]. » La section « Sur le front » réserve trois paragraphes à la question militaire, l'équivalent d'une demi-page[19]. L'armée canadienne est présentée comme un allié soumis aux grandes puissances, se cantonnant essentiellement dans un « rôle d'appui[20] ». La seule référence élaborée aux opérations militaires est le raid de Dieppe, échec retentissant.

Le manuel de François Charbonneau, Jacques Marchand et Jean-Pierre Sansregret, *Mon histoire*, se situe dans une veine similaire[21]. Quoique remarquablement documenté et fouillé, le récit apparaît très pessimiste. On explique le faible taux d'enrôlement des francophones en 1942 par la discrimination dont ils sont victimes dans l'armée[22]. Comme dans le volume précédent, l'armée canadienne joue un rôle de second violon dans le conflit: « On ne fait pas de place au Canada [dans les états-majors[23]]. » Dans cet ouvrage, la désertion est présentée très clairement comme un geste de résistance de tout un peuple:

> Tu as peut-être entendu dire que des hommes s'étaient mariés rapidement, s'étaient rendus malades ou même s'étaient mutilés pour éviter la fameuse conscription. On t'a peut-être même raconté, en exagérant, que chaque famille cachait un déserteur. Ces faits ont bien sûr existé, mais comme tous les gestes spectaculaires, ce sont ceux-là qui ont été conservés par la mémoire populaire[24].

Louise Charpentier, René Durocher, Christian Laville et Paul-André Linteau, auteurs de la *Nouvelle histoire du Canada et du Québec*, quoique plus nuancés, brossent un tableau tout aussi négatif de cette période[25]. On explique l'attitude des Canadiens français face à la conscription par leur statut d'infériorité dans l'armée canadienne: « Tout se fait en anglais. Sur certaines bases militaires, il est même interdit de parler français. Pour plusieurs, le Canada participe à la guerre pour la défense de l'Empire britannique et ils ne veulent pas sacrifier leur vie pour une telle cause[26]. » La participation militaire des Canadiens français au conflit s'avère par ailleurs complètement occultée dans ce chapitre, au point que les auteurs parviennent à produire un récit de la Deuxième Guerre mondiale sans citer une seule opération militaire et sans montrer une seule photo de soldats en action. Unique photo de guerre et non la moindre: « Hiroshima au lendemain du 6 août 1945[27]. »

Orientation similaire avec l'ouvrage de Marcel Roy et Dominic Roy, *Je me souviens: histoire du Québec et du Canada*, publié en 1995[28]. Le chapitre sur la Deuxième Guerre mondiale s'ouvre avec la manchette: « La conscription: oui ou non[29] ? » La centralisation des pouvoirs par Ottawa et la conscription constituent le propos central du chapitre. La conscription s'en révèle même l'élément obsédant puisque les auteurs y reviennent sous plusieurs angles. Dans une capsule de mémorisation, le mot « conscription » est utilisé quatre fois et le mot « conscrit » une fois.

L'effacement des combattants dans ces manuels va de pair avec l'affirmation d'un récit féministe de la guerre. Ce dernier oscille entre une dénonciation de l'exploitation de la main-d'œuvre féminine pour servir l'effort de guerre et le souci de marquer cette période comme un jalon important dans l'évolution de la condition féminine. Deux manuels en particulier mettent l'accent sur le rôle des femmes pendant la guerre : *Le Québec : héritages et projets*[30] et *Mon histoire*[31]. Dans le premier, la Deuxième Guerre mondiale est présentée comme une période déterminante dans l'évolution de la condition féminine au Québec. Le marché du travail s'ouvre aux femmes sous l'impulsion de la propagande gouvernementale[32]. On constate dans cet ouvrage un traitement symétrique de l'envoi des hommes au front et du travail des femmes en usine, soit trois paragraphes pour chacun de ces thèmes. Dans *Mon histoire*, les femmes sont « utilisées » par la propagande à toutes sortes de fins : vendre les obligations de la Victoire, soutenir le moral des hommes, encourager le recrutement, surveiller les prix et dénoncer les fautifs, récupérer les matières essentielles à la guerre, restreindre le gaspillage. On les retrouve dans l'industrie, à la guerre, etc. Mais elles n'en tireront aucun avantage, subissant partout la discrimination.

Intégration du récit militaire

Changement de ton avec le manuel de Gérard Cachat et André Donneur : *À la recherche de mes racines*. Comme les précédents, celui-ci répond point par point aux objectifs du ministère[33]. Comparativement à ce que l'on a pu observer dans les autres manuels, les auteurs insistent beaucoup plus sur les effectifs et sur la participation des Canadiens français aux opérations militaires, qualifiant ces dernières d'« effort militaire non négligeable ». Ils chiffrent également les effectifs canadiens-français dans l'armée, ce qui n'est pas habituel dans ces manuels. En ce qui concerne l'enrôlement, le manuel offre une distinction claire entre volontaires et conscrits, en plus de préciser le nombre de conscrits recensés au Canada en

1944. Cette remise en perspective de la contribution militaire des Canadiens français permet par ailleurs d'absoudre ceux-ci des accusations de lâcheté proférées à leur endroit pendant la Crise de la conscription. En outre, la conduite de la guerre et les opérations militaires inspirent plus de travaux pratiques que dans les autres manuels[34].

Dans *Notre histoire*, Danielle McKinnon et Pierre Lalongé s'intéressent également de près à la conduite de la guerre et aux opérations militaires[35]. C'est le seul manuel de cette série qui présente les Alliés comme le camp de la liberté et par conséquent rappelle l'enjeu idéologique du conflit : « Rapidement, le conflit devient mondial, le Canada n'a pas le choix, il faut protéger la liberté[36]. » À l'instar du manuel précédent, on insiste sur la participation militaire des Canadiens français au conflit : « Les Canadiens français sont présents sur tous les champs de bataille[37]. » Les auteurs présentent un tableau complet des « Faits de guerre des Canadiens français[38] » extrait de l'ouvrage de C. P. Stacey : *Six années de guerre*. Un autre tableau indique le pourcentage des francophones dans les régiments anglais[39]. Les opérations militaires sont répertoriées dans un troisième tableau[40]. Dans les documents hors texte, on présente le témoignage d'un officier francophone de Lachine, le colonel Gérard Robichaud, qui a débarqué en Normandie, dans un régiment anglais. Le document s'intitule : « J'ai connu l'enfer[41]. » C'est aussi le seul manuel des années quatre-vingt qui offre le témoignage d'un authentique vétéran. Dans un encadré intitulé « Notre point de vue », les auteurs explicitent en ces termes l'orientation de leur contenu :

> La plupart des historien(ne)s déclarent que les Canadiens français refusaient de s'enrôler comme militaires à la guerre. Cette opinion repose sur l'analyse des déclarations des intellectuels nationalistes et de la lecture des articles de journaux anglophones et francophones. En réalité, l'analyse des chiffres d'enrôlement dans les divers bataillons, même anglais, révèle que les Canadiens français auraient représenté le tiers du personnel de l'armée, ce qui est proportionnel à la population[42].

On retrouve ce souci de la nuance dans le manuel de Claude Bouchard et Robert Lagassé, *Nouvelle-France, Canada, Québec : l'histoire du Québec et du Canada*[43]. Le thème de « [l]a participation des francophones à l'armée canadienne» occupe presque trois quarts de page. On y apprend qu'une enquête de l'état-major révèle de nombreuses injustices envers les francophones. La moitié des Canadiens français s'est cependant retrouvée dans des régiments francophones, l'autre moitié se répartissant dans des régiments comprenant entre 5% et 65% de francophones. Les corps techniques recrutent surtout des anglophones. Compte tenu de ces obstacles, les Canadiens français n'ont pas à rougir de leur participation[44]. En ce qui concerne les effectifs militaires, la section «L'effort de guerre du Canada» fournit deux pages de renseignements et de chiffres très précis[45]. Fait exceptionnel, on cite l'exemple de Canadiens français qui se sont illustrés sur les champs de bataille:

> Plusieurs Canadiens français se sont illustrés sur les champs de bataille pendant la Seconde Grande Guerre. Le major Paul Triquet, du Royal 22e Régiment, a mérité la Croix Victoria, la plus élevée de toutes les décorations britanniques, pour sa bravoure lors de la bataille de Casa Berardi en Italie, à la fin de l'année 1943[46].

L'ellipse de Dieppe

Dans les manuels de cette génération, les récits semblent se polariser en fonction de l'importance accordée à la thématique militaire, tendance déjà observée dans ceux d'après-guerre. Les motivations d'un tel clivage se révèlent néanmoins plus complexes, donc plus difficiles à départager. Outre le discours nationaliste québécois que l'on associe généralement à une mémoire anti-conscriptionniste, il faut également compter avec les discours pacifiste et féministe ambiants. Il serait par conséquent hasardeux de réduire l'importance qu'accordent ou non certains manuels à la participation militaire des Québécois dans le conflit à un acte de foi politique. Par ailleurs, les références à la participation militaire des Québécois diminuent avec le temps. Parmi les trois ouvrages qui lui accordent une place significative, deux paraissent en 1984 et un en 1986. Parmi les ouvrages qui au contraire expédient ce thème, deux sont édités dans les années quatre-vingt et deux dans les années quatre-vingt-dix. Aussi, leur récit pourrait représenter la tendance montante d'un discours sur la Deuxième Guerre qui se caractérise par: 1) l'accent sur la résistance des Québécois à la conscription (mémoire résistante) ; 2) la dévalorisation et l'effacement de l'histoire militaire (mémoire antimilitariste) avec son corollaire ; 3) la visibilité accrue du rôle des femmes (mémoire féministe).

Cette mémoire institutionnelle n'apparaît certes pas anodine : elle fonde en même temps qu'elle légitime le projet moderne d'affirmation nationale québécois issu de la Révolution tranquille. Par exemple, il s'avère difficilement évitable de dresser un parallèle entre l'importance accordée à la Crise de la conscription dans les manuels et la proximité du référendum de 1980, l'élaboration du programme d'histoire qui inspire les manuels de cette génération se situant, rappelons-le, entre 1977 et 1981. C'est donc dans ce contexte chargé que s'opère un balisage institutionnel de la mémoire visant à estomper l'engagement militaire de certains Canadiens français dans la guerre en même temps que la figure masculine, jugée négative, qui y correspond : le guerrier. Cette tendance n'est pas sans conséquence sur la place de Dieppe dans les manuels d'histoire.

Ici, la mémoire de Dieppe (mémoire militaire, mémoire d'aliénation) s'efface au profit de la mémoire de la Crise de la conscription (mémoire nationale, mémoire d'affirmation). Sur neuf manuels étudiés, trois l'omettent complètement[47], deux lui réservent une simple mention[48] et deux autres l'illustrent par une photo et un bas de vignette. Ainsi, Bouchard et Lagassé illustrent l'événement par une photo soulignée du commentaire suivant : « Près de 1300 soldats sont faits prisonniers par les Allemands lors du raid de Dieppe, le 19 août 1942[49]. » L'opération a également droit à une mention dans la chronologie « Points de repère » : « Le 19 août 1942 – Le raid de Dieppe[50]. » Même type de traitement dans le manuel de Roy et Roy, photo et bas de vignette : « Sur les 5000 soldats qui ont participé au raid de Dieppe en août 1942, 3000 ont été blessés, tués ou faits prisonniers[51]. »

Le manuel de Jean-François Cardin *et al.* mentionne uniquement l'événement sur une carte illustrant les opérations en Europe[52]. Par contre, Dieppe apparaît dans le manuel de l'enseignant(e) qui accompagne le manuel de l'élève, et ce, à titre d'information complémentaire. C'est l'unique opération militaire canadienne au front à bénéficier de ce genre de traitement[53]. En plus de dénoncer l'incurie du haut commandement, les auteurs du manuel de l'enseignant défendent la thèse selon laquelle l'opération aurait renforcé l'anti-conscriptionnisme des Québécois. Ils insinuent aussi que les francophones ont été les principaux sacrifiés dans cet affaire: «Pendant longtemps et encore de nos jours, le raid de Dieppe a suscité la controverse. Certains ont accusé le haut commandement militaire d'avoir sacrifié les soldats canadiens, et particulièrement les francophones, afin de tester la défense allemande[54].» Les enseignants sont invités ici à présenter Dieppe comme un événement controversé, un exemple de l'exploitation des soldats par un état-major incompétent et irresponsable. En liant conscription, officiers irresponsables et soldats francophones, il s'agit de montrer que les francophones avaient raison de refuser de se battre. Selon cette version, les étudiants devraient retenir que les soldats canadiens-français ont été sacrifiés intentionnellement.

On retrouve la même légende des Canadiens français victimes électives du raid de Dieppe dans le manuel de Cachat et Donneur[55]. Cette fois-ci Dieppe s'inscrit dans un bilan positif de l'effort militaire du Canada. Dieppe est mis dans le contexte plus général de l'engagement militaire des pays alliés, du Canada et du Québec dans la Deuxième Guerre mondiale. L'événement sert surtout à illustrer le dévouement et la bravoure des Canadiens français, leur absence de lâcheté. Les auteurs insistent sur le rôle des Canadiens français pendant la guerre et précisent leur rôle actif «aux opérations de Dieppe, à la campagne d'Italie, au débarquement de Normandie, à la libération de la Hollande[56]», élément que négligent la plupart des autres manuels. Ici aussi, Dieppe apparaît comme étant l'événement majeur de la guerre des Canadiens français. Comme dans la version du manuel précédent, on remet en cause la compétence du haut commandement. En outre, les Canadiens français apparaissent les uniques acteurs et victimes du raid. L'auteur affirme que près de 3000 Canadiens français trouvent la mort sur les plages. Erreur historique ou coquille d'édition? Lapsus significatif dans les deux cas.

Pour la première fois dans un manuel, on évoque le rôle du colonel Dollard Ménard. Cette identification sélective renforce l'illusion d'une opération menée sur le terrain par les seuls Canadiens français. L'épisode de Dieppe apparaît ici «québécisé»: il met en scène un officier francophone à la tête de soldats canadiens-français, victimes des erreurs d'un haut commandement non identifié. Dieppe permet donc ici de mettre en scène une guerre québécoise menée par un héros québécois. Cette « québécisation » de l'opération est renforcée par une des questions posées dans une des sections réservées aux activités de l'élève. « Quelle opération militaire s'est transformée en désastre pour les Canadiens et les Canadiens français en particulier ? » Indice de l'importance accordée à l'opération, dans une autre section on propose : « J'analyse et je commente le document I. » Il s'agit d'une photo de la plage de Dieppe après le combat. On ne renouvelle cependant pas l'erreur du texte courant concernant la nationalité des combattants. Au bas de la vignette, ils sont identifiés comme Canadiens[57]. Le traitement et l'importance qu'accordent Cachat et Donneur à Dieppe dans leur ouvrage restent cependant atypiques. Car la mention du raid (à l'instar des affaires militaires en général) se raréfie dans les manuels plus récents. Ce qui n'en laisse pas moins entière la charge émotive dont semble investie la mémoire de Dieppe, ainsi que semble le montrer la littérature québécoise à cet égard.

L'avènement des héroïnes de guerre

Entre 1980 et 1996, le nombre d'œuvres faisant référence à la Deuxième Guerre mondiale dans la littérature augmente par rapport à la période précédente. Cette source d'inspiration n'en demeure pas moins résiduelle relativement à l'ensemble de la production. Voici, par ordre chronologique, les œuvres dont l'intrigue se situe pendant la guerre : Maryse Pelletier, *Du poil aux pattes comme les CWACS* (théâtre, création : été 1982 ; édition : 1983) ; Pierre Turgeon, *Le bateau d'Hitler* (roman, 1987) ; Michel Marc Bouchard, *Le voyage du couronnement* (théâtre, première lecture publique de la première version, 1990 ; première lecture publique de la deuxième version, 1994 ; édition : 1995) ; Laurier Larouche, *Secours direct, Montréal 1930-1945* (roman, 1992) ; Louise Tremblay-D'Essiambre, *Les années du silence* (roman, 1995) ; François Barcelo, *Vie de Rosa* (roman, 1996) ; Josette Pratte, *Les honorables* (roman, 1996). S'ajoutent à cette série, de Louis-Martin Tard, *Il y aura toujours des printemps en Amérique* (roman, 1987), dont un chapitre fait allusion au raid de Dieppe, et de Noël Audet, *L'ombre de l'épervier* (roman, 1988), dont un passage aborde la guerre outre-mer.

Deux facteurs semblent avoir concouru à cette relative «précipitation» du nombre d'œuvres faisant référence au conflit: le contexte commémoratif des années 1990-1995 et l'influence de la mémoire féministe. Pour ce qui est de l'influence du contexte commémoratif, on notera que la pièce de Maryse Pelletier est présentée pour la première fois au quarantième anniversaire de Dieppe (1982), événement qui est au centre du dénouement de l'action dramatique (le frère d'une CWAC est tué à Dieppe ce qui ébranle le moral de la troupe). Par ailleurs les cinq autres œuvres sont publiées (ou créée dans le cas du *Voyage du couronnement*) dans la décennie quatre-vingt-dix. En ce qui concerne l'influence de la mémoire féministe, notons que, dans cinq de ces œuvres (Pelletier, Audet, Tremblay-D'Essiambre, Barcelo, Pratte), les personnages principaux sont des femmes, la guerre s'avérant, pour quatre d'entre elles, une étape initiatique, rupture avec un état et un ordre antérieur, débouchant sur une prise de conscience et un changement d'identité. Dans trois cas, ce changement apparaît émancipateur; dans un cas, il s'avère destructeur.

Du poil aux pattes comme les CWACS[58] traite du passage de la vie civile à la vie militaire pour quatre Canadiennes françaises à l'été 1942, sous les ordres d'un capitaine de sexe féminin. L'armée, sixième personnage, transforme leur corps et leurs attitudes[59]. Au premier degré, la pièce pose la question du rôle et de la place des femmes dans l'armée. Mais son interrogation sous-jacente porte sur les changements des rôles sexuels dans la société contemporaine, l'intégration des femmes dans l'armée se révélant ici un bon prétexte pour poser la question de l'inné et de l'acquis.

Les années du silence[60] raconte l'histoire d'un amour impossible sur fond de guerre, celui de Cécile Veilleux et de Jérôme Cliche qui conçoivent un enfant en dehors du mariage au printemps 1942. Cécile assumera seule son destin. Après avoir abandonné sa fille contre son gré, elle renonce au mariage avec Jérôme qui aurait pu leur permettre de récupérer l'enfant et peut-être d'éviter la conscription au jeune homme. Thème moderne: l'héroïne choisit finalement de rester maîtresse de son destin en sacrifiant son amour pour reprendre ses études.

Pour Daphnée Desrosiers, héroïne des *Honorables*[61], la guerre est l'occasion inespérée de s'affranchir de l'autorité des deux hommes de sa vie : un paternel despote, Elzéar Desrosiers, haut magistrat à Québec, et un fiancé terne et conservateur, Maurice Boisvert, jeune avocat arriviste issu d'un milieu modeste. La guerre offre à cette femme et à celles qui l'entourent l'occasion de s'épanouir et de s'affirmer socialement. Même si elle doit se résigner à rentrer dans le rang à la fin de la guerre en épousant Maurice, on devine qu'elle n'a pas dit son dernier mot.

Farce cruelle, *Vie de Rosa*[62] offre l'image inversée, mais non moins puissante, de l'héroïne de guerre des romans précédents. Le déclenchement de la guerre catapulte Rosa, une jeune villageoise pure et naïve (authentique allégorie du Québec rural et innocent), dans un vaste monde cruel et sans pitié. À l'image de la Justine des *Infortunes de la vertu* de Sade, Rosa la pure sera souillée, humiliée et exploitée sexuellement et, à ce titre, constamment prisonnière de sa condition de femme opprimée. Ce qui revient presque à soutenir que le Québec de la Deuxième Guerre est une femme violée.

Le conflit, période de bouleversement, apparaît un cadre pratique pour mettre en scène le mythe de l'émancipation féminine et son corollaire, une certaine décadence des personnages masculins, au mieux relégués au rang de faire-valoir, au pire piégés par la guerre. Ainsi, le frère d'Antoinette mort à Dieppe, dans *Du poil aux pattes…*, s'est enrôlé pour échapper à la misère ; dans *L'ombre de l'épervier*, Clovis et François partent la fleur au fusil pendant que leur mère brasse des affaires ; dans *Les années du silence*, Jérôme s'enrôle parce qu'il est rejeté par sa fiancée ; dans *Les honorables*, Maurice s'enrôle pour se valoriser aux yeux d'une fiancée mieux née que lui. Tous ces personnages de combattants restent périphériques, passifs, jouets de leur destin face à une galerie de portraits féminins remarquablement forts.

Trois autres œuvres mettent en scène des antihéros masculins, instruisent un procès des « pères » (figures d'autorité masculine) et interrogent leur rôle pendant la guerre : *Le bateau d'Hitler* de Pierre Turgeon (roman, 1988[63]), *L'ombre de l'épervier* de Noël Audet (roman, 1988) et *Le voyage du couronnement* de Michel Marc Bouchard (théâtre, 1995[64]). Dans deux ouvrages, les femmes transmettent la mémoire entre deux générations d'hommes «vaincus». C'est le cas de Virginia Perkins, la grand-mère de Christophe Chénier, héros du *Bateau d'Hitler*. C'est aussi le cas d'Alice Gendron, épouse du ministre libéral, dans *Le voyage du couronnement*.

Christophe Chénier, ex-terroriste «pour la cause de l'indépendance des francophones[65]», apprend dans la lettre testamentaire de son aïeule le secret de son origine, l'identité réelle de son père, André Chénier, considéré dans son pays comme un traître à cause d'activités pronazies. Christophe comprend qu'on l'a élevé dans le mensonge pour lui épargner la honte de ses origines. Thème identique de la mémoire mensongère dans *Le voyage du couronnement* où Dieppe symbolise une fois de plus l'aliénation des Canadiens. Ici c'est encore une femme, Alice Gendron, l'épouse d'un ministre canadien en route vers le couronnement de la Reine Elizabeth II, qui brise le mythe de la bravoure patriotique. Cette épouse et mère a perdu deux fils à Dieppe et le troisième en est revenu estropié. Prenant son mari à partie, Alice l'accuse de s'être fait le complice d'une mémoire nationale mensongère que dément son obsédante et douloureuse mémoire personnelle:

> Je fais l'effort d'essayer d'oublier! Je fais l'effort de suivre la doctrine de ton parti: l'amnésie coast to coast! Ton gouvernement a élevé la faculté d'oublier au rang des valeurs nationales. Ton gouvernement a réussi à nous faire croire que le massacre de Dieppe n'avait pas existé, que c'était une simple répétition générale pour un débarquement futur[66].

Pauline Guitté, l'héroïne de *L'ombre de l'épervier*, incarne quant à elle les forces du changement. Aux côtés de cette femme forte, son mari Noum Guitté, incarnation du Canadien français rêveur mais aliéné, s'effondre progressivement, puis disparaît en mer. Ce vaincu emblématique a tout raté: la guerre de 1914-1918 où, engagé volontaire, il n'a même pas eu la chance de combattre, ainsi que son métier de pêcheur qui ne l'a jamais nourri – c'est grâce au sens des affaires de son épouse que la famille deviendra prospère. Dans ce roman, le couple est en permanence sous tension, Pauline incarnant la modernité, Noum, une tradition déjà caduque. L'attitude de la progéniture mâle du couple face à la Deuxième Guerre reflète cette tension entre tradition et modernité. Ainsi, deux fils du couple s'enrôlent sur le front européen, Charles et François ; un autre fils, Clovis, se cache dans une grotte, protégé par sa mère et sa sœur Catherine, pour échapper à la conscription. L'un des enrôlés, Charles, le portrait de Noum, est présenté comme un fanfaron en quête d'aventure ; l'autre, François, comme un être un peu simplet. Aliénés, ballottés par l'histoire, ces deux hommes incarnent un monde révolu. Clovis, en revanche, le chouchou de Pauline, est un homme efféminé, pacifiste et entreprenant, qui, à ce titre, incarne l'avenir : « Tenant plus de Pauline que de Noum, Clovis était délicat, presque gracile, et irrémédiablement pacifiste », écrit l'auteur[67]. À l'issue de la guerre, le bon garçon quittera sa grotte pour s'établir dans un commerce que lui achète sa mère[68]. Dans cette œuvre, comme dans d'autres déjà citées, le vrai héros de cette guerre n'est donc pas le combattant, le « brave » Charles, mais le « résistant » à la conscription, Clovis qui, protégé par deux femmes, annonce un monde nouveau.

Dans ce corpus, ce sont principalement les femmes qui portent l'espoir du changement, comme si les hommes avaient trahi ou démissionné. En résulte un récit essentiellement matriarcal de la guerre qui minimise ou évacue toute image positive du guerrier québécois. D'autant plus que Dieppe, symbole d'échec, s'impose de plus en plus comme la référence convenue au conflit dans la littérature des décennies quatre-vingt et quatre-vingt-dix.

Dieppe, référence englobante

Pour plusieurs auteurs faisant référence à la Deuxième Guerre mondiale, Dieppe apparaît en effet comme un symbole suffisamment puissant et évocateur pour constituer la principale allusion, sinon la seule, aux opérations militaires engagées outre-mer, le conflit se réduisant le plus souvent à cet événement. Dans *Les honorables*, c'est le seul événement militaire outre-mer précis qui soit évoqué. L'auteur reconstitue l'ambiance du Québec au moment de l'annonce du raid à travers des dépêches de journaux et des lettres de Maurice. Pour l'auteur, Dieppe fut une page de « notre » histoire « écrite en lettres de sang[69] ». L'épisode de Dieppe est par ailleurs mentionné dans *Secours direct*, une saga qui couvre les périodes de la Crise et de la guerre. Basé en Angleterre, le héros Laurent Cartier découvre les horreurs du combat en assistant au retour de ses compagnons éclopés au cours du tragique coup de main[70]. Le raid sert à illustrer la Deuxième Guerre dans la saga pluriséculaire *Il y aura toujours des printemps en Amérique*. L'unique chapitre consacré à la période s'intitule «Les galets de Dieppe», et le représentant de la famille Maloin, Florian, y trouve la mort[71].

Dans certaines œuvres, l'allusion à Dieppe apparaît lourdement chargée. Ainsi, l'événement est au cœur de l'intrigue des deux pièces de théâtre étudiées pour la période, *Du poil aux pattes comme les CWACS* et *Le voyage du couronnement*. Dans la première, c'est l'événement malheureux qui bouleverse la vie de caserne – le frère d'Antoinette y sacrifie sa vie misérable. Dans la seconde pièce, Dieppe est une référence obsédante qui détruit les êtres: on l'a vu, le souvenir du raid mine Alice Gendron, mais il laisse ses principaux protagonistes cyniques et dégénérés. Ainsi, le vétéran de Dieppe que l'auteur met en scène s'avère un diplomate véreux et pédophile – il promet une nouvelle identité à un caïd délateur, réclamant en échange la vertu de son jeune fils. Dans *Le bateau d'Hitler*, von Chénier dénonce Dieppe sur les ondes de Radio-Berlin comme un complot contre les Canadiens français, les victimes du raid étant toutes canadiennes-françaises, confusion déjà vue ailleurs: «[...] six mille morts, la fleur de la jeunesse canadienne-française, envoyée à la boucherie, photographiée dans les carcasses de char et dans les navires brisés[72]».

Dans *L'ombre de l'épervier*, on retrouve l'idée sous-jacente que les principales victimes du raid sont des Canadiens français. Ainsi, lorsque Noum Guitté apprend qu'il a perdu son fils Charles à Dieppe, l'auteur lui prête la réaction suivante:

> [...] son fils s'était fait descendre comme un lapin, avec quelques milliers d'autres, en pure perte. Si au moins l'armée leur avait donné une petite chance, mais non, elle les a utilisés pour tester les défenses ennemies, et ces fanfarons-là se sont proposés d'eux-mêmes sans y être invités, j'en suis sûr, pour prouver qu'ils étaient là, qu'ils étaient plus braves et plus patriotes que les autres, pour faire oublier qu'on avait voté non au plébiscite sur la conscription[73].

S'il n'est pas clairement mentionné ici que les combattants malheureux sont canadiens-français, la référence au plébiscite le suggère fortement. L'opération est présentée comme un piège machiavélique où l'armée exploite la fanfaronnade des jeunes soldats, et comme un sacrifice expiatoire, les combattants "lavant" dans le sang le refus de la conscription de tout un peuple. Le drame, un des points tournants de l'intrigue, accélérera la déchéance de Noum-le-vaincu. Dans l'imaginaire québécois contemporain, le raid de Dieppe apparaît donc comme un monstre qui avale les hommes, les arrachant à leurs femmes, leurs sœurs ou leurs amantes, méta-récit du tragique destin national des hommes québécois, éternels perdants ; une référence totalisante qui englobe presque à elle seule tout le sens de cette guerre, une résurgence obsédante.

Si le cinquantenaire de la Deuxième Guerre mondiale a ravivé au Québec un certain intérêt pour cette période, notamment par le truchement des médias, inspiré quelques romans et témoignages en plus d'une reformulation des interrogations en histoire, on s'aperçoit que le mythe du Québécois déserteur continue d'imprégner la mémoire collective. Par ailleurs, non seulement le mythe de Dieppe boucherie coloniale demeure inchangé dans les journaux, mais il se répand dans les romans où il devient la référence obligée à la guerre, réduite à un autel sacrificiel. S'affirment parallèlement, dans les manuels d'histoire surtout, le thème du Québécois bénéficiaire de la prospérité de guerre et, dans la littérature principalement, le thème de la Québécoise émancipée grâce à la guerre.

Certes, le maintien de ce récit aussi pose problème. D'une part, il exonère les Québécois de toute responsabilité collective en ce qui a trait aux questions militaires et diplomatiques. Autrement dit, le Québécois peut se vanter de ne pas avoir de sang sur les mains, d'être intrinsèquement « pacifiste ». Cette idée est particulièrement bien développée dans le manifeste pacifiste de Serge Mongeau *Pour un pays sans armée*. L'auteur, on l'a vu, y défend la vision d'un Québec traditionnellement antimilitariste, présentant cette attitude comme un trait culturel distinctif des Québécois[74]. D'autre part, cette perception rend les Québécois suspects dans la mémoire des puissances « libératrices », *Rest of Canada* compris. Leur résistance à la conscription, érigée en signe identitaire distinctif, peut en effet s'interpréter *a posteriori* comme un soutien, passif certes, mais objectif à l'ennemi d'hier. De là à accuser ses élites d'avoir flirté sinon fraternisé avec le fascisme et le nazisme, le pas a été vite franchi[75]. D'où l'importance de remettre en perspective l'engagement militaire des Canadiens français à cette époque.

Le malaise naît en fait de l'amalgame qu'a entretenu la mémoire collective québécoise depuis les années soixante entre le rejet de la conscription et le refus de s'engager sur les champs de bataille étrangers. Après enquête sur l'opinion publique canadienne-française face à la guerre, en 1940-1941, soit avant le plébiscite de 1942, l'historienne américaine Elizabeth H. Armstrong avait pourtant clairement dissocié ces deux attitudes. « Il est indubitable que le Québec se tient aujourd'hui solidement aux côtés du Dominion pour gagner la guerre, écrit-elle. Mais, aujourd'hui, aussi fermement qu'hier, il nie la nécessité et la pertinence d'envoyer ses fils se battre outre-mer, à moins que ceux-ci ne l'aient choisi en toute liberté[76]. » Dans ses causeries diffusées sur les ondes de Radio-Canada en avril 1941, le journaliste Louis Francœur avait lui aussi défini l'attitude canadienne-française face au conflit en ces termes: « Le phénomène de la guerre ne peut agir sur lui [le Canadien français], comme il agit sur le Canadien d'origine anglaise ou écossaise. Cependant, il a toujours fait son devoir, même un peu plus, et ses annales le prouvent à toutes les deux pages. Mais il a d'abord fallu lui laisser le loisir de voir par lui-même, de juger et de se décider librement à sa façon[77]. »

En ce sens, le rejet de la conscription pour le service outremer par les Canadiens français devrait plutôt s'apparenter à l'isolationnisme américain pendant les deux conflits mondiaux[78]. D'ailleurs, des sondages menés pendant la Deuxième Guerre mondiale ont montré que les Canadiens français ne favorisaient la participation militaire qu'en cas d'attaque ennemie directe du Canada. En ce sens, ils expriment ici bien plus leur « nord-américanité » territoriale et culturelle qu'un quelconque sursaut religieux ou ethnique[79]. N'oublions pas, par exemple, que les États-Unis eux-mêmes ont attendu d'être attaqués à Pearl Harbor en décembre 1941 pour s'engager à leur tour dans le conflit. La mémoire collective québécoise n'est cependant pas parvenue à s'approprier cet aspect de son histoire. On l'a mentionné, cette impasse n'est pas sans conséquence sur certaines perceptions du nationalisme québécois contemporain. Surtout, elle a pour effet pervers de marginaliser une expérience collective qui concernait des dizaines de milliers de femmes et d'hommes partis au front.

CHAPITRE VI

Une mémoire en marge

Entrons maintenant dans la « mémoire vive » du raid de Dieppe : celle de quinze survivants des rivages sanglants, interrogés plus de cinquante ans après les événements. Pourquoi avoir cru bon faire appel à des témoins au terme de cette traversée de la mémoire « collective » de Dieppe ? Que peuvent apporter des souvenirs individuels à la compréhension de ce récit social ? D'une part, ces mémoires s'avèrent moins « individuelles » qu'on ne pourrait le supposer, exception faite peut-être de certaines images du combat, chacun ayant conservé un souvenir particulier de « sa guerre » sur le terrain. Entre autres, certains vétérans rapportent des « flash » tels qu'ils ont été observés par les psychiatres dans les cas de syndrome de stress post-traumatique, soit des images brèves et percutantes gravées à jamais dans leur esprit. Pour le reste, le récit de ces vétérans s'insère – tout en étant influencé par lui – dans le patrimoine mémoriel collectif au même titre que les autres vecteurs de mémoire explorés jusqu'ici – journaux, manuels d'histoire, littérature. Comme l'explique Henry Rousso, « un individu, qu'il parle de son passé et de son expérience [...], ne parlera jamais que du présent, avec les mots d'aujourd'hui, avec sa sensibilité du moment, avec à l'esprit tout ce qu'il peut entendre sur ce passé qu'il prétend restituer avec sincérité et véracité[1] ». Autant de liens, invisibles dans les sources précédemment citées, qui se sont tissés au cours du temps entre ces individus et la collectivité et qu'ont révélés les entrevues.

D'autre part, bien que leur aventure ait été largement médiatisée en son temps, le récit de ces hommes a été par la suite marginalisé et occulté de la mémoire collective québécoise. À ce titre, interroger les vétérans de Dieppe permet de pénétrer le territoire d'un non-dit, d'un oubli et d'un silence tout aussi «collectifs» que la mémoire québécoise de la Deuxième Guerre, parce que constitutifs de celle-ci, à savoir: les affres de l'homme livré au champ de bataille puis marginalisé à son retour et privé de reconnaissance sociale. La démarche exige d'aller au-delà des images préfabriquées de l'information de guerre et de celles qui se dégagent de la mémoire collective, toutes soumises aux projets idéologiques ou politiques du moment. Cela nécessite en particulier de dépasser l'image du guerrier canadien-français qui s'est imposée petit à petit dans la mémoire québécoise – chômeur ou aventurier s'enrôlant par défaut, symbole de la sujétion politique des Canadiens français/Québécois. Certes, la question nationale n'est pas seule en cause dans la structuration de tels stéréotypes; ces derniers sont également inspirés par «la nouvelle sensibilité du public occidental[2]» aux conflits armés, laquelle se traduit par le refus collectif d'assumer des pertes. Dans ce contexte, interroger les hommes de Dieppe sur leur expérience du champ de bataille et tenter de mettre leur témoignage en récit revient à s'aventurer de l'autre côté du miroir d'une mémoire convenue, rassembleuse et, à ce titre, rassurante. C'est pourquoi le lecteur ne devra pas se surprendre du changement de registre notable de ce chapitre: on ne travaille plus ici sur des «héros (ou antihéros?) de papier», mais avec des êtres de chair et de sang confrontés aux inévitables conflits entre mémoire individuelle et mémoire collective.

Les hommes de Dieppe

Les hommes que nous avons interviewés ont en commun de venir de Montréal, de s'être engagés dès le début de la guerre et d'avoir partagé l'aventure de Dieppe, pour la plupart d'y avoir été faits prisonniers et d'avoir continué à se fréquenter au sein de l'Association des prisonniers du régiment des Fusiliers Mont-Royal, ou encore à l'occasion des commémorations de Dieppe ou du 11 novembre. Aussi, les interroger sur leur expérience du combat revenait moins à les questionner sur les détails de cette épreuve qu'à mettre en évidence la mémoire commune qu'ils tiraient de ces événements, ces hommes fréquentant de près ou de loin le même réseau associatif. En ce sens, on ne pouvait s'attendre à beaucoup de révélations « inédites » ou « sensationnelles » dont sont si friandes les tribunes médiatico-historiques contemporaines. En outre, cette mémoire associative risquait de s'avérer conservatrice, circulaire, repliée sur soi, enfermée dans une tradition. Comme la controverse autour de la trilogie télévisée *La bravoure et le mépris* l'a démontré en 1992, les associations de vétérans tolèrent mal que l'on touche à leur mémoire[3]. Henry Rousso qualifie de telles associations de « vecteurs [de mémoire] associatifs ». En tant que « vecteurs de mémoire », ceux-ci proposent « une reconstruction de l'événement à des fins sociales ». Parmi les vecteurs associatifs : déportés, résistants, militaires (et autres) se sont constitués en groupes ou associations « dont la fonction est d'organiser et d'unifier un souvenir partiel lié à l'expérience spécifique vécue[4] ». Les vétérans que nous avons interviewés, qu'ils soient membres en règle de l'Association des prisonniers de Dieppe ou proches de celle-ci, s'inscrivent dans une telle dynamique.

Tributaires d'un « devoir de mémoire », ces liens associatifs semblent avoir également une fonction « thérapeutique ». Plusieurs vétérans, en effet, affirment que la fréquentation d'anciens compagnons d'armes leur permet de discuter entre eux de cette expérience sans avoir à s'expliquer ou à s'exposer à la critique ou à l'incompréhension de ceux qui ne l'ont pas vécue. Chez ces vétérans, l'incommunicabilité de l'expérience s'est établie dans un premier temps entre eux et la société civile à leur retour ; dans un deuxième temps, entre eux et les générations montantes, incapables à leur tour de recevoir leur parole. Le contexte commémoratif dans lequel se sont effectuées ces entrevues – en 1995, on fêtait le cinquantenaire de la fin de la guerre – a peut-être aidé à délier les langues, à abaisser les gardes. Mais cette « ouverture » reste relative. Car celle-ci se doublait souvent d'une certaine inquiétude. « Qu'est-ce que vous voulez écrire de plus sur Dieppe ? Tout a été dit », ont affirmé en substance plusieurs vétérans *off the record*. Ils se trompaient.

Des témoignages recueillis cinquante ans après les faits ne peuvent offrir, bien sûr, la précision nécessaire à une reconstruction fidèle du drame. Ces sources, en revanche, s'avèrent précieuses pour donner chair et âme au théâtre parfois déshumanisé des récits des historiens militaires. Chaque soldat raconte sa propre guerre et la reconstruit en fonction de son expérience personnelle, laquelle interagit avec une mémoire sociale qui, *a posteriori*, donne sens à l'événement[5]. En résulte une «humanisation» du récit qui remet en question les stéréotypes rattachés à l'image du guerrier dans la mémoire et l'imaginaire collectifs. Des stéréotypes qui rassurent dans la mesure où ils ont tendance à évacuer l'humanité des combattants, que ce soit en «héroïsant» ou en «démonisant» ces derniers, ce qui revient à les classer «hors de la cité».

Les vétérans, pour leur part, nous font découvrir que la langue de bois de certains historiens militaires n'est pas seule responsable de cette «déshumanisation» de l'expérience guerrière. Eux-mêmes ainsi que la société tout entière, en une sorte de conspiration du silence, gardent taboue l'expérience intime du guerrier sur le champ de bataille, comme s'il fallait voiler à tout prix ce côté sombre de l'humanité. Comment en effet, dans une société hédoniste et individualiste, raconter le don de soi, parfois héroïque, dont certains soldats d'hier ont fait preuve au combat sans craindre le ridicule? Voici par exemple en quels termes le capitaine Lucien A. Dumais, vétéran de Dieppe, explique les motivations de ses compagnons d'armes:

> En chaque homme sommeillait le désir de vaincre, celui de faire payer cher aux Allemands tout ce que nous avions enduré depuis des mois pour être à même de venir aujourd'hui les provoquer sur ce sol de France où ils régnaient en maîtres [...]. Nous étions prêts à faire le sacrifice de notre vie à la cause commune et à nous battre jusqu'au bout[6].

Aujourd'hui, cette littérature exaltée risquerait de susciter un mélange d'hilarité et de gêne parce qu'elle exalte des valeurs viriles désormais suspectes. Et d'ailleurs, l'expérience du champ de bataille est-elle communicable? Les vétérans eux-mêmes se sont avoués impuissants à la transmettre au reste de la société et aux nouvelles générations, soit à cause des séquelles psychologiques de cette expérience, soit à cause d'une faible réceptivité sociale à leur récit.

Séquelles psychologiques et faible réceptivité sociale

H. A. a attendu des années avant de parler, de s'ouvrir vraiment. Longtemps, il a fait des cauchemars, revécu des scènes pénibles. Aujourd'hui, toute remémoration reste difficile: «Là, aujourd'hui, je suis capable de le faire, là. Mais ça force à des bouttes, hein?» Certains de ses compagnons ont sombré dans la folie et échoué à Sainte-Anne-de-Bellevue. Cet homme a parlé de son expérience, par bribes, à ses enfants et à ses petits-enfants. Mais l'exercice reste douloureux: «Il y a des moments qui sont réellement pénibles à dire, là, ou à voir... Je sais qu'il y en a qui étaient jamais capables d'en parler.» Pour sa part, P. D. évite d'évoquer son expérience devant ses proches: «On ne me questionnait pas. Et puis moi, j'aime pas en parler beaucoup.» Remarque identique de la part de M. J., resté silencieux à son retour: «[...] j'aimais pas en parler». Le caractère traumatisant de son expérience l'empêche d'en parler en public: «Oui, pis à voir des copains mourir là, là, ça, c'est assez dur à retenir.» B. L. ne s'est exprimé que sous la pression de son entourage: «Seulement une fois. Deux, trois jours après que j'étais arrivé. Pis après ça, ç'a été fini. Mais y a des fois, y a de la visite qui venait. Y me demandaient de dire des choses. Pis là, je parlais.» P. J., lui, s'est plutôt heurté à l'indifférence de son entourage: «On en a tellement pas entendu parler! Ç'a été mort. Excepté quand on allait aux Fusiliers, on rencontrait des anciens. Mais les autres, là... [...] Même dans la famille. Ç'a été ni plus ni moins comme caché.» Pour sa part, A. L. a souffert de dépression et n'a trouvé aucune oreille attentive à son retour: «C'est parce que, eux autres, ça les intéressait pas. T'aurais commencé à dire un mot de la guerre, ça s'en allait.» Sa seule échappatoire, la légion:

> Quand on se rencontrait à la légion, là on parlait seulement de la guerre. [...] Là, c'était bon. Mais avec les civils, là, non. [...] Même quand tu veux conter quelque chose à un civil qui y a jamais été... Premièrement, y te croit pas, première des choses. Pis deuxièmement, y va dire: «T'étais pas obligé d'y aller.» [...] T'étais isolé comme on dirait.

Entre eux, les vétérans ne se parlent pas de la même façon. Ils ont leurs codes, n'ont pas besoin de s'expliquer, de se justifier: «[Les civils] poseraient des questions désobligeantes, ni plus ni moins, là.» D'autant que les vétérans eux-mêmes éprouvent parfois de la difficulté à trouver un sens à cet événement traumatisant:

> Nous autres [les gars de Dieppe], on aura beau se raconter qu'est c'est qui s'était passé... Ce qu'on avait enduré, les gars qu'on avait perdus [...]. C'est assez difficile d'élaborer, parler de qu'est c'est qu'on aurait pu faire de mieux. On suivait les ordres. Et [...] les ordres étaient: on débarquait. On essayait de prendre une position et puis de repérer l'ennemi, puis de tirer dessus.

Certains, comme J. N. M., ont souffert d'ostracisme: «Ici, quand on est revenus, ici, au Canada, on passait pour des "gazés". [...] Vous savez, comme en 14-18. Puis, qu'on était un peu [fous].» Préjugés que le vétéran ramène à des motifs politiques: «Parce que y avait pas de raisons, d'après eux autres, d'aller se battre pour l'Angleterre, de se battre pour la France.» Selon P. D., les séquelles psychologiques du combat ont été profondes:

> On a été embarqués dans un feu ardent et c'est ça qui a créé la perte énorme de soldats d'élite. Et qui a créé aussi des esprits bouleversés, tous ceux qui ont été pris, prisonniers, enchaînés, ont été pendant 33 mois à souffrir une gamme de douleurs. Ils sont sortis de là malades. Ils sont sortis de là avec toutes sortes de problèmes.

A. L. affirme que beaucoup de ses compagnons ont vécu des épisodes dépressifs au retour, tout comme lui, certains restant brisés à jamais:

> Y en a qui se sont tués même. Y ont pas été capables de passer à travers. [...] Y en a qui s'en sont jamais remis. Y en a qui sont morts de toutes sortes de manières, je sais pas trop, trop. Je sais qu'y en a beaucoup. T'en as ben que, quand y ont arrivé de la guerre... ben y en a, y étaient mariés. Pis là, elle restait avec un autre. Les enfants étaient sur un bord, l'autre sur l'autre. Ça, ça «dépressionnait» pas mal.

Pour plusieurs, la fréquentation des groupes de vétérans semble avoir une fonction thérapeutique: «La seule manière que ça le ramenait [le gars dépressif]: quand on se rencontrait tout ensemble. Là, tout le monde était heureux. [...] On était chez nous, là.» Mais le groupe d'anciens combattants reste surtout un lieu de socialisation où, justement, l'expérience commune de la vie militaire et du combat aidant, on se comprend tacitement. Selon J. D., même entre eux, les vétérans ressassent finalement peu les détails de leurs expériences militaires: «Je dirais peut-être 70% des vétérans parlent... rarement de leur expérience. [...] On n'en parle jamais, de ça. [...] On parle d'autre chose, des actualités, tout ça.»

L'incommunicabilité relative de l'expérience de ces vétérans s'est étendue aux nouvelles générations. Ainsi M. J. n'en a jamais parlé à ses enfants, même si deux d'entre eux ont été pendant cinq ans dans l'armée. P. D. s'est heurté à l'incompréhension de ses enfants et de ses petits-enfants qu'il a emmenés à Dieppe:

> Comme à Dieppe, je leur ai montré toutes les gars [qui étaient enterrés là]. Je leur ai dit: «C'est toutes mes camarades qui sont morts là.» Puis [ils ont demandé]: «Pourquoi ces guerres-là? Pourquoi vous vous battez? Pourquoi ça?» [...] Ils pensent qu'on se bat[tait] pour le fun. [...] Là, il fallait leur expliquer pourquoi.

Parfois, les vétérans font face à un certain mépris: «Avec cette génération-là [20 ans et moins], c'est que... ils semblent nous dire: "Vous avez été des nonos d'avoir fait ce que vous avez fait!" (rire).» À de l'indifférence aussi: «Ça leur intéresse pas. Ah non! Les enfants, va pas leur parler de ça. Ça les intéresse pas non plus.»

Affronter la mitraille, le sang et la mort

Quelle expérience les vétérans de Dieppe n'ont-ils pas osé communiquer? En premier lieu, les aspects les plus intimes de leur expérience, soit le carnage et leurs réactions sur le champ de bataille. Tel qu'il a été expliqué plus haut, la souffrance, inhérente au combat, est évacuée de l'histoire militaire «traditionnelle». Ce que déplorent deux historiens pourtant aux antipodes, soit l'historien militaire John Keegan pour qui «il est dommage que les historiens officiels ignorent délibérément l'affectif» sur le champ de bataille[7], et la spécialiste en microhistoire et dix-huitiémiste Arlette Farge: «Quand l'historien analyse les faits guerriers dans la linéarité et la longue monotonie de l'évidence et des causalités simples, écrit-elle, il ne dit pas la guerre mais il l'adoucit[8].» Incidemment, les acteurs et témoins de Dieppe que nous avons interrogés ont eux-mêmes tendance à minimiser leurs souffrances. Fondamentalement, ces hommes – tous des volontaires rappelons-le – assument leur choix et considèrent avoir fait leur devoir. En outre, il faut tenir compte de leur code d'éthique et d'honneur propre. Comme l'explique encore une fois Arlette Farge, «la douleur est une forme de relation au monde». À ce titre, elle est culturelle, sociale, politique, etc.: «[l]e contexte, écrit-elle, peut recevoir, rejeter, agresser ou apaiser cette douleur[9]». Par conséquent, l'expression de cette douleur est aussi historique, balisée selon les lieux et les époques par des interdits ou des tabous assez fermes. Aussi pouvait-on s'attendre à ce que les vétérans ne s'appesantissent pas spontanément sur l'aspect sanglant et souffrant de leur expérience.

Produits simultanés d'une époque – la plupart sont nés aux alentours de 1920 – où la répression des émotions fait partie de l'éducation masculine et d'une institution (l'armée) où cette répression demeure absolument nécessaire, ces hommes ont tendance à taire leurs sentiments. De fait, les formules d'évitement du genre: «C'est les premiers qui tombent à côté de toi qui te donnent un choc. Après ça, c'est au plus fort!» apparaissent-elles omniprésentes. Par contre, les scènes de combats chaotiques qu'ils rapportent ne laissent aucun doute sur leur détresse au cœur de la bataille. Plusieurs de leurs observations illustrent d'ailleurs certaines remarques de John Keegan au sujet des combats modernes. Deux éléments principaux ressortent des témoignages: d'une part, le champ de bataille se révèle un milieu totalement hostile à l'homme «un peu à la manière d'une ceinture d'astéroïdes si dense qu'elle empêcherait les voyageurs de l'espace d'approcher une planète[10]»; d'autre part, il leur est impossible de fuir ce champ de bataille «inhumain» – c'est particulièrement le cas à Dieppe où les hommes sont coincés entre la falaise et la mer –, ce qui leur inspire des tactiques de survie individuelles imprévues[11], tels l'«esprit de siège» et la «désertion interne». Keegan applique ces concepts aux hommes qui, submergés par la mitraille, se terrent littéralement dans des « trous à rats » pour ne plus bouger pendant des périodes très longues[12]. Certes, l'historien les utilise dans le contexte des guerres de tranchées (front de la Somme). Écrasé avec une rapidité foudroyante, l'assaut sur Dieppe ne peut se comparer à ces guerres d'usure. Toutefois la plupart des vétérans, souvent incapables d'utiliser leur arme sous la mitraille et laissés sans commandement, rapportent n'avoir eu d'autre choix que de se terrer et d'attendre la fin des hostilités.

De fait, la puissance de la mitraille est probablement ce qui a le plus surpris les combattants vivant alors leur baptême du feu. À l'instar de ses compagnons des Fusiliers Mont-Royal, J. D. réalise que les Allemands ont déjà le dessus lorsqu'ils s'apprêtent à débarquer, entre sept heures et sept heures et quart. Bataillon de réserve, les Fusiliers Mont-Royal ne s'attendaient certes pas à surprendre l'ennemi. Mais de là à essuyer une si vive riposte… « Même, on a des types qui ont été tués sur nos péniches, là. Puis, là, le commandant nous a parlé. Y a dit qu'on débarquait. » Les hommes ignorent alors que le général Roberts, à bord du Calpe, a donné cet ordre sur la base d'informations erronées[13]. À l'imprécision fatale des communications s'ajoute l'inexpérience des combattants. J. D. rapporte que plusieurs hommes, pris dans la tourmente, sont restés pétrifiés sur la plage à peine débarqués.

> On a chaud, on a soif. Puis, c'est la première fois qu'on est sous le feu ennemi, on a une tendance à geler. C'est bien connu. Puis, on est pas habitué. Ça prend un bout de temps à s'habituer. Puis, là, ben, quand vous avez une chance, si vous avez une chance de tirer sur quelqu'un, ça vous aide un peu. Mais tirer sur quoi ? On voyait rien !

Quoique bien entraînées, ces *green troops* (les troupes qui n'ont pas encore reçu le baptême du feu) sont sous la responsabilité de commandants tout aussi inexpérimentés qu'eux : « Si vos officiers gèlent, faut que les officiers donnent l'exemple. Puis, nos officiers avaient pas vu l'action, pas plus que nous. Puis, malheureusement, beaucoup de nos officiers ont débarqué, mais ont resté là, au lieu de dire : "Écoutez, venez-vous-en, on fait quelque chose…" » Dans les mémoires, le sentiment d'impuissance demeure omniprésent : « Ah ! Y avait rien à faire là. » Les mitrailleuses « balaient » continuellement le passage, immobilisant les hommes sur la plage : « Y avait seulement à penser de pas se faire tirer. Essayer de trouver une position, de pas trop bouger pour pas être repérés. Mais, du haut de la falaise, des angles, de gauche à droite, les positions ennemies, y voyaient exactement ce qui se passait sur la plage. » A. L. avoue pour sa part avoir suivi le combat, terré sous un abri : « J'ai pas été blessé du tout. En débarquant, nous autres, on est allés sur le bord de la falaise, pis on a attendu là. Pis là, vers midi et quart, midi et vingt, là, les Allemands sont arrivés. On a jeté les carabines à terre. On est devenus prisonniers. »

M. J. se protège sous un tank et affirme avoir tiré à travers les chenilles pendant des heures avant de se rendre : « On était obligés [de se rendre], ça servait pus à rien. Les bateaux y revenaient pus pour nous chercher. Y avait pus de bateaux. Ça fait que c'est nous autres qui ont été pris. Y avait rien à faire. » Selon J.-P. L., les hommes affrontent des rochers truffés de mitrailleuses allemandes et « plus que la moitié [...] sont restés sur la plage ». À ce stade du récit, la confusion est à son comble. Les souvenirs sont peuplés d'hommes fauchés, foudroyés par la tempête de métal : « Tous ces gens-là étaient étendus [...], les types tombaient à gauche, puis à droite. » Les frêles embarcations – « des petits bateaux, des genres de yachts de plaisance » – offrent des cibles faciles sous le soleil déjà ardent du matin. Plusieurs bateaux volent en éclats et la plage est déjà jonchée de blessés et de cadavres lorsque A. F. débarque : « C'est là que j'ai réalisé pourquoi que ces gens-là ont pas pu rentrer dans Dieppe. »

Mais au-delà de la mitraille, il y a le souvenir des blessures, les leurs et celles de leurs compagnons. Le souvenir aussi de ceux qui y restent. Des images fortes, obsédantes parfois, comme celles de H. A. :

> Puis j'ai réalisé le désastre, là. Là, c'était abominable. D'abord, première des choses, sur la grève, tous ceux qui ont débarqué puis qui étaient face aux falaises, ça a toute été descendu, ça. C'était toute des corps morts partout, là. Puis, dans les recoins, il y en avait qui avaient été blessés qu'[on avait] ramenés là pour essayer de les soigner. Pantoute ! Y sont toutes morts...

Son sergent est grièvement blessé, « le bras "scalpé" jusqu'à l'os, les deux pieds scalpés jusqu'aux os », il délire.

L'homme lui fait une injection de morphine. Au même moment, un de ses compagnons lève la tête de sa cache. «Tout d'un coup encore un sifflement de bombes, poursuit H. A. Je relève la tête. Je regarde encore dans sa direction. Là, il me regarde et puis, il y a la moitié de la tête qui est partie. [...] Et puis là, il a tombé. Là, il était mort de même.» Un autre vétéran rapporte:

> C'était un type du Royal Hamilton Rifle [*sic*] Infantry, en Ontario. Et puis, il manquait un bout de bras. Puis, je suis allé à côté de lui, puis je lui ai demandé si je peux faire quelque chose pour lui. Il a dit: «Ben, j'aimerais ça avoir une cigarette.» Je lui ai allumé une cigarette, je lui ai mis dans la bouche. Je me suis aperçu qu'il y avait une partie de la bouche qui était partie aussi.

A. M. vit une expérience particulièrement traumatisante. Une bombe de mortier perfore son bateau. Il a le bras arraché et perd presque tous ses hommes: «J'ai arrêté le sang. [...] Mes dix, douze hommes étaient tous blessés, en train de mourir. Les *schrapnels*, les morceaux de... passaient à travers du bateau qui était en bois en somme et ils étaient tous... [...] en train de mourir, exactement. [...] Ils sont morts dans les quelques heures que j'étais là.» De tous les vétérans, A. M. est le seul à évoquer la couleur du sang qui se mêle à la marée montante:

> Alors, les gens ont commencé à flotter. Les corps. Et l'eau était rouge. Puis, à mesure que ça montait, je perdais connaissance. Vous voyez? Du moment que je m'assoyais, l'eau me touchait à la bouche, ça me réveillait. Alors, je grimpais [sur l'épave du bateau]. J'étais rendu que j'étais sur le moteur. Et puis finalement, j'étais debout sur le moteur et je me tenais au mât. Là, j'en avais jusqu'ici [au cou].

B. L. et les siens retireront des blessés de la mer avant de s'enfuir avec leur triste chargement: «J'ai pas débarqué. J'ai été à la plage, mais j'ai pas débarqué. [...] On a ramassé des blessés. [...] On a ramassé six ou sept qui étaient pas capables de mourir... Les autres étaient blessés dans le corps, les jambes, les bras... On en a ramassé douze.»

Sur le terrain, comment les hommes réagissent-ils à ce stress? La plupart, comme le témoin Jacques Pépin, pensent d'abord à sauver leur peau: «On n'a pas eu le temps de craquer ben, ben, parce que les obus et les balles nous sifflaient de chaque côté de la tête. Et le seul refuge qu'on pouvait avoir, c'était de s'avancer le plus près des falaises.» Réduit à l'impuissance, à l'instar d'autres camarades, l'homme vole cependant au secours des blessés: «Moi-même, j'ai été donner des piqûres parce que j'avais suivi un cours pour ce qu'on appelle le *first aid*. Et puis, j'avais donné des piqûres à au moins trois personnes. J'avais des ampoules de morphine avec moi.» Réaction similaire de A. F. qui se met à distribuer de l'eau et des cigarettes aux blessés. D'autres réactions peuvent sembler incongrues:

> Mais là [au bout d'un certain temps], la fringale te prend. Puis, la fringale, là, ça a pas de cœur, ça a pas rien. [...] Les *mess tin*, c'est les gamelles là dans lesquelles on mettait nos lunchs. Et puis, il y a un mort de même. Le sac était ouvert. Puis, j'ai pris le sandwich au *corned-beef* et puis j'ai mangé ça sur place. Malgré le fait... toutes les morts alentour, le sang, ça puait, ça sentait toute, là... c'était en été, ça, hein? Il faisait chaud...

Pris dans la tourmente, certains craquent.

> Ils le faisaient pas voir. Mais dans leur regard on pouvait le comprendre. Surtout ceux qui étaient blessés. Ils vous regardaient, là, c'est parce que y étaient perdus complètement. [...] Moi, j'en ai parlé à l'un, parlé à l'autre. Puis, quand on les regardait dans les yeux, là, on voyait qu'y étaient tellement figés... c'était pus les mêmes gars. Une mauvaise blessure, y en a qui avaient une mauvaise blessure. Ils avaient aucune réaction... Collés contre un objectif, un mur, et puis y bougeaient pas. [...] Comme un animal blessé. C'était... foudroyant. [...] Tout le monde s'attendait qu'on pouvait débarquer, prendre une position, commencer à tirer. C'est pas ça qui s'est fait.

Pour ceux qui parviennent à rejoindre l'Angleterre, comme B. L., c'est au retour que les nerfs lâchent: «J'avais pas peur [pendant l'opération]. Mais c'est quand ç'a été fini, par exemple, j'en ai eu pour à peu près une semaine... J'étais même pas capable d'écrire mon nom, tellement je branlais. J'avais les nerfs, là. C'était après que, là... pour moi, c'était plus épeurant après.» Dans ces circonstances, la reddition sonne presque comme une libération: «Y ont capturé un de nos pelotons [...]. Puis le commandant de compagnie a dit: "C'est fini, on est pris." C'est comme ça, nous autres, notre guerre s'est terminée là (rire).»

Donner un sens à l'horreur

Comme on pouvait s'y attendre, le sens que donnent les vétérans à cette expérience s'est avéré plus complexe à analyser – il serait donc vain de prétendre ici en avoir épuisé la richesse et perçu toute la complexité. Certes, le demi-siècle de recul a fait son œuvre. Cependant, la nature même de leur expérience place les vétérans de Dieppe dans une situation particulière en regard des événements qu'ils ont vécus. Leur mémoire personnelle apparaît doublée dès le départ par la mémoire institutionnelle: le Bureau d'information en temps de guerre, les médias et le service historique de la Défense nationale ont produit presque simultanément une reconstitution et une analyse de l'événement. Ses principaux acteurs ont donc eu l'occasion de lire l'histoire de leur bataille dans des ouvrages ou des articles de journaux, d'en entendre parler dans les médias électroniques à l'occasion des commémorations, d'en parler entre eux en captivité puis à l'intérieur de leur association. Toutefois, ces influences semblent avoir des effets contradictoires. Ainsi confirment-elles le sentiment de trahison de la plupart: «On a été sacrifiés. Et puis, si vous avez fait l'étude de tous les livres qui ont été écrits depuis ce temps-là, je les ai tous lus, ça [le raid de Dieppe] a été une stupidité, ça. C'est pas croyable.» Pour d'autres, comme Roland Gravel, les sources qu'il a consultées confirment le bien-fondé de l'action entreprise: «Un raid où il y a presque 5000 personnes, ça s'était jamais fait. [...] Alors, c'est peut-être une expérience à prendre.»

De cette interpénétration des mémoires individuelle et collective, une synthèse émerge, à quelques variantes près, un récit de groupe que l'on pourrait qualifier de «thérapeutique». On observe en effet que les hommes ont sélectionné l'information de manière à donner un sens rassurant à leur expérience personnelle – même si une certaine ambiguïté demeure quant à l'utilité de celle-ci. Globalement, on oscille entre le sentiment de trahison et la reconnaissance de la nécessité de l'entreprise.

Mais, au bout du compte, les récits semblent converger vers une seule finalité: défendre l'honneur des Fusiliers.

Dans l'esprit de ces anciens combattants, la trahison ne fait aucun doute. Un thème, imprévu dans le questionnaire, émerge non sans une certaine rage des témoignages: la fuite d'informations auprès des Allemands, à la suite de l'annulation de l'opération Rutter en juillet 1942. La plupart des interviewés ont évoqué spontanément cette possibilité. Cet élément du récit leur semble si évident et si préoccupant que la plupart des hommes interrogés – onze sur quinze – l'ont abordé spontanément. De l'avis quasi général, c'est aussi la raison majeure de l'échec des hommes sur le terrain. Cette opinion des Fusiliers Mont-Royal ne date pas de 1995. Certains l'ont exprimée publiquement dès 1962. Dans un article de *La Presse* publié à l'occasion des vingt ans du raid, trois vétérans de Dieppe dénonçaient l'ensemble de l'opération avec virulence – il s'agissait des capitaines Conrad Camaraire et Yvon Tétrault et du lieutenant-colonel J.-René Painchaud. Les trois hommes attribuaient leur déroute à l'incompétence de l'état-major et des services d'information. Mais l'attaque la plus grave venait du capitaine Yvon Tétrault: celui-ci affirmait que le camp allié avait coulé l'information afin de pouvoir tester la résistance ennemie en état d'alerte[14].

C. P. Stacey avait pourtant défait cette hypothèse quelques années auparavant. Depuis le printemps 1942, explique-t-il, les Allemands s'inquiétaient d'un éventuel coup de main allié pour plusieurs raisons dont l'enlisement du front russe et l'entrée en guerre des États-Unis qui leur faisaient craindre l'ouverture d'un second front, et des repérages aériens mettant en évidence la concentration de navires dans le sud-ouest de l'Angleterre à proximité des côtes normandes. Par conséquent, l'ennemi avait commencé à renforcer les défenses côtières françaises et à maintenir ses troupes sur un pied d'alerte[15]. Comme l'indique un autre auteur, Denis Whitaker, dès le 11 mai 1942, les services secrets britanniques étaient informés d'un renforcement des défenses côtières françaises. Aussi tôt que le 26 mai, ils apprenaient l'arrivée de la 10e division Panzer en France. Sa présence à Amiens, soit à quatre heures de Dieppe, était confirmée le 23 et le 30 juin[16]. Mais rien encore à ce jour ne prouve que le raid a été, volontairement ou non, «éventé».

Apparemment, les vétérans sont restés imperméables à cette théorie « classique ». Ceux que nous avons interviewés exprimaient *a priori* une opinion identique à celle de leurs officiers publiée en 1962 : l'échec du raid était attribuable à l'ébruitement du plan subséquent à l'annulation de Rutter et les Allemands les attendaient de pied ferme. Les vétérans interrogés croient à la négligence des chefs britanniques plutôt qu'à une quelconque intention machiavélique du camp allié : « C'était un gros manque de stratégie, réellement. Négligence extraordinaire, franchement, impardonnable pour les chefs britanniques. » Les hommes leur reprochent principalement d'avoir « lâché » leurs troupes dans les pubs de Londres après l'avortement de Rutter. Comme le rapporte un témoin :

> Première des choses, Dieppe, on était supposés le faire un mois avant le jour où on l'a fait. Ça, ç'a été le gros de notre fiasco [...]. On est revenus à notre camp d'origine avec la mention de ne pas souffler mot de quoi que ce soit de ce qui s'était passé. [...] Qui est-ce que c'est parmi nous autres qui serait pas allé dans un pub, prendre un verre, puis tout ça ? [...] À toutes fins pratiques... tout le monde l'a su.

Ainsi, malgré le secret auquel il est tenu, Paul Dumaine dévoile l'opération annulée à sa fiancée, croyant impossible qu'on la reprenne : « Pour nous, c'était fini, c't'affaire-là. » Pour tous les hommes, garder un secret était totalement irréaliste dans les circonstances :

> Ils nous ont dit : « Le raid est cancellé, mais le dites pas à personne que vous étiez supposés aller à Dieppe. » Quand vous dites ça à 6000 hommes... Un type prend trois quatre bières, puis ils font bien ce qu'ils veulent. La Cinquième Colonne allemande était tellement forte à Londres, en Angleterre, que ça a pas été long que les informations ont été envoyées vers Berlin.

Roland Gravel est le seul du groupe interrogé à croire que les Allemands n'étaient pas au courant de l'imminence du raid : « Mon impression [est] que si [...] nos escortes n'avaient pas rencontré le petit convoi allemand [...], je dis pas que ça aurait réussi, mais on les aurait pris, on aurait eu l'élément-surprise. »

Après ces événements traumatisants, les rescapés, prisonniers ou évacués en Grande-Bretagne, semblent avoir mis du temps à comprendre ce qui leur était arrivé. Si, dans les pays alliés, au Canada en particulier, les médias couvrent abondamment l'opération, c'est pour faire accréditer la thèse de Dieppe en tant qu'expérience tactique préparatoire à un assaut final sur le continent européen. On a vu également qu'au Québec l'événement avait donné lieu à une vaste opération médiatique visant à l'héroïsation des combattants canadiens-français. La plupart des combattants, eux, n'ont pas eu accès à ce récit, soit parce qu'ils étaient prisonniers, soit à cause du filtrage de l'information dans l'armée. Par conséquent, ils n'ont pu «communier» au récit collectif de la bataille diffusé dans les journaux.

J. D. affirme cependant n'avoir pas attendu de lire sur le sujet pour ressentir une profonde amertume, la bataille terminée: «Moi, je l'étais avant [amer]. J'étais très, très déçu d'être capturé à l'âge de 20 ans. Puis, l'action, je l'ai pas vue, l'action. J'ai débarqué, bang! bang! bang! bang!» R. G. rapporte que ce fut un sujet de discussion entre prisonniers: «On en a discuté beaucoup, de ça. On a eu trois ans pour le faire.» P. D. donne quelques indices sur le moral des rescapés en Angleterre dont il fait partie. Il dit s'être fait rapidement une idée de la situation à son retour après avoir discuté avec des confrères. Ses principales critiques vont alors vers la Royal Air Force. Mais il se fait rabrouer par ses supérieurs. Officiellement, un certain silence semble avoir été de mise: «Là, on m'a dit de me fermer [...]. Parce que je voulais leur dire que si l'Air Force était pas venue à l'heure juste, nous autres on l'était à l'heure juste.»

B. L. abonde dans ce sens. Au retour, les hommes voient bien que les troupes sont décimées, mais ils semblent n'avoir été renseignés qu'au compte-gouttes sur le sort de leurs compagnons: «Là, on se demandait: "Qu'est-ce qui était arrivé? Sont-y morts? Sont-y blessés? Où est-ce qu'y sont?" Ç'a pris du temps avant que la Croix-Rouge nous dise que... [...] On avait des petites nouvelles à tous les jours, mais jamais ceux qu'on connaissait réellement, là.» R. B., qui n'a pas participé à Jubilee, arrive en Angleterre le 6 octobre 1942. Selon lui, le raid de Dieppe n'est même plus un sujet de conversation, encore moins de discussion ou de critique sur le bien-fondé de l'entreprise: «Disons que nous étions tous au courant. Surtout des Fusiliers Mont-Royal qui faisaient partie de Dieppe. On en entendait parler. [...] C'était Dieppe. Le régiment avait été là. Et puis on avait mangé une claque, comme on dit.» Parmi les hommes, l'opinion générale selon laquelle les Canadiens n'auraient été que des marionnettes (*puppets*) dans cette affaire semble avoir pris forme peu à peu, au cours de leurs conversations, que ce soit parmi les rescapés ou parmi les prisonniers: «Parce qu'on a été pris à avoir des débats, à certains moments donnés, avec différents groupes. Et puis, c'est là qu'on l'a appris. Durant la guerre, en Angleterre, tout ça, avec les Anglais... [...] D'autres régiments ont dit: "Ils se sont servis de vous autres comme des *puppets*. Vous étiez au bout d'une corde et ils vous faisaient danser!"» R. G. rapporte pour sa part le sentiment de frustration croissant des hommes durant leur captivité dans les camps: «On a eu l'impression qu'on s'était fait bourrer un petit peu. [...] Le général nous avait dit: "*It's a piece of cake.*" C'est un... *a piece of cake* en anglais, c'est facile. [...] Je peux pas le blâmer, parce que d'après les renseignements qu'il avait eus, des espions anglais en Angleterre, ça aurait dû être ça. [...] Mais à ce moment-là, on est frustrés un peu [...] de s'être fait avoir.»

Marionnettes aux mains de qui? Plusieurs vétérans n'ont pas d'opinion sur cette question. D'autres, ayant apparemment lu un ou plusieurs ouvrages par la suite sur le sujet, ont des réponses plus tranchées. Dans la hiérarchie des responsabilités, on retrouve Mountbatten et les généraux anglais. Viennent ensuite les généraux canadiens. Pour P. D., les Canadiens ont été «abusés à Dieppe par la négligence de connaissance des officiers supérieurs... pas dans [leurs] régiments, mais à la tête du gouvernement anglais». Pour J. D., Lord Mountbatten «et son groupe» sont responsables du désastre et les généraux canadiens, leurs complices. Les premiers ont conçu les plans, les seconds sont coupables d'en avoir accepté les modifications désastreuses pour mousser leur carrière et satisfaire des motifs politiques: «C'était réellement une affaire politique, ça. Parce que, y avait jamais de Canadiens qui étaient en action. Y avait deux ans que nous étions en Angleterre. Puis, là, nous, nos généraux voulaient, hein... "Y faut que les Canadiens participent..."»

Pour expliquer le déclenchement de l'opération, les hommes pointent également la pression des Russes. L'influence de la guerre froide serait-elle passée par là? *A posteriori*, les Russes sont largement mis à contribution dans l'échelle des responsabilités: «D'après moi et d'après plusieurs copains, c'était pour démontrer à Staline qu'on pouvait ouvrir un deuxième front.» L.-P. R. ajoute: «Les Russes en avaient par-dessus le dos de se faire massacrer et puis ils ne comprenaient pas comment ça se faisait qu'on n'ouvrait pas un deuxième front.» Les Russes et les Américains étaient en faveur d'un deuxième front. Mais les Anglais n'étaient pas prêts: «Et pour compenser pour ça, et puis plaire aux Russes, ils ont dit: "Nous, on va faire un débarquement. Nous, on va débarquer deux brigades à Dieppe."» Les hommes sont ambivalents quand on leur demande si leur action a été utile ou non, ce qui reflète un certain consensus social à ce sujet. La thèse de Dieppe répétition générale du grand débarquement trouve certes preneur parmi les vétérans, car elle leur désigne une place dans la victoire finale.

> Dieppe a été utile dans un sens. Si vous avez remarqué, après 42, il s'en est fait [des débarquements] dans les Philippines, il s'en est fait en Sicile. Il s'en est fait tout partout. Mais, considérant l'erreur qui a été faite. Alors la correction a été faite. Ils ont pu obtenir du succès. Et je crois que mon ancien commandant, Dollard Ménard que j'ai toujours admiré, serait en position d'approuver ce que je viens de dire.

La fierté d'avoir accompli un travail décisif malgré tout pointe chez certains:

> Il fallait qu'il y en ait qui soient les premiers. [...] C'était pour sonder l'ennemi. Voir leur capacité d'amener l'artillerie, partir de la Russie. [...] Leur faire accroire que c'est un deuxième front... un vrai front qu'on rouvre. [...] On a su la capacité de déplacer les troupes allemandes, déplacer son aviation, déplacer sa marine qui était déjà engagée en Russie. Et puis de là, il s'est faite un *move* tout de suite après ça, que les Russes ont arrêté de reculer.

Plus rares sont ceux qui considèrent que le débarquement a été inutile et qui disent: «Ç'a été une perte d'hommes pour rien.» Si ces hommes ont payé pour ces calculs politiques dans leur chair, ils refusent de payer de leur honneur. L'esprit de corps et de camaraderie leur permet de résister à l'affront de la défaite. Si l'opération a raté, disent-ils, la faute n'incombe certes pas aux Fusiliers Mont-Royal qui, de l'avis général, formaient une troupe d'élite: «Les types étaient très, très bien entraînés, y a pas de doute à ça, déclare J. D. Puis être sacrifiés, là, parce que ça avait été mal planifié...»

Quel crédit accorder à ces échos de la mémoire? Keegan prévient de se méfier des «vieux guerriers» ayant une «réputation à asseoir», toujours prompts à ajouter leur «morceau de bravoure» au tableau[17]. Sans vouloir minimiser ces avertissements, précisons toutefois que les transcriptions des entrevues démontrent au contraire qu'il fut souvent laborieux de faire parler ces hommes, réservés et pudiques pour la plupart, ce qui n'en confère que plus de valeur à leurs témoignages. Il est apparu surtout que ces sources nous livraient l'envers brutal et chaotique d'un récit habituellement bien ordonné sous forme d'analyses dans les livres d'histoire ou sous forme de stéréotypes dans la mémoire collective. En ce sens, les témoignages de vétérans apparaissent comme l'envers déstabilisant de l'histoire militaire et de la mémoire collective. Leur récit choque et dérange parce qu'il bouscule les euphémismes militaires – «En général, les Fusiliers subirent de lourdes pertes, dont 8 officiers et 111 sous-officiers et soldats tués. Deux seulement des officiers débarqués revinrent en Angleterre, l'un et l'autre blessés[18]» – ou nationalistes – «Cette fumisterie que l'on a appelée "l'exploit de Dieppe[19]"». À ce titre, la cruauté du destin des hommes de Dieppe a été voilée par la propagande de guerre, puis par une histoire institutionnelle déshumanisée. Cette occultation a par ailleurs été intériorisée par une société plus ou moins complice qui préférait ignorer une réalité gênante. Ainsi, nombreux furent les vecteurs de mémoire qui ont banalisé l'expérience de ces vétérans, la réduisant à un récit stéréotypé répondant aux projets de société de l'heure. Dans ce scénario, les vétérans de Dieppe incarnaient les éternels vaincus auxquels les Québécois ne voulaient plus être identifiés. Quant aux vétérans, confrontés à la faible réceptivité sociale de leur récit, ils sont restés prisonniers d'une souffrance incommunicable.

Conclusion

Suivre l'évolution de la mémoire collective de la Deuxième Guerre mondiale au Québec montre à quel point notre écriture du passé demeure tributaire des aspirations du présent et des modes idéologiques qui les sous-tendent, mais aussi des structures politiques et de la pesanteur des mythes fondateurs de cette société. On ne peut réduire en effet la mémoire collective à une girouette soumise tout entière aux caprices des événements immédiats – du « temps court » pour reprendre le concept fameux de Fernand Braudel – car cette recomposition du passé se nourrit aussi de permanences organisatrices. Au Québec, le récit du dernier conflit mondial apparaît indissociable de la question nationale qui le transcende en même temps qu'elle l'organise. En résulte une dialectique où se confrontent en même temps qu'ils s'interpénètrent et s'influencent passé et présent, héritage et projet, tradition et modernité, en fonction des enjeux du présent. Dans ce contexte discursif, le thème de la guerre contribue au renforcement du « mythe originel » de la Conquête, acte de naissance ambigu d'une nation canadienne-française puis québécoise, qui justifie en même temps le projet québécois d'affirmation nationale. À ce titre, Dieppe s'inscrit dans la mémoire collective québécoise comme le *remake* de la Conquête de 1760: événement militaire où les Canadiens français / Québécois apparaissent héroïques, mais aliénés, dépossédés de tout pouvoir de décision, jouets des intérêts de puissances étrangères.

C'est toute l'ambiguïté de la question nationale québécoise qui se révèle presque à livre ouvert dans la remémoration de ce tragique épisode. On a pu le constater dans les manuels d'histoire, l'intégration ou l'exclusion du guerrier québécois dans la trame narrative, des années cinquante à aujourd'hui, révèlent une contradiction sous-jacente du projet québécois: à savoir, l'affirmation du peuple québécois doit-elle se limiter à un concept culturel à l'intérieur de la confédération canadienne, ou devenir une entité politique indépendante? En ce sens, l'angle militaire permet une lecture prometteuse de la mémoire collective québécoise car il révèle des zones de tension et de fracture autrement plus difficiles à percevoir. Ici, la non-participation aux guerres étrangères apparaît clairement un signe distinctif des nationalismes canadien-français et québécois. La proposition inverse, soit participer militairement aux conflits internationaux, a des implications beaucoup plus floues. L'engagement des anciens combattants s'avère en effet moins stigmatisé que folklorisé ou ignoré, selon les époques. Victimisé ou caricaturé, le guerrier québécois se voit la plupart du temps dépouillé de toute authenticité si ce n'est dans les rarissimes romans de guerre écrits par des anciens combattants. Aventurier ou conscrit, rarement maître de son destin, il demeure un marginal.

Les Québécois partagent bien sûr la mémoire de Dieppe avec les autres Canadiens. Les controverses et l'abondante littérature anglo-canadienne à ce sujet en témoignent. Mais tout semble se passer comme si le «Dieppe» des Canadiens français au Québec était différent de celui des autres Canadiens, les premiers ne s'impliquant guère dans les débats des seconds à ce sujet. C'est que le récit du «Dieppe» des Québécois francophones s'articule en fonction de situations concrètes et d'aspirations propres à leur société. Certes, des causes structurelles expliquent en grande partie le faible intérêt des Canadiens français/Québécois pour les thèmes guerriers. La principale pépinière d'historiens militaires a été le Service historique de la Défense nationale dont les membres étaient exclusivement anglophones jusqu'aux années soixante-dix. Mais la conjoncture politique spécifique du Québec contemporain a joué également un rôle décisif. Entièrement dominée par un projet d'affirmation nationale légaliste et pacifique, la société québécoise s'est montrée très peu intéressée aux problèmes de défense nationale. Il en résulte que son récit de la Deuxième Guerre mondiale s'est cantonné dans le registre de la mémoire populaire. Cette mémoire n'en a pas moins tissé l'identité québécoise moderne et, à ce titre, méritait d'être interrogée. Cela d'autant plus qu'une préoccupation centrale semble traverser les vecteurs de mémoire étudiés: le rejet d'un passé de «colonisé». Dans les circonstances, parler de guerre remettait forcément en scène des figures d'hommes dominés, compte tenu du statut d'infériorité des Canadiens français dans l'armée à l'époque. À cet égard, le raid de Dieppe s'est avéré un mythe «totalisant», en ce sens qu'il semble avoir cristallisé une certaine frustration nationale tout en englobant progressivement, à lui seul, l'ensemble des opérations militaires du second conflit mondial dans la mémoire collective québécoise.

Les journaux ont par ailleurs joué un rôle décisif dans la genèse du mythe de Dieppe. On assiste ici à un phénomène étrange: la quasi-simultanéité d'un événement, fort complexe au demeurant, et de son compte rendu dans les journaux. L'histoire officielle apportera par la suite peu de changements à ce canevas. En quelques jours à peine, le récit du raid est raconté, expliqué, justifié dans une prose héroïque, en un mot: mythifié. Presque instantanément aussi, l'événement suscite des tensions palpables dans les journaux étudiés. Ainsi, *Le Canada* présente Dieppe comme le symbole de l'unité nationale et récupère la bravoure des combattants pour discréditer l'opposition nationaliste canadienne-française. *La Presse*, média de masse, présente le type de récit le plus diffusé: collé à la propagande, il s'avère épique et rehausse l'action des combattants canadiens-français. *Le Devoir* observe quant à lui une prudente réserve, censure oblige, et évite de récupérer l'événement pour dénoncer l'oppression impérialiste. Quoique fière de ses «héros», l'opinion publique canadienne-française ne semble pas, pour sa part, avoir totalement adhéré au récit héroïque des deux premiers organes de presse. En insistant trop sur le rôle des Canadiens français à Dieppe, le Bureau d'information donna peut-être l'impression que ceux-ci étaient les principales victimes du massacre. Aussi, loin de renforcer l'unité nationale, ce malheureux épisode s'est même imposé, au fil des ans, comme le symbole de la sujétion des Canadiens français dans leur propre pays: jusqu'à aujourd'hui, la mémoire québécoise a retenu qu'il s'agissait d'une boucherie au profit de l'impérialisme britannique, un engagement qu'ils avaient subi et non choisi.

Sans doute devrions-nous y voir l'indice des permanences organisatrices évoquées plus haut.

Après la guerre, la population semble toutefois peu portée à ressasser la période pénible qu'elle vient de traverser et le souvenir de Dieppe semble s'estomper. Les points de vue n'en sont pas moins contrastés, signe d'un certain pluralisme. Ainsi, la vision projetée dans les manuels d'histoire se divise entre des récits valorisant la participation des Canadiens français aux combats et des récits anti-impérialistes. Mais l'image du combattant reste floue, impersonnelle. Dans des romans ou dans des témoignages, certains acteurs directs du conflit, vétérans et religieux, tentent vainement de transmettre leur expérience de la guerre à la population, cette littérature ne soulevant guère d'enthousiasme. Et pourtant la critique sociale que véhiculent plusieurs de ces récits – en particulier *Les Canadiens errants, Neuf jours de haine* et *Deux portes... une adresse* – présage déjà la révolte des décennies soixante et soixante-dix.

Ce n'est qu'à partir des années soixante que se déploie une mémoire collective de la Deuxième Guerre mondiale au Québec, principalement dans les journaux et la littérature, les manuels d'histoire étant très peu nombreux. Son élaboration s'effectue dans un contexte de modernisation, d'affirmation politique du Québec et de désir de rupture avec l'ordre antérieur. Cette révolution « tranquille » se fait au prix de l'exécution symbolique de l'identité canadienne-française, associée à l'image du perdant, au profit d'une identité québécoise « gagnante ». S'inspirant également des théories de la décolonisation, ce changement de paradigme a pour effet de reléguer au rang de repoussoir toute figure susceptible d'incarner un passé d'oppression nationale. Le combattant canadien-français entre dans cette catégorie, ce qui lui confère, dans le nouveau récit collectif en gestation, le rôle de perdant ou de « colonisé » de service. Ce statut est particulièrement perceptible dans la littérature où émerge le héros type québécois de la Deuxième Guerre : le conscrit ou le déserteur, figure de rébellion contre l'ordre établi, jamais le volontaire, symbole de soumission gênant. Cette logique peut poser d'ailleurs un problème aux principaux intéressés ou à leur entourage. Par exemple, la remémoration de Dieppe dans *La Presse* par Pierre Vennat traduit la difficulté des

Québécois à insérer honorablement le souvenir de ces combattants dans la mémoire collective.

À partir de 1980, cette mémoire de la Deuxième Guerre s'officialise dans des manuels d'histoire codifiés et devenus obligatoires. Dans la majorité de ces ouvrages, l'aspect militaire du second conflit s'efface au profit de son aspect socioéconomique avec une insistance particulière sur la Crise de la conscription, symbole de la résistance de tout un peuple à l'oppression du gouvernement central. En l'occurrence, la Crise de la conscription se présente comme la clé de voûte de cette mémoire «résistante», le refus quasi unanime de la conscription des Canadiens français/Québécois permettant d'occulter une réalité gênante au fur et à mesure que s'affirme l'identité québécoise: le fait que les Canadiens français aient affronté en nombre et volontairement les champs de bataille sous le *Red Ensign* tandis qu'une majorité de leurs compatriotes rejetaient la conscription au nom de leur liberté nationale – situation moins contradictoire qu'il n'y paraît pour l'historien, mais probablement trop complexe pour s'insérer dans une mémoire collective consensuelle et simplificatrice par définition.

Le grand remue-ménage identitaire québécois n'explique certes pas à lui seul l'éclipse de la problématique militaire de ces manuels. L'historiographie québécoise s'est aussi beaucoup modernisée depuis cinquante ans sous l'impulsion entre autres de l'école française des *Annales* et du courant américain de la *Social Science History*. Or les champs politique, militaire et diplomatique sont les principales victimes de ce renouveau historien. D'autres champs d'investigation prennent le devant de la scène, modelant le récit historique en conséquence: histoire économique, sociale, culturelle, féministe, correspondant aux préoccupations de l'époque. L'influence de cette recomposition du récit historique, particulièrement visible dans les nouveaux manuels d'histoire, accentue l'occultation de la figure désormais gênante du combattant canadien-français de la Deuxième Guerre mondiale.

La plupart de ces thèmes se retrouvent dans la littérature des décennies quatre-vingt et quatre-vingt-dix abordant le conflit. N'eût été cependant de l'influence de la Deuxième Guerre sur la condition féminine, on peut douter que cette période ait jamais inspiré autant d'œuvres de fiction. Ici, la guerre, en tant que facteur d'émancipation féminine, permet de projeter dans le passé les aspirations féministes des années quatre-vingt. Aussi observe-t-on dans ce corpus une «féminisation» de la mémoire de la Deuxième Guerre, des personnages de femmes fortes s'imposant souvent au détriment de personnages masculins plus effacés, absents ou écrasés par le destin. Dans cet imaginaire, on observe également une augmentation des références à Dieppe, plusieurs personnages secondaires masculins y trouvant la mort. Il n'apparaît pas anodin que cet échec soit la référence quasi exclusive à la guerre-combat dans les intrigues, comme si, dans l'imaginaire québécois, l'accès à la victoire était interdit aux combattants canadiens-français.

Des anciens soldats, auteurs de romans d'après-guerre, aux survivants de Dieppe interviewés aujourd'hui, on peut retracer les chemins d'une mémoire oubliée, ou à tout le moins marginalisée, parce qu'elle dérange et s'intègre mal au récit dominant: la mémoire des combattants. Au bout du compte, c'est l'aventure humaine de Dieppe ou des autres champs de bataille qui s'en trouve occultée, le guerrier québécois portant en lui tous les stigmates du colonisé que la mémoire québécoise a voulu enterrer depuis la Révolution tranquille; aux stigmates de l'aliénation sont venus s'ajouter ceux reliés au genre masculin, repoussoir du récit féministe. Doublement rejetés aux marges de la mémoire québécoise, les combattants de Dieppe et d'ailleurs ont traversé ce demi-siècle dans la solitude, à la fois gardiens et prisonniers d'images insoutenables que personne ne voulait partager. Cette dialectique de la mémoire aura finalement servi la raison d'État, celle d'un État québécois en émergence, en organisant l'amnésie collective notamment autour de la participation des Canadiens français à la Deuxième Guerre mondiale.

Notes

Notes de l'avant-propos

1. Béatrice Richard, « La Deuxième Guerre mondiale dans la mémoire collective canadienne-française / québécoise à travers le "mythe" de Dieppe, 1942-1995 », thèse de doctorat, Montréal, UQAM, 2000, 390 p.
2. Paul-André Comeau, « Le Québec et la guerre », *Le Devoir*, 2 septembre 1989, p. A9.
3. Esther Delisle, *Le traître et le Juif, Lionel Groulx,* Le Devoir, *et le délire d'extrême droite dans la province de Québec, 1929-1939,* Montréal, L'Étincelle, 1992, 288 p.
4. Yves Lavertu, *L'affaire Bernonville. Le Québec face à Pétain et à la Collaboration (1948-1951),* Montréal, VLB éditeur, 1994, 213 p.

Notes de l'introduction

1. Pour ce bref compte rendu, nous nous appuyons principalement sur le récit des faits colligés par l'historien militaire C. P. Stacey à partir de rapports et de témoignages de soldats et d'officiers rescapés de Dieppe. C. P. Stacey, *L'armée canadienne, 1939-1945. Résumé historique officiel,* Ottawa, Imprimeur du Roi, 1949, p. 51-87 ; *Six années de guerre. L'armée au Canada, en Grande-Bretagne et dans le Pacifique*, Ottawa, Imprimeur de la Reine, 1957, p. 322-429. Cette histoire a fait par ailleurs l'objet d'une abondante historiographie qui n'a guère apporté d'élément nouveau au récit du déroulement de la bataille elle-même.
2. D'aucuns affirmeront plus tard que l'on cherche ainsi à couvrir une opération secrète destinée à percer les techniques radars ennemies. C'est la thèse de James Leasor, *Green Beach*, Paris, Robert Laffont, 1976, 238 p.
3. Le 11 décembre 1931, la signature du statut de Westminster a fait entrer officiellement le Canada dans le concert des nations. Il accorde l'indépendance et la souveraineté juridique aux dominions en leur donnant le pouvoir de conclure des traités et d'élaborer leur propre politique étrangère. Cette étape a concrétisé une évolution amorcée à l'issue de la

Première Guerre mondiale, alors que l'on observe l'émergence d'une conscience nationale dans les dominions qui ont offert leur contribution militaire au conflit. Le terme « nation » renvoie ici à une entité politique souveraine dont la légitimation repose sur une « liste identitaire » collective : le territoire, la citoyenneté, la langue, la religion, la valorisation de certains traits physiques, la mémoire de certains événements communs ou la mise en commun de certains projets. La cohérence et l'intégrité de l'ensemble résultent de rapports de forces économiques et militaires intérieurs (cohabitation de plusieurs groupes identitaires) et extérieurs (rivalités et guerres). Anne-Marie Thiesse, *La création des identités nationales : Europe XVIIIe-XXe siècle*, Paris, Seuil, 1999, 320 p. ; Benedict Anderson, *L'imaginaire national : réflexions sur l'origine et l'essor du nationalisme*, Paris, La Découverte, 1996, 212 p.

4. Lucien A. Dumais, *Un Canadien français à Dieppe*, Paris, Éditions France-Empire, 1968, p. 163. L'ampleur de la confusion est corroborée par plusieurs vétérans de Dieppe que nous avons interviewés.
5. Pour un bilan complet des pertes, consulter le tableau de C. P. Stacey dans *Six années de guerre…*, *op. cit.*, p. 80.
6. C'est en particulier le point de vue que développe l'historien Brian Loring Villa dans son ouvrage : *Unauthorized Action : Mountbatten and the Dieppe Raid*, Oxford et Toronto, Oxford University Press, 1994, 314 p. Selon Villa, le général Mountbatten a court-circuité les réseaux décisionnels politiques et militaires pour lancer une opération proche de l'improvisation. Mountbatten, affirme Villa, a tenté ainsi une opération qui, espérait-il, soignerait sa publicité, dans un contexte international particulier. En effet, à l'époque, l'URSS et l'opinion publique occidentale font pression pour l'ouverture d'un second front. Mountbatten aurait déclenché cette action en catastrophe sans l'accord officiel de Churchill, ce qui expliquerait la faillite de cette opération bâclée et mal préparée. Villa laisse entendre aussi que Churchill était informé des plans de Mountbatten, mais qu'il lui a tendu une corde pour se pendre en lui laissant l'initiative d'un coup d'éclat plus que hasardeux mais dont le premier ministre avait absolument besoin sur le plan diplomatique (p. 48). Pour éviter d'impliquer les autorités concernées, le chef des opérations combinées aurait fait passer le plan pour un leurre destiné à tromper les Allemands sur les objectifs réels des Alliés. S'en serait suivie une campagne de désinformation auprès de l'ennemi qui aurait eu pour effet pervers de le prévenir de l'imminence du raid, donc de renforcer les défenses allemandes (p. 264). Par ailleurs, Villa suggère qu'en lançant une entreprise vouée à l'échec, le chef des opérations combinées espérait démontrer aux alliés soviétiques l'impossibilité d'ouvrir un second front (p. 248-267). Plusieurs auteurs dont Brereton Greenhous réfutent cette thèse, particulièrement complexe, le déroulement de l'opération, de même que les sources allemandes n'indiquant en rien que l'ennemi ait pu bénéficier de renseignements privilégiés. Brereton Greenhous, *Dieppe, Dieppe*, Montréal, Art global, 1992, p. 11.

7. Au Québec, l'identité québécoise s'est substituée graduellement à l'identité canadienne-française au milieu des années soixante. Pour éviter les anachronismes, nous veillerons à utiliser le terme « Canadien français » pour la période d'avant la Révolution tranquille, le terme « Québécois » pour la période d'après la Révolution tranquille. Cependant, les termes « Canadiens français » et « Québécois » ne rendent l'un et l'autre qu'imparfaitement compte du groupe culturel et linguistique visé dans cette étude, soit les Canadiens français du Québec. En effet, les Canadiens français sont répartis à travers tout le Canada ; les Québécois quant à eux comptent plusieurs minorités culturelles anglaises, allochtones, autochtones dans leurs rangs. Pour la commodité de l'exposé, le terme « Québécois » désigne ici le groupe ethnique majoritaire du Québec, les Canadiens français « de souche » ou culturellement assimilés à ceux-ci.
8. Philippe Contamine, « Mourir pour la patrie, X-XXe siècle », dans Pierre Nora (dir.), *Les lieux de mémoire*, t. II : *La nation*, Paris, Gallimard, 1986, p. 11-43.
9. Desmond Morton, *Une histoire militaire du Canada, 1608-1991*, Sillery, Septentrion, 1992, p. 290.
10. Pierre Nora (dir.), *Les lieux de mémoire*, t. I : *La république*, Paris, Gallimard, 1984, p. XXXIX.
11. Pierre Nora, « Le retour de l'événement », dans Jacques Le Goff et Pierre Nora (dir.), *Faire de l'histoire. Nouveaux problèmes*, Paris, Gallimard, 1974, p. 212-216.
12. Benedict Anderson, *op. cit.*
13. Pierre Anctil, Le Devoir, *les Juifs et l'immigration*, Québec, IQRC, 1988, p. 102.
14. *Ibid.*, p. 101-102.
15. Marc Ferro, *Comment on raconte l'histoire aux enfants à travers le monde entier*, Paris, Payot, 1986, p. 7.
16. Henry Rousso, *Le syndrome de Vichy de 1944 à nos jours*, Paris, Seuil, coll. « Point Histoire », 1990, p. 251-253.
17. « Littérature de guerre » est ici un terme générique qui recouvre les œuvres ayant pour cadre la période de la guerre, qu'elles mettent ou non en scène des soldats au front. Nous affinons ce concept plus loin.
18. Pierre Deflaux, *Aspects idéologiques du roman américain de la Seconde Guerre mondiale*, Lille, Université de Lille III, 1984, p. 15.
19. Luisa Passerini, « Inventaire de la mémoire à Turin », *Bulletin de l'Institut d'histoire du temps présent*, n° 6, décembre 1986, p. 42.
20. Jacques Le Goff et Pierre Nora (dir.), *op. cit.*, p. 109.
21. Marc Ferro, *L'histoire sous surveillance. Science et conscience de l'histoire*, Paris, Gallimard, coll. « Folio/Histoire », 1985, p. 68-69.
22. Maurice Halbwachs, *Les cadres sociaux de la mémoire*, Paris, Albin Michel, 1994, p. 113.
23. Henry Rousso, *op. cit.*, p. 253.
24. Angus Calder, *The Myth of the Blitz*, Londres, Jonathan Cape, 1991, p. XIV.

25. Michel De Certeau, *L'écriture de l'histoire*, Paris, Gallimard, 1975, p. 60-61.
26. Pierre Nora, « Le retour de l'événement », dans Jacques Le Goff et Pierre Nora (dir.), *op. cit.*, p. 224.
27. Pierre Nora parle de « déplacement du message narratif à ses virtualités imaginaires, spectaculaires, parasitaires, [qui] a pour effet de souligner dans l'événement la part du non-événementiel ». *Ibid.*, p. 222.
28. Henry Rousso, *op. cit.*, p. 10.

Notes du chapitre premier

1. On trouvera un bilan de cette question dans Georges Kantin et Gilles Manceron (dir.), *Les échos de la mémoire, tabous et enseignement de la Seconde Guerre mondiale*, Paris, Le Monde Éditions, 1991, 372 p.
2. Comment expliquer autrement la présence du chancelier Helmut Kohl aux côtés des ex-alliés américains, britanniques et canadiens, lors des commémorations du cinquantenaire du débarquement de Normandie, alors que les représentants de l'allié stratégique d'hier, l'ex-Union soviétique, n'avaient tout simplement pas été invités ? Est oblitérée *de facto* la part du bloc communiste dans le succès de l'intervention alliée, rabrouée la mémoire communiste de la croisade antifasciste. Avec *Le passé d'une illusion*, François Furet réduit l'antifascisme du bloc de l'Est à une manipulation des communistes pour occulter les crimes du régime soviétique. Parallèlement, l'ouverture des archives soviétiques est utilisée pour relancer une vision de l'histoire du communisme réduite aux mensonges et aux crimes. Est même dénoncé l'engagement de ceux qui ont cru de bonne foi en le communisme ou en la nécessité d'une alliance avec l'URSS contre les nazis. Ainsi le journaliste Thierry Wolton accuse-t-il Pierre Cot et Jean Moulin d'être des agents soviétiques. À la limite, les combattants de Stalingrad deviennent des salauds complices des crimes contre l'humanité commis par Staline… En 1997, *Le livre noir du communisme* reprend l'identification défendue par Ersnt Nolte entre génocide de classe et génocide de race, affirme la nature intrinsèquement criminelle du communisme et dénonce avec Alain Besançon l'occultation, l'amnésie de la mémoire des crimes communistes, réclamant un Nuremberg du communisme. François Furet, *Le passé d'une illusion*, Paris, Robert Laffont et Calmann-Lévy, 1995 ; Thierry Wolton, *Le grand recrutement*, Paris, Grasset, 1993 ; Ernst Nolte, *La guerre civile européenne 1917-1945*, paru en allemand en 1987, traduit en français avec une préface de Stéphane Courtois, Paris, Éditions des Syrthes, 2000 ; Alain Besançon, *Le malheur du siècle* (sur le communisme, le nazisme et l'unicité de la Shoah), Paris, Fayard, 1998.
3. Comme le résument Georges Kantin et Gilles Manceron dans *Les échos de la mémoire* : « Les mythes fondateurs [d'après-guerre] ont d'abord permis l'occultation des responsabilités individuelles : en Autriche, le mythe de "l'État-victime" devenu après la guerre "État neutre" a permis de jeter dans l'ombre la complicité des Autrichiens avec le nazisme ; en Allemagne de l'Ouest, l'idée d'un départ à zéro (*Stunde Null*) a permis d'occulter un passé proche tandis que l'anticommunisme a servi

d'alibi pour ne pas entendre la parole d'un certain nombre d'anciens opposants à Hitler et pour innocenter ceux qu'ils accusaient ; en Allemagne de l'Est, l'adhésion docile aux valeurs du Nouvel État policier a permis à beaucoup de faire oublier leur passé et d'échapper à toute poursuite pour crime de guerre. » (*op. cit.*, p. 85)

4. Adalbert Rückerl, *The Investigation of Nazi War Crimes, 1945-1978 : A Documentation,* Heidelberg, C. F. Mueller, 1979, 143 p. (l'auteur était à la tête du département allemand de la Justice chargé de juger les nazis de Sobibor).
5. Alain Brossat *et al.*, *À l'Est, la mémoire retrouvée,* Paris, La Découverte, 1990, 569 p.
6. Yakov Etinger, « Un effort considérable pour la mémoire dans les années quatre-vingt-dix », dans Georges Kantin et Gilles Manceron, *op. cit.*, p. 135.
7. Henry Rousso, *Le syndrome de Vichy de 1944 à nos jours,* Paris, Seuil, coll. « Point Histoire », 1990, p. 29-76.
8. Paul Touvier, criminel de guerre et chef de la milice sous Vichy, a bénéficié de la grâce présidentielle en 1971 (sous Georges Pompidou). L'affaire, qui a provoqué une violente polémique, a amené une vision moins monolithique de l'attitude des Français pendant l'Occupation. Henry Rousso, *op. cit.*, p. 136-154.
9. Pour un survol des débats historiographiques en RFA entourant le régime hitlérien, consulter Jacques Pincince, « L'Allemagne, de l'unité à la division, 1871-1945, la voie particulière de l'historiographie ouest-allemande », *Bulletin d'histoire politique,* vol. 4, n° 4, été 1996, p. 7-20.
10. Robert Paxton, « Quelques zones d'ombres dans la bonne conscience des États-Unis », dans Georges Kantin et Gilles Manceron, *op. cit.*, p. 117.
11. Dans les années quatre-vingt, David Wyman a démontré comment les Américains ont sciemment limité l'immigration des Juifs alors en danger de mort. Constat similaire d'Irving Abella et d'Arnold Troper au Canada. David Wyman, *L'abandon des Juifs, les Américains et la solution finale,* Paris, Flammarion, 1987, 459 p. ; Irving Abella et Arnold Troper, *None is too many. Canada and the Jews of Europe, 1933-1948,* Toronto, Lester and Orpen Dennys, 1982, 336 p.
12. Parmi les principaux ouvrages abordant la question des Canadiens d'origine japonaise : Anna Cecile Scantland, *Study of Historical Injustice to Japanese Canadians : Bibliography,* Vancouver, Parallel Publishers, 1986, 4 volumes ; Roger Daniels, *Concentration Camps, North America : Japanese in the United States and Canada During World War II,* Malabar, Krieger Pub. Co., 1981, 226 p. ; Ken Adachi, *The Enemy That Never Was : A History of the Japanese Canadians,* Toronto, McClelland and Stewart, 1977, 456 p. Des documents ont également été publiés dont Muriel Kitagawa, *This is my Own : Letters to Wes & Other Writings on Japanese Canadians, 1941-1948,* Vancouver, Talonbooks, 1985, 302 p.
13. Bernard Lemelin, « L'emploi de la bombe atomique contre le Japon en 1945 : un aperçu du débat historiographique », *Bulletin d'histoire politique,* vol. 4, n° 4, été 1996, p. 21-33.

14. Robert Ito, « Concentration Camp or Summer Camp? », *Mojo Wire*, (www.mojones.com), 15 septembre 1998.
15. En l'occurrence la bataille de Hong-Kong, des bombardements stratégiques sur l'Allemagne et la bataille de la crête de Verrières en 1944.
16. Pour une analyse de la polémique, David J. Bercuson et S. F. Wise (dir.), *The Valour and the Horror Revisited*, Montréal, McGill's / Queen University Press, 1994, 186 p.
17. On trouvera un dossier éclairant sur cette polémique dans le *Journal of American History*, vol. 82, n° 3, décembre 1995.
18. Pierre Nora, « Entre mémoire et histoire », *Les lieux de mémoire*, t. I : *La république*, Paris, Gallimard, 1984, p. XVII-XVIII.
19. Armand Mattelart, « Dangereux effets de la globalisation des réseaux », *Le Monde diplomatique*, août 1995, p. 24-25. À ce sujet lire aussi : Armand Mattelart, *Histoire de l'utopie planétaire : de la cité prophétique à la société globale*, Paris, La Découverte, 1999, 422 p.
20. Francis Fukuyama, *The End of the History and the Last Man*, Londres, Hamish Hamilton, 1992 ; *La fin de l'Histoire et le dernier homme*, Paris, Flammarion, 1992, 452 p.
21. Lire à ce sujet le dossier « Conflits fin de siècle », *Manière de voir n° 29, Le Monde diplomatique*, février 1996.
22. On retiendra l'irruption de la question de la spoliation des Juifs par les banques suisses dans les médias au cours de l'année 1997. Les libérateurs que furent les États-Unis et la Grande-Bretagne n'ont pas échappé au grand examen de conscience collectif, le premier à cause de l'implication de Ford et de General Motors auprès des nazis, le second en tant que « receleur » d'œuvres d'art pillées par le biais de ses musées nationaux (*Le Monde*, 5 décembre 1995). Plusieurs chercheurs s'étaient déjà penchés sur cette question dont, parmi les plus récents, Lynn Nicholas, *Le pillage de l'Europe. Les œuvres d'art volées par les nazis*, Paris, Seuil, 1995, 557 p. ; Hector Feliciano, *Le musée disparu. Enquête sur le pillage des œuvres d'art en France par les nazis*, Paris, Austral, 1995, 250 p.
23. À ce sujet, consulter Francis Arzalier, *Les perdants, la dérive fasciste des mouvements autonomistes et indépendantistes au XXe siècle*, Paris, La Découverte, 1990, 272 p.
24. Esther Delisle, *Le traître et le Juif, Lionel Groulx,* Le Devoir, *et le délire d'extrême droite dans la province de Québec, 1929-1939*, Montréal, L'Étincelle, 1992, 288 p. ; *id.*, *Mythes, mémoires et mensonges, l'intelligentsia du Québec devant la tentation fasciste, 1939-1960*, Montréal, Robert Davies, 1998, 198 p.
25. Pour une critique éclairante, lire Dominique Garand, « Éléments de réflexion en vue d'une approche non hystérique de Lionel Groulx », *Les Cahiers d'Histoire du Québec au XXe siècle*, n° 8, automne 1997, p. 130-150.
26. Pierre Nora (dir.), *Les lieux de mémoire*, t. II : *La nation*, Paris, Gallimard, 1986, p. XX-XXI.
27. George F. G. Stanley, *Nos soldats, l'histoire militaire du Canada de 1604 à nos jours*, Montréal, Éditions de l'Homme, 1980, p. 23.

28. William Douglas et Brereton Greenhous, «L'historiographie canadienne et la Seconde Guerre mondiale», *Revue d'histoire de la Deuxième Guerre mondiale*, n° 104, octobre 1976, p. 76.
29. Ronald G. Haycock et Serge Bernier, *Clio et Mars au Canada. L'enseignement de l'histoire militaire/Clio and Mars in Canada. Teaching Military History*, Athabasca, Athabasca University, 1995, p. 147-152.
30. Serge Mongeau, «La tradition antimilitariste au Québec», dans Serge Mongeau (dir.), *Pour un pays sans armée*, Montréal, Écosociété, 1993, 186 p.
31. Ronald G. Haycock et Serge Bernier, *op. cit.*, p. 134.
32. Ce que Marc Ferro classe dans les silences de «deuxième type». Marc Ferro, *Comment on raconte l'histoire aux enfants à travers le monde*, Paris, Payot, 1986, p. 65.
33. *Ibid.*, p. 68-69.
34. Desmond Morton, «Le Canada français et la milice canadienne», dans Jean-Yves Gravel (dir.), *Le Québec et la guerre*, Montréal, Boréal Express, 1974, p. 23-46.
35. À l'exception de certains auteurs comme Desmond Morton pour qui « [I]magining that defence policy was of concern only to English-speaking Canadians has surely been a major problem for Canadian defence policy-makers». Desmond Morton, «Studying Canadian Military History», *Canadian Military History*, vol. 2, n° 2, automne 1993, p. 137.
36. Serge Mongeau, *op. cit.*, p. 82.
37. Jean-Yves Gravel (dir.), *op. cit.*, p. 5.
38. O. A. Cooke, *The Canadian Military Experience 1867-1995: A Bibliography*, Ottawa, Direction Histoire et Patrimoine, Ministère de la Défense nationale, 1997, 520 p.
39. Ronald G. Haycock et Serge Bernier, *op. cit.*, p. 113.
40. C. P. Stacey publiera *Canada and the British Army* en 1935 et *Canada's Military Problems* en 1940.
41. Jonathan F. Vance, *Death so Noble: Memory, Meaning and the First World War*, Vancouver, University of British Columbia, 1997, 319 p.
42. On relève une attitude similaire dans la France de l'entre-deux-guerres: aux mains de piètres stratèges, aux prises avec le souvenir affreux de la Grande Guerre, cette puissance n'a pas développé alors de tradition d'histoire militaire ni de recherche historique de type universitaire comparable à celle qui s'était déjà développée en Grande-Bretagne et en Allemagne. Philippe Contamine, «L'histoire militaire», dans François Bédarida (dir.), *L'histoire et le métier d'historien en France, 1945-1995*, Paris, Éditions de la Maison des Sciences de l'Homme, 1995, p. 359-367.
43. Le fait que le Canada se soit doté d'une «histoire officielle» pour consigner ses activités militaires surprendra peut-être le lecteur. Cette pratique, instituée au cours de la Première Guerre mondiale, s'inscrit dans les premiers balbutiements du nationalisme canadien. Comme l'explique Haycock, cette mesure qui a conduit à la fondation d'un service historique de la Défense nationale a été prise en partie pour éviter que «l'effort de guerre du Canada ne se perde dans la marée des armées britanniques au sein desquelles combattaient les Canadiens…». Pour

un résumé éclairant des péripéties ayant entouré la rédaction d'une histoire officielle de la Grande Guerre, lire Ronald G. Haycock et Serge Bernier (dir.), *op. cit.*, p. 115. Pour l'histoire officielle : colonel G. W. L. Nicholson, *Le corps expéditionnaire canadien, 1914-1919*, Ottawa, Imprimeur de la Reine, 1963, 671 p.

44. C. P. Stacey, *L'armée canadienne, 1939-1945. Résumé historique officiel*, Ottawa, Imprimeur du Roi, 1949, 364 p. Ce livre a été suivi de plusieurs volumes plus spécialisés sur les différentes campagnes : le volume I, *Six années de guerre*, qui traite de l'armée au Canada, en Grande-Bretagne et dans le Pacifique (Ottawa, Imprimeur de la Reine, 1957, 652 p.) et le volume III, *La campagne de la victoire*, qui traite de la campagne dans le Nord-Ouest européen (Ottawa, Imprimeur de la Reine, 1960, 837 p.). Il est à noter que c'est l'historien G. W. L. Nicholson qui publiera le deuxième tome de la série, sur les Canadiens en Italie (Ottawa, Imprimeur de la Reine, 1966, 851 p.).
45. Actuellement en cours. Au sujet de l'histoire de la marine pendant la Deuxième Guerre, Histoire et Patrimoine a publié : Roger Flynn Sarty, *Le Canada et la bataille de l'Atlantique*, Montréal, Art global, 1998, 174 p., traduction de *Canada and the Battle of the Atlantic.*
46. Ont été publiés : S. F. Wise, *Les aviateurs canadiens dans la Première Guerre mondiale. Histoire officielle de l'Aviation royale du Canada*, t. I, Ottawa, Ministère de la Défense nationale, 1982, 835 p. ; W. A. B. Douglas, *La création d'une aviation militaire nationale. Histoire officielle de l'Aviation royale du Canada*, t. II, Ottawa, Ministère de la Défense nationale, 1987, 881 p. Voir aussi : Brereton Greenhous *et al.*, *The Crucible of War, 1939-1945*, t. III, Toronto et Ottawa, University of Toronto Press et Ministère de la Défense nationale, 1994, 1096 p.
47. Parcs Canada a également favorisé la publication de nombreux ouvrages d'histoire militaire.
48. George F. G. Stanley, *op. cit.*
49. Desmond Morton, *Canada and War : A Military and Political History*, Toronto, Butterworth, 1981, 228 p.
50. Desmond Morton, *A Military History of Canada*, Edmonton, Hurtig, 1985, 305 p.
51. Desmond Morton, *Une histoire militaire du Canada, 1608-1991*, Sillery, Septentrion, 1992, 414 p.
52. C. P. Stacey, *Armes, hommes et gouvernements : les politiques de guerre du Canada, 1939-1945*, Ottawa, Défense nationale, 1970, 748 p.
53. J. L. Granatstein, *Canada's War : The Politics of Mackenzie King Government, 1939-1945*, New York, Oxford University Press, 1975, 436 p.
54. Desmond Morton, *Une histoire militaire du Canada, 1608-1991*, *op. cit.*, p. 16.
55. La mémoire glorieuse de la Grande Guerre qui s'est construite au Canada après l'armistice de 1918 ignorait les particularités des minorités autochtones ou immigrantes, et surtout marginalisait les Canadiens français qui refusaient la conscription. Selon Jonathan F. Vance, cela expliquerait la faible adhésion des groupes concernés à ce projet assimilationniste. Jonathan F. Vance, *op. cit.*, p. 258-260.

56. Desmond Morton, *Une histoire militaire du Canada, 1608-1991, op. cit.*, p. 12.
57. À l'occasion du 50e anniversaire de la Deuxième Guerre mondiale, le Service historique de la Défense nationale / Histoire et Patrimoine publia dans les deux langues une série d'histoires officielles de haut calibre: Brereton Greenhous, *Dieppe, Dieppe*, Montréal, Art global, 1992, 155 p.; Bill McAndrew, Donald E. Graves et Michael Whitby, *Normandie 1944. L'été canadien*, Montréal, Art global, 1994, 162 p.; Bill McAndrew, Bill Rawling et Michael Whitby, *La libération. Les Canadiens en Europe*, Montréal, Art global, 1995, 170 p.; Bill McAndrew, *Les Canadiens et la campagne d'Italie, 1943-1945*, Montréal, Art global, 1996, 162 p.; Roger Flynn Sarty, *Le Canada et la bataille de l'Atlantique, op. cit.* Malheureusement, la visibilité des Canadiens français y est à peu près nulle.
58. Serge Bernier et Jean Pariseau, *Les Canadiens français et le bilinguisme dans les Forces armées canadiennes*, 2 tomes, Ottawa, Service historique de la Défense nationale, 1987 et 1991, 486 p. et 871 p. Dans cet effort, les traductions jouent un rôle non négligeable. Longtemps, elles furent presque les seules références disponibles en français. Soulignons que, depuis les années quatre-vingt, ce travail a presque reposé sur les épaules d'un seul homme, Serge Bernier, lequel a assuré la traduction d'ouvrages majeurs (*Nos soldats: coutumes et traditions des Forces armées canadiennes*) et coordonné d'autres projets de traduction ambitieux (*Une histoire militaire du Canada*), de même que la série de titres sur la Deuxième Guerre mondiale évoquée dans la note précédente.
59. *Bulletin d'histoire politique*, «La participation des Canadiens français à la Deuxième Guerre mondiale: mythes et réalités», sous la direction de Serge Bernier, vol. 3, nos 3-4, printemps-été 1995, 408 p. D'autres colloques ont suivi: *Le Canada et les conflits contemporains*, tenu le 27 août 1995 à l'UQAM; *L'impact de la Deuxième Guerre mondiale sur les sociétés canadienne et québécoise*, tenu les 7 et 8 novembre 1997 à l'UQAM.
60. À ce sujet, consulter Ronald Rudin, *Faire de l'histoire au Québec*, Sillery, Septentrion, 1998, 278 p.
61. *Ibid.*, p. 70.
62. Première Guerre mondiale: Robert Rumilly, *Histoire de la Province de Québec*, t. XXI: *Courcelette*, Montréal, Montréal-Éditions, 1947, 269 p.; t. XXII: *La conscription*, Montréal, Montréal-Éditions, 1947, 256 p.; t. XXIII: *L'armistice*, Montréal, Montréal-Éditions, 1947, 206 p. Deuxième Guerre mondiale: Robert Rumilly, *Histoire de la Province de Québec*, t. XXXVIII: *Ernest Lapointe*, Montréal, Fides, 1968, 284 p.; t. XXXIX: *Le plébiscite*, Montréal, Fides, 1969, 295 p.; t. XL: *Le Bloc populaire*, Montréal, Fides, 1969, 301 p.; t. XLI: *La guerre de 1939-1945: Duplessis reprend les rênes*, Montréal, Fides, 1969, 321 p.
63. Philippe Contamine écrit: «[...] les Annales d'histoire économique et sociale de Marc Bloch et Lucien Febvre, dès leur création en 1929, s'en prirent non sans brio à l'histoire politique, diplomatique, événementielle et institutionnelle: or, au sein de cette constellation, l'histoire des batailles et des armées fut sans doute la première visée». Philippe Contamine, *loc. cit.*

64. Pour un exposé critique sur l'historiographie militaire canadienne-française de la Deuxième Guerre mondiale, on consultera : Jean-Pierre Gagnon, « Les historiens canadiens-français et la participation canadienne-française à la Deuxième Guerre mondiale », *Bulletin d'histoire politique*, vol. 3, n°s 3-4, printemps-été 1995, p. 25-42.
65. Guy Frégault, *La guerre de la Conquête, 1754-1760*, Montréal, Fides, 1955, 319 p.
66. Thèse que nuancera George F. G. Stanley dans *New France : The Last Phase, 1744-1760*, Toronto, McClelland and Stewart, 1968, 319 p.
67. Charles-Marie Boissonnault, *Histoire politico-militaire des Canadiens français*, Trois-Rivières, Éditions du Bien public, 1967, 310 p.
68. Pour l'historiographie sur cette période, consulter Jean-Yves Gravel (dir.), *op. cit.*, p. 5-20.
69. Mentionnons : Jacques Castonguay et Armand Ross, *Le régiment de la Chaudière*, Lévis, Régiment de la Chaudière, 1983, 644 p. ; Jacques Gouin, *Bon cœur et bon bras. Histoire du régiment de Maisonneuve, 1880-1980*, Montréal, Régiment de Maisonneuve, 1980, 303 p. ; Les Fusiliers Mont-Royal, *Cent ans d'histoire d'un régiment canadien français, 1869-1969*, Montréal, Éditions du Jour, 1971, 416 p. ; Paul Corriveau, *Le Royal 22e régiment, 75 ans d'histoire, 1914-1989*, Québec, Régie du Royal 22e régiment, 1989, 132 p. ; enfin une histoire régimentaire qui est également une étude sociomilitaire : Jean-Yves Gravel, *Les soldats-citoyens : histoire du régiment de Trois-Rivières, 1871-1978*, Trois-Rivières, Éditions du Bien public, 1981, 153 p.
70. Jean-Yves Gravel, *Le Québec et la guerre, op. cit.*
71. Geneviève Auger et Raymonde Lamothe, *De la poêle à frire à la ligne de feu. La vie quotidienne des Québécoises pendant la guerre 1939-1945*, Montréal, Boréal, 1981, 232 p.
72. Paul-André Linteau, René Durocher, Jean-Claude Robert et François Ricard, *Histoire du Québec contemporain*, t. II : *Le Québec depuis 1930*, Montréal, Boréal, 1986, 740 p.
73. J. L. Granatstein, *Conscription in the Second World War : A Study in Political Management, 1939-1945*, Toronto, Ryerson Press, 1969, 85 p. ; J. L. Granatstein et J. M. Hitsman, *Broken Promises : A History of Conscription in Canada*, Toronto, Oxford University Press, 1977, 281 p.
74. Henri Bourassa, *Que devons-nous à l'Angleterre ?*, Montréal, s.é., 1915, p. V-VI.
75. Interprétation qui, selon Rudin, le força d'ailleurs à minimiser les événements de 1837-1838. Cité par Ronald Rudin, *op. cit.*, p. 37.
76. Ronald Rudin, *op. cit.*, p. 115-197.
77. *Ibid.*, p. 200-248.
78. Le terme « projet d'affirmation nationale » utilisé ici subsume les clivages politiques partisans actuels entre souverainistes et fédéralistes. Il s'enracine dans la genèse de l'État québécois moderne, laquelle suit deux vagues successives : 1) dans les années cinquante, l'unanimité des nouveaux intellectuels – citélibristes et néonationalistes – contre l'« ancien régime » incarné par Duplessis ; 2) dans les années soixante,

l'« ennemi intérieur » disparu, la consommation du divorce latent entre deux interprétations de la modernité, le fédéralisme bilingue de P. E. Trudeau et l'indépendantisme du RIN. Mais au-delà des solutions politiques irréconciliables qu'elles préconisent, les deux tendances inspirent un optimisme conquérant qui, comme l'indique Léon Dion, « procurera à la Révolution tranquille sa vigueur interne et sera à la base des revendications constitutionnelles ». C'est sur cette base que se définit le « projet politique et identitaire » toujours actif dans les manuels d'histoire nationale que nous avons consultés. Faisant table rase du passé, ce projet active la notion d'« État du Québec » au-delà des allégeances partisanes, occultant ainsi l'obsolète dénomination de « province de Québec ». Les Canadiens français deviennent ainsi des Québécois. Consulter à ce sujet : Léon Dion, *Québec 1945-2000*, t. II : *Les intellectuels et le temps de Duplessis*, Sainte-Foy, Presses de l'Université Laval, 1993, p. 303.

79. Jocelyn Létourneau, « La production historienne courante portant sur le Québec et ses rapports avec la construction des figures identitaires d'une communauté communicationnelle », *Recherches sociographiques*, vol. 36, n° 1, 1995, p. 9-45.
80. Ronald Rudin, *op. cit.*, p. 15-16.
81. Jocelyn Létourneau a démontré toutefois la résistance à ce modèle dans les salles de classe québécoises, l'opposition « Grande Noirceur » et « Révolution tranquille » continuant d'orienter la mémoire collective. Jocelyn Létourneau, « L'imaginaire historique des jeunes Québécois », *Revue d'histoire de l'Amérique française*, vol. 41, n° 4, printemps 1988, p. 553-574.
82. Ce qui ne signifie pas désinvestissement de la mémoire institutionnelle à ce sujet à partir des années soixante et soixante-dix, comme le montrera l'étude des manuels scolaires au chapitre V.
83. Ainsi, dans ses mémoires, le fantaisiste Jacques Normand écrit à propos de cette période : « La guerre était la plus belle affaire de notre vie. Il y avait du travail pour tout le monde et les salaires n'avaient jamais été aussi alléchants. Même si cela devait coûter la vie à quelques "caves" à Dieppe, en Normandie ou sur d'autres plages, la vie était belle. » Jacques Normand, *De Québec à Tizi-Ouzou*, Montréal, Stanké, 1980, p. 50.

Notes du chapitre II

1. Henry Rousso, « La mémoire n'est plus ce qu'elle était », *Écrire l'histoire du temps présent*, Paris, CNRS histoire, 1993, p. 109.
2. John Keegan rappelle que le champ de bataille moderne se caractérise par l'éclatement des repères physiques et mentaux chez le combattant. John Keegan, *Anatomie de la bataille*, Paris, Agora, 1993, p. 292-314.
3. Angus Calder, *The Myth of the Blitz*, Londres, Jonathan Cape, 1991, p. 2.
4. Brian Loring Villa, *Unauthorized Action : Mountbatten and the Dieppe Raid*, Oxford et Toronto, Oxford University Press, 1994, 314 p.

5. C'est la thèse officielle qui prévaut dès l'annonce du raid dans les journaux en 1942. Stacey fera ensuite la revue de ces « leçons » dans son histoire officielle, *L'armée canadienne, 1939-1945. Résumé historique officiel*, Ottawa, Imprimeur du Roi, 1949, p. 83-87.
6. Pour une bibliographie détaillée des monographies sur le raid de Dieppe consulter : Béatrice Richard, « La Deuxième Guerre mondiale dans la mémoire collective canadienne-française/québécoise à travers "le mythe" de Dieppe, 1942-1995 », thèse de doctorat, Montréal, UQAM, 2000, 390 p.
7. Brian Loring Villa, *op. cit.*, p. 212-231.
8. Brereton Greenhous, *Dieppe, Dieppe*, Montréal, Art global, 1992, p. 149-152.
9. Peter J. Henshaw, « The Dieppe Raid : A Product of Misplaced Canadian Nationalism ? », *Canadian Historical Review*, vol. 77, n° 2, juin 1996, p. 250-266.
10. Communiqué reproduit dans Jacques Lacoursière, *Alarme citoyens. L'affaire Cross-Laporte du connu à l'inconnu*, Montréal, Éditions La Presse, 1972, p. 285-286.
11. Lucien A. Dumais, *Un Canadien français à Dieppe*, Paris, Éditions France-Empire, 1968, 283 p.
12. Pierre Vennat, *Dieppe n'aurait pas dû avoir lieu*, Montréal, Éditions du Méridien, 1991, 202 p.
13. Raymond Cartier, *La Seconde Guerre mondiale*, t. I : *1939-1942*, Paris, Larousse et Paris-Match, 1965, p. 362.
14. Pierre Milza, *De Versailles à Berlin, 1919-1945*, Paris, Masson, 1978, 189 p. En ce qui concerne l'évolution des nouvelles conceptions stratégiques et tactiques dans la phase de mondialisation du conflit, l'auteur ne mentionne pas Dieppe comme une expérience décisive, une leçon pour les assauts futurs, contrairement à la version admise au Canada. Selon lui, ce sont des expériences antérieures, Dardanelles et Norvège du côté allié, Crète, du côté allemand, qui inspireront les tacticiens de la Deuxième Guerre dans leurs entreprises futures. Il écrit : « Les tentatives [de débarquement] faites par les Alliés au cours du premier conflit mondial (Dardanelles) et pendant la phase européenne du second (Norvège) ainsi que le succès des Allemands en Crète avaient montré la nécessité de posséder un matériel de transport et de débarquement parfaitement adapté et d'assurer la protection des éléments d'assaut par une maîtrise absolue de la mer et surtout des airs. » (p. 182)
15. Le chapitre que consacre Keegan au « dilemme stratégique de Churchill » en 1941-1942 expose les louvoiements du premier ministre britannique pour convaincre Roosevelt et son état-major d'abandonner l'idée d'une attaque frontale en Europe de l'Ouest (opération Sledgehammer) au profit d'un débarquement en Afrique du Nord en octobre 1942 (l'opération Torch sera lancée en fait le 8 novembre). Pourtant Jubilee est lancée au milieu de ce tango diplomatique. Que cela ait été voulu ou non, le désastre qui s'ensuivit démontrait les limites d'une telle entreprise. John Keegan, « Churchill's Strategic Dilemma », *The Second World War*, New York, Viking, 1989, p. 310-319.

16. « L'Histoire au jour le jour. La Deuxième Guerre mondiale 1939-1945. Récits et mémoire », *Le Monde – Dossiers et documents*, numéro spécial, 1994, p. 92.
17. Jacques Mordal, *Les Canadiens à Dieppe*, Paris, Presses de la Cité, 1962, 348 p. ; René Abautret, *Dieppe : le sacrifice des Canadiens, 19 août 1942*, Paris, Robert Laffont, 1969, 249 p. ; Raymond Rudler, *Le jubilé des Canadiens*, Paris, Presses de la Cité, 1972, 318 p. « Première répétition des débarquements futurs ? Entreprise insensée et gratuite ? » demande Abautret. « L'expérience acquise sur les galets de Dieppe justifie-t-elle le sacrifice des Canadiens, le 19 août 1942 ? » demande Rudler. « Coûteux échec ? Victoire inutilement offerte à la propagande ennemie ? Expérience nécessaire ? Affaire politique ?... » demande Mordal.
18. C. P. Stacey, *L'armée canadienne, 1939-1945, op. cit.*, p. 86.
19. Jacques Mordal, *op. cit.*, p. 315.
20. René Abautret, *op. cit.*, p. 235.
21. Rapporté par Brian Loring Villa, *op. cit.*, p. 168 (traduction libre).
22. Depuis 1940, les troupes du Commonwealth reculent sur tous les fronts : évacuation de la Norvège et de la France en 1940, de la Grèce et de la Crète en 1941 ; en juin 1942, chute de Tobrouk. En décembre 1941, l'attaque japonaise simultanée sur les positions américaines et britanniques sur le front oriental inaugure une série de catastrophes : après Pearl Harbor et Hong-Kong, Hawaï, les Philippines et la Malaisie sont durement attaquées. Pour Churchill, la chute de Singapour en février 1942 représente la honte ultime : 60 000 soldats britanniques sont écrasés aux mains de 5000 combattants japonais. Il faudra la victoire britannique d'El Alamein, le 4 novembre, et les débarquements en Afrique septentrionale française, le 8 novembre, pour que le vent tourne. C. P. Stacey, « 1942 : le tournant de la guerre », *L'armée canadienne, 1939-1945, op. cit.*, p. 51-63.
23. William Robert Young, « Le Canada français et l'information publique pendant la Seconde Guerre mondiale », *Bulletin d'histoire politique*, vol. 3, n°s 3-4, printemps-été 1995, p. 227-241.
24. Sur la propagande : William Robert Young, « Making the Truth Graphic : The Canadian Government's Home Front Information Structure and Programmes During World War II », thèse de doctorat, Vancouver, University of British Columbia, 1978, 450 p. Sur la censure : Claude Beauregard, « Guerre et censure, l'expérience des journaux, des militaires et de la population pendant la Deuxième Guerre mondiale », thèse de doctorat, Québec, Université Laval, 1995, 305 p.
25. William Robert Young, *op. cit.*, p. 172.
26. *Ibid.*, p. 17.
27. Archives nationales du Canada (ANC), King's Papers, J4 series additionals, vol. 414, file 3990, n. p. ; Charles Vining : « Canadian Publicity in U.S.A. Report to the Prime Minister », 10 juillet 1942, p. 2-7.
28. Par « révélation » on entend ici le dévoilement, au terme d'un long et laborieux travail de préparation médiatique, des détails les plus inacceptables pour la population civile, soit l'étendue des pertes humaines encourues.

29. *Le Devoir*, 19 août 1942, p. 1.
30. *Ibid.*, p. 2.
31. Georges Pelletier, « L'attaque sur Dieppe », *Le Devoir*, 19 août 1940, p. 1.
32. Manchette : « Débarquement à Dieppe / Le tiers de l'expédition est formée de Canadiens / Des commandos anglais, des fantassins canadiens, des rangers américains, des Français attaquent sur 60 milles des côtes », *La Presse*, 19 août 1942, p. 1. Entrefilet, p. 1 : « À Ottawa, on n'était pas au courant. »
33. *Ibid.*, p. 6.
34. *Le Canada*, 20 août 1942, p. 2.
35. *Le Devoir*, 20 août 1942, p. 1.
36. *Ibid.*
37. *Ibid.*
38. *Ibid.*, p. 21.
39. Au début, on parle de 15000 hommes, soit le triple des effectifs engagés dans le raid. *Le Devoir*, 20 août 1942, p. 1.
40. Dans *La Presse*, on peut lire en manchette : « De nouvelles expéditions sont prévues, 3 états-majors font des plans. Les rapports des officiers qui ont participé à la bataille de Dieppe sont rapidement transmis au commandement. » *La Presse*, 20 août 1942, p. 1.
41. *Ibid.*, p. 1 et 11.
42. *Ibid.*
43. *Ibid.*, p. 2.
44. *Ibid.*
45. *Le Devoir*, 24 août 1942, p. 10.
46. *La Presse*, 20 août 1942, p. 2.
47. *Ibid.*
48. Où l'on s'aperçoit que, depuis la Grande Guerre, l'idée de « mourir pour la patrie » n'exalte plus grand monde.
49. *Le Canada*, 22 août 1942, p. 1
50. *La Presse*, 16 septembre 1942, p. 2 et 11.
51. *Le Canada*, 21 août 1942, p. 1.
52. *Le Devoir*, 21 août 1942, p. 3.
53. *Le Canada*, 21 août 1942, p. 1.
54. La Presse, 21 août 1942, p. 1.
55. Incident rapporté dans *Le Devoir*, 28 août 1942, p. 1.
56. Jeannette et Guy Boulizon, *Stanislas, un journal à deux voix*, Montréal, Flammarion, 1988, p. 143.
57. Entrevue avec Jeannette et Guy Boulizon, 6 octobre 1995, Outremont.
58. Entrevue avec François-Albert Angers, 15 septembre 1995, École des Hautes Études Commerciales, Montréal.
59. Gérard Cachat et André Donneur, *À la recherche de mes racines*, Montréal, Lidec, 1984, p. 577-578.
60. *Le Devoir*, 21 août 1942, p. 3.
61. *Ibid.*
62. *Ibid.*
63. *La Presse*, 21 août 1942, p. 1. Le 22 août, William Stewart revient avec une manchette dans le même esprit : « Les Fusiliers Mont-Royal ont bravé

l'enfer. Tous les témoignages des survivants concordent sur la violence de la bataille de Dieppe, tout en restant très sobres. » *La Presse*, 22 août 1942, p. 1.

64. « Vingt minutes sous un feu foudroyant », *ibid.*, p. 2.
65. *Ibid.*
66. *Ibid.*
67. *Ibid.*
68. *Ibid.*
69. La publicité précise : « M. Munro est revenu au Canada en aéroplane à la demande de la "Canadian Press" afin de dire au peuple canadien comment ses soldats se sont comportés lors de cette attaque épique sur une forteresse de l'Axe. » *Le Devoir*, 4 novembre 1942, p. 6.
70. Propos rapportés dans *Le Devoir* et *La Presse* du 22 août 1942.
71. « Le raid de Dieppe / Causerie d'un journaliste qui en fut témoin – Le rôle des Fusiliers Mont-Royal – Résultats du raid », *Le Devoir*, samedi 5 septembre 1942, p. 9.
72. *Ibid.*, p. 1.
73. « Une telle attitude aura des répercussions importantes, écrit Claude Beauregard. [Ross Munro] fut un des rares correspondants à participer au raid de Dieppe (19 août 1942). Son premier article sur cette opération donne l'impression que le raid fut un succès. Pourtant il a dû réaliser qu'il s'agissait d'un désastre monumental. Mais la censure était à l'œuvre. » Claude Beauregard, *op. cit.*, p. 182-183. De même Bob Bowman, de Radio-Canada, présent à Dieppe, rapporte lui aussi que le raid est un succès : « Without this experience, a second front would have been suicide. » ANC, fonds Bushnell, MG 30, E250, vol. 1, dossier 17, Bob Bowman, *Canadians at Dieppe, an Eyewitness Account*, 20 août 1942, cité par Beauregard, *op. cit.*, p. 183.
74. « I was committed to the war completely and utterly right from the start… I don't think young people today could ever feel the commitment that we had. Maybe it was just jingoism, chauvinism and stupidity, but we felt that the Germans were going to wreck this world of ours and that we would have to stop them. » Propos recueillis par Philip Knighley, *The First Casualty. From the Crimea to Vietnam : The War Correspondant as Hero, Propagandist, and Myth Maker*, New York, Harcourt Brace Jovanovich, 1975, p. 318-319, cité par Claude Beauregard, *op. cit.*, p. 182.
75. *La Presse*, 19 septembre 1942, p. 22.
76. *Ibid.*
77. *La Presse*, 5 septembre 1942, p. 27.
78. Propos de J. L. Ralston rapportés dans *Le Devoir*, 21 août 1942, p. 4.
79. *Le Devoir*, 8 septembre 1942, p. 1 ; *La Presse*, 8 septembre 1942, p. 1.
80. *La Presse*, 11 septembre 1942, p. 17.
81. *La Presse*, 15 septembre 1942, p. 1.
82. *Ibid.*, p. 2 et 11.
83. *La Presse*, 16 septembre 1942, p. 8.
84. *Le Devoir*, 15 septembre 1942, p. 3.

85. Le 28 septembre, *La Presse* (p. 3) affirme qu'à ce jour l'Allemagne n'a fourni aucune liste de prisonniers à la Croix-Rouge.
86. *Le Devoir*, 18 septembre 1942, p. 3; *La Presse*, 18 septembre 1942, p. 17; *Le Canada*, 19 septembre 1942, p. 3.
87. *Le Devoir*, 15 septembre 1942, p. 1.
88. *La Presse*, 11 septembre 1942, p. 3.
89. *Ibid.*
90. *Le Devoir*, 18 septembre 1942, p. 3; *La Presse*, 18 septembre 1942, p. 17.
91. Brereton Greenhous, *op. cit.*, p. 78 et 152.
92. *Le Devoir*, 18 septembre 1942, p. 3; *La Presse*, 18 septembre 1942, p. 17.
93. *Le Devoir*, 19 septembre 1942, p. 1.
94. Cité par *La Presse*, 26 septembre 1942, p. 17.
95. *La Presse*, 18 septembre 1942, p. 18.
96. Cité par *La Presse*, 24 septembre 1942, p. 26.
97. *Le Devoir*, 20 août 1942, p. 3.
98. *La Presse*, 28 août 1942, p. 2.
99. *Le Devoir*, 26 août 1942, p. 6.
100. *La Presse*, 20 août 1942, p. 6.
101. Report n° 109, *Operation Jubilee: The Raid on Dieppe, August 19, 1942*, part III: *Some Special Aspects*, cité dans Report n° 29, Historical Section (G. S.), Army Headquarters, 26 octobre 1949, Canadian Public Opinion on the Employment of Canadian Army, 1939-1945, p. 35.
102. *Le Devoir*, 30 septembre 1942, p. 1 et 10.
103. *Ibid.*
104. André Laurendeau, *La Crise de la conscription*, Montréal, Éditions du Jour, 1962, p. 156-157.
105. *Le Canada*, 18 septembre 1942, p. 2.
106. *La Presse*, 29 août 1942, p. 22.
107. Helene Eck (dir.), *La guerre des ondes. Histoire des radios de langue française pendant la Deuxième Guerre mondiale*, Paris et Montréal, Armand Colin et Hurtubise HMH, 1985, p. 350-351.
108. Émissions de l'Axe et rumeurs circulant au Québec. Commission d'information en temps de guerre. Section recherche. Rapport spécial n° 6, 15 février 1943, p. 1 (Archives publiques du Canada, RG 36, série 31, vol. 13, dossier 8-5-D).
109. *La Presse*, 29 septembre 1942, p. 23.
110. Parmi les rumeurs, on peut relever celle-ci: «Ce sont surtout les troupes des colonies et des dominions qui ont combattu jusqu'ici en Égypte, à Hong-Kong, à Singapour et ailleurs, tandis que les soldats des Îles britanniques étaient gardés prudemment à l'arrière.» *La Presse*, 29 août 1942, p. 23.
111. William Robert Young, «Making the Truth Graphic: The Canadian Government's Home Front Information Structure and Programmes During World War II», *op. cit.*, p. 182-183.
112. *La Presse*, 30 septembre 1942, p. 1.
113. *La Presse*, 29 septembre 1942, p. 23.
114. *Le Devoir*, 2 septembre 1942, p. 1.

115. *La Presse*, 15 octobre 1942, p. 1.
116. *Le Devoir*, 2 octobre 1942, p. 3 et 6; *La Presse*, 2 octobre 1942, p. 15; *Le Canada*, 3 octobre 1942, p. 2.
117. *Le Canada*, 16 octobre 1942, p. 14.
118. *Le Devoir*, 16 octobre 1942, p. 3.
119. *La Presse*, 19 octobre 1942, p. 14.
120. *La Presse*, 15 octobre 1942, p. 1.
121. *Ibid.*, p. 1 et 19.
122. *La Presse*, 16 octobre 1942, p. 15.
123. *Ibid.*
124. *La Presse*, 15 octobre 1942, p. 1.
125. Discours prononcé le 25 octobre, rapporté dans *Le Canada*, 27 octobre 1942.
126. Dans ses mémoires, l'abbé Lionel Groulx rapporte que durant cette période l'Archevêché de Montréal fut «assommé» de lettres et d'appels de protestation contre les prises de position publiques de l'abbé Sabourin. En son nom et au nom des mécontents, dans une lettre datée du 30 octobre 1942, il se plaignit du major «ecclésiastique» à Mgr Joseph Charbonneau en ces termes: «Notre peuple admet que le clergé lui rappelle son devoir, en temps de guerre; il ne comprend pas que des ecclésiastiques se fassent les propagandistes véhéments, provocateurs, de la politique de guerre du gouvernement, et nous prêchent par surcroît l'abrutissement colonial, et même, de façon assez ouverte, la conscription pour outre-mer. À la vérité sommes-nous bien là dans notre rôle d'hommes d'Église? et avons-nous beaucoup à gagner à exaspérer, de tant de manières, les sentiments de la jeunesse?» Charbonneau aurait promis à l'abbé Groulx d'interdire à Sabourin de s'exprimer publiquement sur la politique provinciale, nationale ou internationale. Ce dernier semble avoir cependant poursuivi ses activités de propagandiste. Lionel Groulx, *Mes mémoires*, t. IV, Montréal, Fides, 1974, p. 250-251.
127. *Le Devoir*, 19 novembre 1942, p. 7.
128. Edmond Turcotte dans *Le Canada*, 17 octobre 1942, p. 2.
129. Claude Beauregard, *op. cit.*, p. 122-135.
130. *Ibid.*, p. 134.
131. «Le Canada français vu par *Life*», *Le Jour*, 31 octobre 1992, p. 1.

Notes du chapitre III

1. C. P. Stacey lui consacre 33 pages sur 364 dans la première édition de l'histoire officielle (*L'armée canadienne, 1939-1945. Résumé historique officiel*, Ottawa, Imprimeur du Roi, 1949), 67 pages sur 652 dans le deuxième volume (*Six années de guerre. L'armée au Canada, en Grande-Bretagne et dans le Pacifique*, Ottawa, Imprimeur de la Reine, 1957).
2. C. P. Stacey, *L'armée canadienne...*, *op. cit.*, p. VIII.
3. C. P. Stacey, *Six années de guerre*, *op. cit.*, p. XI.
4. Pour un aperçu des questions débattues à l'époque sur la scène publique, lire J. I. Gow: «Les Québécois, la guerre et la paix, 1945-1960»,

dans Jean-Yves Gravel (dir.), *Le Québec et la guerre*, Montréal, Boréal Express, 1974, p. 133-167. Cet article est une adaptation résumée de la thèse de doctorat de l'auteur, « The Opinon of French Canadians in Quebec on the Problems of Wars and Peace, 1945-1960 », Québec, Université Laval, octobre 1969.

5. « Mémoratif de Dieppe. Œuvre charitable dédiée au souvenir d'un héroïque fait d'armes », *La Presse*, 12 novembre 1946, p. 14; « Les leçons de Dieppe », *La Presse*, 15 août 1947, p. 11 et 15; « L'étrange histoire du Bataillon suicide », *La Presse*, 15 août 1947, p. 12; « À la mémoire des victimes de Dieppe / M. l'abbé J. Bernard célèbre la messe à l'arsenal des Fusiliers Mont-Royal / Propos de M. l'abbé Sabourin. Imposante cérémonie en France », *Le Devoir*, 18 août 1947; « Anniversaire de Dieppe », *Le Devoir*, 19 août 1947, p. 3; « Dieppe décoré pour la fête », *La Presse*, 19 août 1947, p. 8; « Bel accueil des Dieppois. Le commandant canadien, le général Crerar, est honoré par la ville », *La Presse*, 23 septembre 1948, p. 6; « La Normandie acclame l'hon. Thomas Vien / Reconnaissance de Dieppe pour les secours venus du Canada », *La Presse*, 19 novembre 1948, p. 2; « Hommage aux Canadiens tués à Dieppe », *Le Devoir*, 16 août 1952, p. 3; « À la mémoire des héros de Dieppe », *Le Devoir*, 18 août 1952, p. 3; « 28 soldats canadiens à Dieppe, hier », *Le Devoir*, 20 août 1952, p. 3; « Monument dédié à 3547 soldats sans tombeaux », *La Presse*, 27 octobre 1958, p. 17.
6. B. L. Montgomery, *Mémoires du maréchal Montgomery*, Paris, Librairie Plon, 1958, p. 60.
7. « Selon le feld-maréchal Montgomery / Le raid de Dieppe : on aurait pu obtenir les mêmes renseignements sans sacrifier tant de Canadiens », *Le Devoir*, 3 novembre 1958; « Le raid de Dieppe manquait de l'unité de commandement », *La Presse*, 3 novembre 1958, p. 37.
8. Samuel Eliot Morison, *Strategy and Compromise*, Boston, Little Brown, 1958, 120 p.
9. « Selon un historien américain, le débarquement de Dieppe aurait été un gaspillage », *Le Devoir*, 21 octobre 1958, p. 3 et 6; « Le raid sur Dieppe vu par un américain », *La Presse*, 21 octobre 1958, p. 21.
10. Pierre Vigeant, « L'anniversaire de Dieppe et le colonel Ménard. Comment les héros peuvent tomber dans l'oubli quand ils sont de langue française », *Le Devoir*, 18 août 1954.
11. Jean-Yves Gravel, « La fondation du collège militaire », *Le Québec et la guerre*, *op. cit.*, p. 111-114.
12. En août 1951, Lorenzo Paré publie une série d'articles sur la question dans *Le Devoir* et dans *Le Droit*. Certains d'entre eux seront repris dans presque tous les journaux et hebdomadaires du Québec. Ces écrits seront diffusés sous forme de brochures : Lorenzo Paré, *Les Canadiens français et l'organisation militaire*, l'œuvre des Tracts de Montréal, n° 382, octobre 1951, 16 p. Jean-Yves Gravel, « La fondation du collège militaire royal de Saint-Jean », *op. cit.*, p. 109-132. Jacques Castonguay, *Le Collège militaire royal de Saint-Jean, une université à caractère différent*, Sillery, Septentrion, 1992, 274 p.

13. Manuels consultés (ordre de parution): Guy Laviolette, *Mon pays. Histoire du Canada, 8e-9e année*, Laprairie, Procure des frères de l'Instruction chrétienne, 1954, 454 p.; Les frères des Écoles chrétiennes, *Histoire du Canada, manuel de 8e et 9e année, Mon pays*, Ottawa, s.é., 1954, 310 p.; Abbé Herman Plante et abbé Louis Martel, *Mon pays, synthèse d'histoire du Canada*, Trois-Rivières, Éditions Laflèche, 1956, 414 p.; Gérard Filteau, *Le monde moderne, les Amériques et le Canada*, Montréal, Centre de psychologie et de pédagogie, 1957, 26 p.; Albert Tessier, *Québec-Canada*, t. II: *Histoire du Canada, 1763-1958*, Québec, Éditions du Pélican, 1959, 2 vol., n.p.; Les Clercs de Saint-Viateur (Alphonse Grypinich, CSV), *L'histoire de notre pays*, Montréal, Librairie Saint-Viateur, 1958, 398 p.; Montréal, Éditions du Renouveau pédagogique, 1967, 398 p.
14. Frères des Écoles chrétiennes, *op. cit.*, p. 289.
15. *Ibid.*, p. 281.
16. *Ibid.*, p. 295.
17. Guy Laviolette, *op. cit.*, p. 414.
18. Les Clercs de Saint-Viateur (Alphonse Grypinich, CSV), *op. cit.*, p. 333.
19. Herman Plante et Louis Martel, *op. cit.*, p. 385-386.
20. Albert Tessier, *op. cit.*, (8000 exemplaires).
21. Herman Plante et Louis Martel, *op. cit.*, p. 385.
22. Albert Tessier, *op. cit.*, p. 270.
23. *Ibid.*, p. 271.
24. Les ressources du Canada sont mises à la disposition de la cause alliée «jusqu'à leur extrême limite», Herman Plante et Louis Martel, *op. cit.*, p. 386. «[...] le Canada y alla de prêts, de cadeaux pour une somme globale de quatre milliards dont la moitié à l'Angleterre», *ibid.*, p. 387.
25. *Ibid.*, p. 388-389.
26. *Ibid.*, p. 387.
27. Albert Tessier, *op. cit.*, p. 271-272.
28. *Ibid.*, p. 272.
29. *Ibid.*, p. 271.
30. On apprend seulement que «[l]e 3 septembre 1939, la France et l'Angleterre avaient déclaré la guerre», Gérard Filteau, *op. cit.*, p. 469.
31. *Ibid.*, p. 470.
32. Guy Laviolette, *op. cit.*, p. 413.
33. *Ibid.*
34. Les Clercs de Saint-Viateur, *op. cit.*, p. 347.
35. Herman Plante et Louis Martel, *op. cit.*, p. 389.
36. Préfacé par Lionel Groulx, leur ouvrage en exprime clairement les vues nationalistes canadiennes-françaises et, en ce qui concerne la participation des Canadiens français à la guerre, il fonde une tradition qui se transmettra dans les manuels des générations subséquentes.
37. Albert Tessier, *op. cit.*, p. 272.
38. Herman Plante et Louis Martel, *op. cit.*, p. 387.
39. Frères des Écoles chrétiennes, *op. cit.*, p, 290.
40. On notera que ces manuels ont été utilisés jusque dans les années soixante. Certains sont réédités en 1967 et en 1968, et approuvés par le tout jeune

ministère de l'Éducation. À ce sujet, consulter Christian Laville, «Évolution du manuel d'histoire au secondaire», *Bulletin de Liaison, SPHQ*, octobre 1987, p. 21.

41. Jean-Jules Richard, *Neuf jours de haine*, Montréal, Éditions de l'Arbre, 1948, 352 p.; Bertrand Vac (Pelletier, Aimé), *Deux portes... une adresse*, Montréal, Cercle du livre de France, 1952, 240 p.; Jean Vaillancourt, *Les Canadiens errants*, Montréal, Cercle du livre de France, 1954, 250 p.; Maurice Gagnon, *Les chasseurs d'ombres*, Ottawa, Cercle du livre de France, 1959, 279 p.
42. Calcul effectué à partir des données publiées dans la *Chronologie littéraire du Québec.* Entre 1945 et 1959, 317 romans et 98 pièces de théâtre sont publiés. Ces chiffres comprennent une abondante littérature jeunesse. Pendant cette période, quatre romans de guerre d'expression française sont publiés au Québec. N'a pas été pris en compte ici le roman de Pierre Tisseyre, *55 heures de guerre*, édité une première fois par Flammarion et réédité par le Cercle du livre de France en 1947. On ne peut considérer cette œuvre comme un roman de guerre québécois dans la mesure où Pierre Tisseyre, lui-même d'origine française, décrit la chute des troupes françaises en 1940, un thème qui ne reflète pas directement l'expérience des Canadiens français au front.
43. À titre de comparaison, aux États-Unis, le *Publisher's Weekly* dénombre déjà 270 titres en 1948. Pierre Deflaux, *Aspects idéologiques du roman américain de la Seconde Guerre mondiale*, Lille, Université de Lille III, 1984, p. 18. En revanche, les auteurs canadiens-anglais ont été à peine plus inspirés par la thématique guerrière que leurs compatriotes francophones. Dans son étude sur la littérature de guerre au Canada, Gilbert Drolet recense une trentaine d'œuvres, dont certaines traitent de la Première Guerre et de la guerre d'Espagne. Une quinzaine d'entre elles mettent en scène des Canadiens français. Gilbert Drolet, «The National Identities in Canada's English and French War Novels, 1935-1965», thèse de doctorat, Lettres, Montréal, Université de Montréal, 1970, 334 p.
44. Gabrielle Roy, *Bonheur d'occasion*, Montréal, Société des Éditions Pascal, 1945, 2 vol., 532 p.; Roger Lemelin, *Les Plouffe*, Québec, Belisle, 1948, 470 p. [Paris, Flammarion, 1948, 313 p.]; Robert Élie, *La fin des songes*, Montréal, Beauchemin, 1950, 256 p.; André Langevin, *Évadé de la nuit*, Ottawa, Cercle du livre de France, 1950, 245 p. [Montréal, Le Cercle du livre de France, 1955, 400 p.]; Jean Simard, *Mon fils pourtant heureux*, Ottawa, Cercle du livre de France, 1956, 228 p.
45. Gratien Gélinas, *Les fridolinades* (cette série de sketches présentés de 1938 à 1946 n'a été publiée que dans les années quatre-vingt aux Éditions Quinze); *Id., Tit-Coq*, pièce en trois actes, Montréal, Beauchemin, 1950, 197 p.; Marcel Dubé, *Un simple soldat*, Montréal, Éditions de l'Homme, 1967, 143 p.
46. Marcel Cadieux (diplomate, 1915-1981), *Premières armes*, Montréal, Le Cercle du livre de France, 1951, 206 p.; Simone Routier (cartographe), *Adieu Paris! Journal d'une évacuée canadienne, 10 mai-17 juin 1940*, Montréal, Éditions Beauchemin, 1941, 159 p.; Charles Miville-Deschênes (cor-

respondant de guerre), *Souvenirs de guerre*, Québec, s.é., 1946, 128 p. (également publié sous forme d'articles dans *Le Soleil*); Camille Lessard (prêtre), *Le pèlerinage de la grande misère, souvenirs vécus 1940-1944*, 2e éd., Montréal, s.é., 1954, 261 p.

47. Les deux romans les plus satisfaisants sur le plan littéraire ont cependant été réédités : *Neuf jours de haine* en 1968 et en 1972, *Les Canadiens errants* en 1970, puis en 1994 (Éditions Pierre Tisseyre). Cette dernière réédition correspondait au cinquantenaire du débarquement de Normandie. Cette reconnaissance ne peut toutefois se comparer à celle, plus massive, dont ont bénéficié *Bonheur d'occasion* ou *Les Plouffe*.
48. « Jean-Jules Richard au Présent », entretien avec Réginald Martel, *Liberté*, no 3, 1972, p. 45-46.
49. Olivier Marchand, « Il refusait d'être homme de lettres », *La Presse*, 29 juillet 1961, p. 30.
50. Jean Paré, « La vie littéraire, *Les chasseurs d'ombres*, roman d'hommes en guerre », *La Presse*, 14 novembre 1959, p. 21.
51. Jean Simard, *op. cit.*, p. 174-175.
52. Jean-Jules Richard, *op. cit.*, p. 226.
53. *Ibid.*, p. 224.
54. *Ibid.*, p. 266.
55. *Ibid.*, p. 34.
56. *Ibid.*, p. 217.
57. Jean Vaillancourt, *op. cit.*, p. 56.
58. *Ibid.*, p. 58.
59. *Ibid.*, p. 59.
60. *Ibid.*, p. 243.
61. Lettre à Gilles Marcotte publiée dans *La Presse* à l'occasion du décès de Jean Vaillancourt, *La Presse*, samedi 29 juillet 1961, p. 30.
62. Maurice Gagnon, *op. cit.*, p. 40.
63. Gabrielle Roy, *Bonheur d'occasion*, Montréal, Stanké, 1978, p. 374.
64. Roger Lemelin, *op. cit.*, p. 325.
65. Gabrielle Roy, *op. cit.*, p. 377-378.
66. Marcel Dubé, *op. cit.*, p. 22.
67. *Ibid.*, p. 43.
68 Jean-Jules Richard, *op. cit.*, p. 206.
69. Roger Lemelin, *op. cit.*, Montréal, Pierre Tisseyre, 1968, p. 400 (en capitales dans le texte).
70. Jean Vaillancourt, *op. cit.*, p. 245.
71. Bertrand Vac, *op. cit.*, p. 223.
72. Jean-Jules Richard, *op. cit.*, p. 201.
73. Jean Simard, *op. cit.*, p. 168.
74. Jean Vaillancourt, *op. cit.*, p. 195.
75. *Ibid.*, p. 90.
76. Marcel Dubé, *op. cit.*, p. 140.
77. Maurice Gagnon, *op. cit.*, p. 188.
78. Jean-Jules Richard, *op. cit.*, p. 115-116.
79. *Ibid.*, p. 116.

80. Jean Vaillancourt, *op. cit.*, p. 90.
81. *Ibid.*
82. Gabrielle Roy, *op. cit.*, [1945], p. 379-380.
83. Entrevue avec le Dr Aimé Pelletier (Bertrand Vac), médecin militaire pendant la guerre, réalisée à son domicile de Montréal, le 21 septembre 1995.
84. Bertrand Vac, *op. cit.*, p. 52-53.
85. Jean-Marc Poliquin, « Littérature canadienne, rentrée romanesque 1952, *Deux portes… une adresse*, par Bertrand Vac », *Le Droit*, samedi 10 janvier 1953, p. 2. (C'est moi qui souligne.)
86. Jean Vaillancourt, *op. cit.*, p. 91.
87. Marcel Dubé, *op. cit.*, p. 39.
88. *Ibid.*, p. 40.
89. Georges-Henri Daigneau, « Les livres canadiens. Richard, Jean-Jules, *Neuf jours de haine* », *Culture*, 1948, p. 212-213.
90. Julia Richer, « Les livres et leurs auteurs, *Neuf jours de haine* », *Notre Temps*, 21 février 1948, p. 4.
91. Jean-Marc Poliquin, *loc. cit.*, p. 2.
92. Guy Robert, « Trois livres de Bertrand Vac », *La Revue dominicaine*, janvier-février 1956, p. 34-40.
93. Guy Robert, « Prix du Cercle du livre de France, 1949-1955 », *La Revue dominicaine*, mai 1956, p. 213-215.
94. Marcel Valois (Jean Dufresne), « *Les Canadiens errants* », *La Presse*, 16 octobre 1954, p. 74.
95. Jean Paré, *loc. cit.*, p. 21.
96. Jean-Paul Vanasse, « Maurice Gagnon et la mer », *Liberté*, janvier-février 1960, p. 54-55.
97. Gilles Marcotte, « Ces héros au sourire si doux… *Les chasseurs d'ombres*, par Maurice Gagnon », *Le Devoir*, 20 février 1960, p. 11.
98. Comme l'affirment Henry Rousso et Éric Conan, « […] l'oubli, au-delà de la morale, fait partie intégrante de toute construction de la mémoire ». Citant l'exemple des Français d'après-guerre, les auteurs font valoir que l'amnésie peut être réclamée par les différents acteurs sociaux afin de préserver le corps social pour pouvoir passer à autre chose, sans pour autant avoir valeur d'amnistie. Éric Conan et Henry Rousso, *Vichy, un passé qui ne passe pas*, Paris, Gallimard, coll. « Folio/Histoire », 1996, p. 17-18.

Notes du chapitre IV

1. Michel Brunet, « Vers la minute de vérité », *Le Devoir*, 30 avril 1970, p. 5.
2. Jean Bouthillette, *Le Canadien français et son double*, Montréal, l'Hexagone, 1972, p. 37.
3. Pierre Elliott Trudeau sera premier ministre du Canada presque sans interruption, de 1968 à 1984, si l'on excepte un bref intermède entre 1979 et 1980.
4. Jean Bouthillette, *op. cit.*, p. 62.
5. *Ibid.*, p. 64.

6. *Ibid.*
7. « Introduction à la littérature québécoise (1960-1969) », dans *Dictionnaire des œuvres littéraires du Québec, 1960-1969 (DOLQ)*, t. IV, Montréal, Fides, 1980, p. XI-XLI.
8. Cinquante mille de ces « résistants » ont émigré au Canada pendant la guerre du Viêt-nam. Voir à ce sujet : John Hagan, *Northern Passage : American Vietnam War Resisters in Canada*, Boston, Harvard University Press, 2001, 288 p.
9. André Laurendeau, *La Crise de la conscription*, Montréal, Éditions du Jour, 1962, p. 151.
10. André D'Allemagne, *Le colonialisme au Québec*, Montréal, Éditions R-B, 1966, p. 11.
11. André Laurendeau, *op. cit.*, p. 9.
12. Michel Brunet, *loc. cit.*, p. 5.
13. Comme nous l'avons vu dans le premier chapitre, l'historiographie militaire canadienne a certes produit un corpus critique de grande qualité, mais elle occupe une place marginale dans la culture universitaire québécoise. Par exemple, *Armes, hommes et gouvernements…* de C. P. Stacey (Ottawa, Défense nationale, 1970), traduite en 1970, est toujours l'unique référence au Québec sur les politiques de guerre entre 1939 et 1945.
14. Jocelyn Létourneau, « La production historienne courante portant sur le Québec et ses rapports avec la construction des figures identitaires d'une communauté communicationnelle », *Recherches sociographiques*, vol. 36, nº 1, 1995, p. 9-45.
15. Cette résurgence se manifeste en particulier au moment du dévoilement à Dieppe, le 18 août 1962, d'un monument aux Fusiliers Mont-Royal. Le lieutenant-colonel Ménard, ancien commandant des Fusiliers est au premier rang. C'est la première grande commémoration officielle du raid qui rassemble plus de 400 vétérans canadiens. Les ministres des anciens combattants des deux pays concernés, le Canada et la France, sont présents. *Le Devoir*, 11 août 1962, p. 2.
16. Pierre Vennat, *La Presse*, 19 août 1967, p. 53.
17. « L'intervention du Canada à Dieppe était-elle justifiée ? », *Le Devoir*, 3 novembre 1976, p. 14.
18. Il eût été intéressant de connaître les commentaires des invités et des téléspectateurs. Malheureusement, Radio-Québec affirmait en février 1996 n'avoir conservé ni l'enregistrement de cette émission ni les réponses des téléspectateurs dans ses archives.
19. Ross Munro, *Le Devoir*, 11 août 1962, p. 2.
20. Jacques Bauge-Prévost, « Dieppe massacre inutile », *Le Devoir*, 23 août 1962, p. 4.
21. *Le Devoir*, 11 août 1962, p. 2 ; *Ibid.*, 18 août 1962, p. 18 ; *La Presse*, 18 août 1962, p. 20-21.
22. Michel Roy, « Un soir d'août 1942 », *Le Devoir*, 18 août 1962, p. 18.
23. *Ibid.*
24. *La Presse*, 18 août 1962, p. 20-21.
25. *Ibid.*

26. Pierre Vennat, « Le raid fut-il un effort inutile et une perte d'hommes ? », *La Presse*, 18 août 1962, p. 21.
27. Voir supra p. 82-92.
28. C. P. Stacey avait pourtant établi auparavant : « Aujourd'hui, grâce aux volumineux dossiers allemands dont nous disposons, nous pouvons affirmer en toute certitude qu'il ne savait absolument rien du raid qui se préparait. En fait, de toute la durée de la guerre, les renseignements des Allemands sur ce qui se passait en Angleterre étaient maigres et inexacts au point de friser le ridicule. » C. P. Stacey, *Six années de guerre. L'armée au Canada, en Grande-Bretagne et dans le Pacifique*, Ottawa, Imprimeur de la Reine, 1957, p. 368-369. Apparemment, cette tentative de démystification toucha peu les journalistes, de même que les principaux intéressés, les prisonniers de Dieppe. Parmi la trentaine de ceux que nous avons interviewés en 1995, la majorité des vétérans exprimaient encore une opinion identique à celle de leurs camarades publiée en 1962 : l'échec du raid était attribuable à une fuite de l'information subséquente à l'annulation de Rutter et les Allemands les attendaient de pied ferme. La thèse du « coulage » d'information sur le raid de Dieppe aux autorités allemandes est d'ailleurs défendue par l'historien Brian Loring Villa qui considère cet élément comme la « dernière pièce majeure du puzzle » de l'affaire de Dieppe. Brian Loring Villa, *Unauthorized Action: Mountbatten and the Dieppe Raid*, Oxford et Toronto, Oxford University Press, 1994, p. 248-267.
29. Pierre Vennat, *La Presse*, 19 août 1967, p. 53.
30. Simon Roy et Clermont Gauthier, *Évolution des programmes d'histoire de 1861 à nos jours*, Sainte-Foy, Québec, Cahiers du LABRAPS, 1992, p. 24.
31. Christian Laville, « Évolution du manuel d'histoire au secondaire », *Bulletin de Liaison, SPHQ*, octobre 1987, p. 24.
32. Québec, ministère de l'Éducation, *L'école québécoise, énoncé de politique et plan d'action*, Éditeur officiel du Québec, 1979, p. 111.
33. Nous avons utilisé la version suivante pour notre étude : Jacques Lacoursière, Jean Provencher et Denis Vaugeois, *Canada-Québec, Synthèse historique*, Montréal, Éditions du Renouveau pédagogique, 1978, 625 p.
34. *Ibid.*, p. 516-531.
35. *Ibid.*, p. 521.
36. Québec, ministère de l'Éducation, *Rapport de la Commission royale d'enquête sur l'enseignement dans la province de Québec* (rapport Parent), t. III, Québec, Gouvernement du Québec, 1966, p. 146.
37. *Ibid.* Les auteurs reprennent ici le point de vue exprimé par Fernand Grenier à l'occasion du Congrès régional des humanités en 1962, à l'Université Laval. (C'est moi qui souligne.)
38. Denis Boileau et Georges Duclos, *Cours d'histoire du Québec 475-412*, Montréal, Éditions de l'Étoile polaire, 1977, 310 p.
39. Jacques Lacoursière *et al.*, *op. cit.*, p. 522-523. On notera une erreur majeure dans le récit : les auteurs affirment que l'on envisage la retraite à 9 heures du soir alors qu'en réalité l'opération s'est achevée en début d'après-midi.

40. *Ibid.*, p. 523-528.
41. Léandre Bergeron, *Petit manuel d'histoire du Québec*, Montréal, Éditions québécoises et VLB éditeur, 1979, 263 p.
42. *Ibid.*, p. 198.
43. Publié d'abord dans la revue *Parti pris* à l'automne de 1963, ce poème sera réédité dans un recueil, *Mémoire*, édité en 1965 puis en 1968. Jacques Brault, *Mémoire*, Montréal, Librairie Déom, 1965; Paris, Éditions Bernard Grasset, 1968. (Nos références sont extraites de l'édition de 1965.)
44. André Gaulin, «*Mémoire*, recueil de poésie de Jacques Brault», dans *Dictionnaire des œuvres littéraires du Québec, 1960-1969 (DOLQ)*, t. IV, *op. cit.*, p. 554.
45. Gilles Dorion, «*La guerre, yes sir!*, roman de Roch Carrier», dans *DOLQ*, t. IV, *op. cit.*, p. 382.
46. Aurélien Boivin, «*L'emmitouflé*, roman de Louis Caron», dans *DOLQ*, t. VI, *op. cit.*, p. 272.
47. Jacques Brault, *op. cit.*, p. 47.
48. *Ibid.*, p. 49.
49. *Ibid.*, p. 51.
50. *Ibid.*, p. 53.
51. *Ibid.*, p. 20.
52. *Ibid.*, p. 52-54.
53. Roch Carrier, *La guerre, yes sir!*, Montréal, Éditions du Jour, 1968, p. 100.
54. *Ibid.*, p. 36-38.
55. *Ibid.*, p. 17.
56. *Ibid.*, p. 33.
57. *Ibid.*, p. 33-34.
58. *Ibid.*, p. 100.
59. *Ibid.*, p. 109.
60. *Ibid.*, p. 111-112.
61. Louis Caron, *L'emmitouflé*, Montréal, Boréal, coll. «Boréal compact», 1994, p. 50-55; édition originale, Paris, Robert Laffont, 1977, 242 p.
62. *Ibid.*, p. 54.
63. *Ibid.*, p. 54-55.
64. Roch Carrier, *op. cit.*, p. 29.
65. Lucien A. Dumais, *Un Canadien français à Dieppe*, Paris, Éditions France-Empire, 1968, p. 8.
66. *Ibid.*, p. 151-152.
67. Lucien A. Dumais, *Un Canadien français face à la Gestapo*, Montréal, Éditions du Jour, 1970, p. 10-11.
68. Référence pas toujours aussi implicite que cela. Voici ce qu'écrit un lecteur de *La Presse*, en 1963, à l'occasion de la visite du couple royal britannique au Canada: «Chaque fois que la "Canadian Army" se manifeste sur une partie quelconque du territoire du Québec, elle nous rappelle brutalement notre état de peuple autrefois conquis et toujours soumis à des traditions étrangères.» Lettre de Robert Martin,

Longueuil, *La Presse*, jeudi 23 août 1963, p. 4. Rappelons qu'à l'époque, et jusqu'en 1969, l'uniforme des militaires canadiens est, en pratique, britannique des pieds à la tête.

69. André Laurendeau, *op. cit.*, p. 151.
70. Albert Memmi, *Portrait du colonisé*, Montréal, L'Étincelle, 1972, p. 92-93.
71. Jean Bouthillette, *op. cit.*, p. 89.

Notes du chapitre V

1. Mentionnons certaines études québécoises qui ne couvrent que très partiellement la période 1939-1945: Francine Barry, *Le travail de la femme au Québec, 1940-1970*, Montréal, Presses de l'Université du Québec, 1977, 80 p.; Collectif, *Agenda 1978. Notes sur l'histoire des femmes au Québec*, Montréal, Éditions du Remue-Ménage, 1977, n.p.; Micheline Dumont-Johnson, « Histoire de la situation de la femme dans la province de Québec », dans Margaret Wade Labarge, Micheline Dumont-Johnson et Margaret Ellen MacLellan, *Tradition culturelle et histoire politique des femmes*, Ottawa, Imprimeur de la Reine, 1971, 130 p.; Mona-Josée Gagnon, *Les femmes vues par le Québec des hommes: 30 ans d'histoire des idéologies, 1940-1970*, Montréal, Éditions du Jour, 1974, 159 p.; Michèle Jean, *Québécoises du XXe siècle*, Montréal, Éditions du Jour, 1974, 303 p.; Marie Lavigne et Yolande Pinard, *Les femmes dans la société québécoise: aspects historiques*, Montréal, Boréal Express, 1977, 214 p.
   Au Canada, ce sont essentiellement des auteures canadiennes-anglaises qui développent la recherche sur les femmes pendant la guerre. L'historienne Ruth Roach Pierson en particulier publie plusieurs études ou synthèses sur la question. Pour une lecture critique de l'historiographie féministe en général: Johanne Daigle, « D'histoire et de femmes... De la constitution d'un genre historique à la prise en compte du genre dans la constitution du passé », dans Jacques Mathieu (dir.), *La mémoire dans la culture*, Québec, Presses de l'Université Laval, 1995, p. 235-253.
2. Geneviève Auger et Raymonde Lamothe, *De la poêle à frire à la ligne de feu. La vie quotidienne des Québécoises pendant la guerre 1939-1945*, Montréal, Boréal Express, 1981, 236 p. Cet essai alimente le chapitre sur la Deuxième Guerre mondiale d'une autre synthèse fondatrice de la mémoire féminine au Québec, Le Collectif Clio, *L'histoire des femmes au Québec depuis quatre siècles*, Montréal, Les Quinze, 1983, 526 p.
3. Geneviève Auger et Raymonde Lamothe, *op. cit.*, p. 10. On ne peut s'empêcher de comparer cette dramaturgie féminine à celle, masculine, observée précédemment dans la littérature de guerre des années cinquante. Qu'il s'agisse de Richard Lanoue, de Jacques Grenon ou de Noiraud, principaux héros de la littérature de guerre canadienne-française, la tentative d'émancipation des mâles par l'engagement au front se solde aussi par l'échec et la désillusion.
4. Pierre Vennat, « Quand le culte des héros et le tourisme vont de pair », *La Presse*, 1er août 1992, p. G12; « Un musée unique ou la guerre et la paix

font bon ménage», *ibid.*, p. G13; «Le 19 août 1942 à Dieppe s'écrivait la page la plus sanglante de l'histoire de l'armée», «Les soldats volontaires croyaient de leur devoir de faire la guerre», *La Presse*, 16 août 1992, p. A6; «Aujourd'hui Dieppe», *La Presse*, 20 août 1992, p. 1; «Une foule sans précédent accueille les survivants du raid meurtrier de Dieppe» (Michel Dolbec-Presse canadienne), *ibid.*, p. C12; «Le 50e anniversaire du débarquement de Dieppe remet en cause tout le bien-fondé de l'opération» (Michel Dolbec-Presse canadienne), *Le Devoir*, 17 août 1992, p. 3; «Il y a 50 ans: Dieppe» (photo), *Le Devoir*, 19 août 1992, p. 1; «Société. Dieppe: Saura-t-on jamais pourquoi?» (John Ward-Presse canadienne), *ibid.*, p. 11; «Dieppe: Le doute demeure 50 ans après le carnage de 900 soldats canadiens» (Michel Dolbec-Presse canadienne), *Le Devoir*, 20 août 1992, p. 2.

5. «Dollard Ménard, héros de Dieppe, ne pourra revivre ses exploits», *La Presse*, 12 août 1992, p. A5; «Dollard Ménard un héros encombrant?», *La Presse*, 13 août 1992, p. A6; «Le général Ménard ne désarme pas», *La Presse*, 29 août 1992, p. A10; «Lettres au *Devoir*. Le général Ménard victime d'injustice» (lettre d'André Vézina), *Le Devoir*, 18 août 1992, p. 14; «Lettres au *Devoir*. Un exemple de courage (Jean Morin). Il faut réparer cette erreur (SSJB)», *Le Devoir*, 19 août 1992, p. 14.
6. Pierre Vennat, «Dieppe il y a 40 ans. Des cobayes qui s'interrogent», *La Presse*, 17 août 1982, p. A8.
7. Pierre Vennat, «Pourquoi reparler de Dieppe?», *La Presse*, 14 août 1982, p. A8.
8. Robert Vogel, «Some Reflections on the Teaching of Military History in Canada», *Canadian Military History*, vol. 1, nos 1-2, automne 1992, p. 101-104.
9. Entrevue avec Gérard Chaliand, «La guerre de Sun Tzu à Hiroshima», dans André Champagne, *Les grands conflits du XXe siècle*, Sillery, Septentrion, 1996, p. 37.
10. Les orientations sont exposées en détail dans le *Guide pédagogique. Histoire du Québec et du Canada*, 4e secondaire, formation générale, Gouvernement du Québec, ministère de l'Éducation, 1983. En ce qui concerne les orientations de l'«unité» sur la Deuxième Guerre mondiale, voir «Module 7. Le Québec contemporain (1939 à nos jours)», p. 104-110.
11. Voir l'organigramme dans le *Guide pédagogique* de 1983, le «Schéma d'élaboration du programme et du guide d'histoire du Québec et du Canada», *op. cit.*
12. On notera que l'utilisation d'un manuel approuvé par le ministère de l'Éducation devient alors obligatoire. Québec, ministère de l'Éducation, *L'École québécoise, énoncé de politique et plan d'action*, Éditeur officiel du Québec, 1979, p. 111, *op. cit.*
13. Nous utilisons le terme «chapitre» pour la commodité de l'expression. En réalité l'histoire s'enseigne désormais par «modules». Chaque «module» étant subdivisé en «unités». La Deuxième Guerre mondiale fait partie de l'unité 7.1. à l'intérieur du module 7. La plupart des

manuels d'histoire subséquents utilisent cette terminologie. C'est cette « unité » que nous désignons par « chapitre », terme plus commun.

14. *Guide pédagogique..., op. cit.*, p. 107.
15. Citons entre autres: interroger les familles sur « les épisodes militaires », placer « sur une échelle du temps quelques événements-clés de la Seconde Guerre mondiale », « représenter sur un graphique la participation militaire du Québec », « analyser des affiches d'enrôlement », « présenter le témoignage d'un ancien combattant ou comparer divers témoignages sur la vie du soldat », « commenter le film *Il était une guerre* », *ibid.*, p. 109.
16. *Ibid.*, p. 108.
17. Jean-François Cardin, Raymond Bédard, Esther Demers et René Fortin, *Le Québec: héritages et projets*, Montréal, Les Éditions HRW ltée, 1984, 506 p.
18. *Ibid.*, p. 420.
19. *Ibid.*, p. 415.
20. *Ibid.*, p. 424.
21. François Charbonneau, Jacques Marchand et Jean-Pierre Sansregret, *Mon histoire*, Montréal, Guérin, 1985 [2e éd., 1987], 524 p.
22. *Ibid.*, p. 416.
23. *Ibid.*, p. 414.
24. *Ibid.*, p. 418-421.
25. Louise Charpentier, René Durocher, Christian Laville et Paul-André Linteau, *Nouvelle histoire du Canada et du Québec*, Montréal, Centre éducatif culturel, 1990, 463 p.
26. *Ibid.*, p. 333.
27. *Ibid.*, p. 349.
28. Marcel Roy et Dominic Roy, *Je me souviens: histoire du Québec et du Canada*, 4e secondaire, Montréal, R. P., 1995, 534 p.
29. *Ibid.*, p. 398.
30. Jean-François Cardin *et al.*, *op. cit.*
31. François Charbonneau *et al.*, *op. cit.*
32. Jean-François Cardin *et al.*, *op. cit.*, p. 419-420.
33. Gérard Cachat et André Donneur, *À la recherche de mes racines*, Montréal, Lidec, 1984, 692 p.
34. Par exemple, dans la section D, « Je fais des recherches », cinq suggestions de recherche sur six concernent des enjeux internationaux et militaires: « 1. Les causes de la Seconde Guerre. Comment est-on arrivé à la guerre? »; « 2. Une bataille de la Seconde Guerre mondiale. Je choisis une bataille à laquelle ont participé des Canadiens. Je localise cette bataille, je situe les enjeux, le déroulement des faits militaires »; « 4. L'armée canadienne de nos jours: son importance, sa force, son implication dans les problèmes internationaux, les Québécois dans l'armée canadienne »; « 5. L'Holocauste: origines de l'antisémitisme, de l'extermination des Juifs pendant la Seconde Guerre mondiale »; « 6. L'arme atomique: sa découverte, sa puissance, les pays qui la détiennent », *ibid.*, p. 584.
35. Danielle McKinnon et Pierre Lalongé, *Notre histoire*, Montréal, Éditions du Renouveau pédagogique, 1984, p. 251-261.

36. *Ibid.*, p. 252.
37. *Ibid.*, p. 255.
38. *Ibid.*, p. 256.
39. *Ibid.*, p. 258.
40. *Ibid.*, p. 256.
41. *Ibid.*, p. 256-257.
42. *Ibid.*, p. 257.
43. Claude Bouchard et Robert Lagassé, *Nouvelle-France, Canada, Québec: l'histoire du Québec et du Canada*, Montréal, Beauchemin, 1986, 386 p.
44. *Ibid.*, p. 262-263.
45. *Ibid.*
46. *Ibid.*, p. 263.
47. Denis Boileau et Georges Duclos, *Cours d'histoire du Québec*, Montréal, Éditions de l'Étoile polaire, 1977, 310 p.; Michel Allard *et al.*, *Histoire nationale du Québec, de sa découverte à aujourd'hui*, Montréal, Guérin éditeur, 1979-1980, 335 p.; Louise Charpentier *et al.*, *op. cit.*
48. Louise Charpentier *et al.*, *op. cit.*, Dieppe est mentionné dans un tableau; François Charbonneau *et al.*, *op. cit.*, une simple mention: «Les forces armées canadiennes subissent des défaites comme celles de Hong-Kong en 1941 et de Dieppe en 1942», p. 414.
49. Claude Bouchard et Robert Lagassé, *op. cit.*, p. 262.
50. *Ibid.*, p. 263.
51. Marcel Roy et Dominic Roy, *op. cit.*, p. 402.
52. Jean-François Cardin *et al.*, *op. cit.*, p. 418.
53. *Ibid.*, p. 267.
54. *Ibid.*
55. Gérard Cachat et André Donneur, *op. cit.*, p. 577.
56. *Ibid.*, p. 577.
57. *Ibid.*, p. 578.
58. Maryse Pelletier, *Du poil aux pattes comme les CWACS*, Montréal, VLB éditeur, 1983, 162 p.
59. *Ibid.*, «Prolégomènes», p. 9.
60. Louise Tremblay-D'Essiambre, *Les années du silence*, t. I: *La tourmente*, Guy Saint-Jean éditeur, 1995, 234 p.
61. Josette Pratte, *Les honorables*, Paris, Robert Laffont, 1996, 295 p.
62. François Barcelo, *Vie de Rosa*, Montréal, Libre Expression, 1996, 454 p.
63. Pierre Turgeon, *Le bateau d'Hitler*, Montréal, Boréal, 1988, 224 p.
64. Michel Marc Bouchard, *Le voyage du couronnement*, Montréal, Leméac, 1995, 120 p.
65. Pierre Turgeon, *op. cit.*, p. 130.
66. Michel Marc Bouchard, *op. cit.*, p. 77.
67. Noël Audet, *L'ombre de l'épervier*, Montréal, Québec Amérique, 1988, 539 p. Les références données ici sont tirées de l'édition du Club Québec-Loisirs, p. 181.
68. *Ibid.*, p. 238.
69. Josette Pratte, *op. cit.*, p. 228. On notera que le journaliste Pierre Vennat reprend cette expression dans presque tous ses articles commémoratifs

sur Dieppe dans *La Presse*. Il est par conséquent possible que l'écrivain se soit documenté à sa source.

70. Laurier Larouche, *Secours direct, Montréal, 1930-1945*, Sainte-Thérèse, Foular, 1992, p. 162-164. Publié dans une petite maison d'édition, il s'agit d'un premier roman, écrit « pour mémoire » par un contemporain des années de crise et de guerre (c'est ce que nous a confirmé l'auteur au cours d'un entretien téléphonique le 10 octobre 1997). Par rapport aux autres, c'est une œuvre atypique : l'auteur, Laurier Larouche, appartient à la génération de la guerre (lui-même s'est engagé volontaire dans la RCAF et son propre frère de quatre ans son aîné est parti outre-mer) et tente de rendre compte sous une forme romancée de ce qu'il a connu. L'écrivain dédie d'ailleurs ces pages à la mémoire de son frère Laurent « et à tous ses valeureux compagnons d'armes du Royal 22e régiment. Aux braves du 65e régiment des Fusiliers Mont-Royal tombés à Dieppe. Pour que nos compatriotes se souviennent de leurs sacrifices à la cause de la paix et de la liberté. » Cette œuvre tranche avec les autres, des récits à thèse pour la plupart, par sa simplicité. L'auteur, sans prétention, cherche à rendre l'esprit d'une époque à travers les aventures de trois gamins du quartier Saint-Louis. Une histoire qui finit bien, comme dans les contes de fées, Laurent revenant en héros pour épouser sa belle, Fabienne.
71. Louis-Martin Tard, *Il y aura toujours des printemps en Amérique*, Montréal, Libre Expression, 1987, p. 429-437.
72. Pierre Turgeon, *op. cit.*, p. 64-65.
73. Noël Audet, *op. cit.*, p. 207-208.
74. Serge Mongeau, « La tradition antimilitariste au Québec », dans Serge Mongeau (dir.), *Pour un pays sans armée*, Montréal, Écosociété, 1993, p. 81-89.
75. À ce sujet, rappelons une fois encore le débat entourant la thèse d'Esther Delisle sur l'antisémitisme de Lionel Groulx pendant les années trente ou encore les remous créés par le rappel de « l'affaire » Bernonville, ancien collaborateur nazi, ayant bénéficié de complicités canadiennes-françaises pour se réfugier au Canada. Yves Lavertu, *L'affaire Bernonville. Le Québec face à Pétain et à la Collaboration (1948-1951)*, Montréal, VLB éditeur, 1994, 218 p.
76. Elizabeth H. Armstrong, « French Canadian Opinion on the War, January 1940-June 1941 », *Contemporary Affairs*, nº 12, Toronto, Ryerson Press, 1942, p. 23.
77. Louis Francœur, *La situation ce soir*, causeries présentées par Radio-Canada, fascicule publié par la Société Radio-Canada, Montréal, 1er avril 1941.
78. Donald Cuccioletta, « L'isolationnisme ou le refus de l'Europe : les Canadiens français, les Américains et la Deuxième Guerre mondiale », *Bulletin d'histoire politique*, vol. 3, nos 3-4, printemps-été 1995, p. 129-136.
79. Guy Lachapelle, « La guerre de 1939-1945 dans l'opinion publique : comparaison entre les attitudes des Canadiens français et des Canadiens anglais », *Bulletin d'histoire politique*, vol. 3, nos 3-4, printemps-été 1995, p. 201-226. Consulter aussi : Wilfrid Sanders, *Jack et Jacques*.

L'opinion publique canadienne pendant la Deuxième Guerre mondiale, Montréal, Comeau & Nadeau éditeurs, 1996, 100 p.

Notes du chapitre VI

1. Henry Rousso, « La mémoire n'est plus ce qu'elle était », *Écrire l'histoire du temps présent*, Paris, CNRS histoire, 1993, p. 110.
2. Gérard Chaliand, texte de présentation, dans John Keegan, *Anatomie de la bataille*, Paris, Robert Laffont, 1993, p. 11.
3. Pour un historique critique de cette affaire, voir David J. Bercuson et S. F. Wise (dir.), *The Valour and the Horror Revisited*, Montréal, McGill/Queen's University Press, 1994, 186 p.
4. Henry Rousso, *Le syndrome de Vichy de 1944 à nos jours*, Paris, Seuil, coll. « Point Histoire », 1990, p. 251-253.
5. Aborder la problématique du comportement humain sur le champ de bataille n'a rien de révolutionnaire. Comme l'explique John Keegan, Hérodote le premier et Thucydide à sa suite auraient ouvert la voie à cette approche au Ve siècle av. J.-C. Au XIXe siècle, Ardent du Picq, officier d'infanterie dans l'armée française, soumettait ses collègues à un questionnaire après la bataille afin d'analyser le comportement des hommes au combat. Après la Deuxième Guerre mondiale, l'armée américaine reprit cette tentative de façon plus systématique en recueillant des dizaines de milliers d'entrevues avec des hommes sortant des combats. Le condensé de ces entretiens a été publié dans S. L. A. Marshall, *Men against Fire; the Problem of Battle Command in Future War*, Washington, Infantry Journal, William Morrow & Co, 1947, 215 p. Au Canada, en revanche, l'utilisation de témoignages de combattants par le colonel C. P. Stacey semble avoir été essentiellement axée sur l'analyse tactique des combats.
6. Lucien A. Dumais, *Un Canadien français à Dieppe*, Paris, Éditions France-Empire, 1968, p. 124.
7. John Keegan, *op. cit.*, p. 14-15.
8. Arlette Farge, *Des lieux pour l'histoire*, Paris, Seuil, coll. « La librairie du XXe siècle », 1997, p. 66.
9. *Ibid.*, p. 22.
10. John Keegan, *op. cit.*, p. 286.
11. *Ibid.*, p. 287.
12. *Ibid.*, p. 289.
13. Voir l'introduction, p. 19.
14. Pierre Vennat, « Le raid fut-il "un effort inutile et une perte d'hommes" ? », *La Presse*, 18 août 1962, p. 21.
15. C. P. Stacey, *Six années de guerre. L'armée au Canada, en Grande-Bretagne et dans le Pacifique*, Ottawa, Imprimeur de la Reine, 1957, p. 362-371.
16. Denis Whitaker et Shelag Whitaker, *Dieppe: Tragedy to Triumph*, Toronto, McGraw-Hill et Ryerson, 1992, p. 173. L'auteur considère d'ailleurs qu'à cet effet, s'il y eut traîtrise des Britanniques à l'égard des Canadiens, pourtant pressentis pour le raid, ce fut en les tenant dans l'ignorance de ces développements. Cette politique du secret aurait conduit les officiers

canadiens à sous-estimer dangereusement l'ennemi : « En mai et juin, les commandants de la Seconde Division canadienne qui étaient en première ligne se faisaient encore dire que les défenses allemandes étaient faibles et mal équipées, ce qui était une absurdité. »

17. John Keegan, *op. cit.*, p. 16.
18. C. P. Stacey, *op. cit.*, p. 396.
19. Lionel Groulx, *Mes mémoires*, t. IV, Montréal, Fides, 1974, p. 250.

Bibliographie*

INSTRUMENTS DE TRAVAIL

COOKE, O. A., *The Canadian Military Experience 1867-1995: A Bibliography/Bibliographie de la vie militaire au Canada 1867-1995*, Ottawa, Direction Histoire et Patrimoine, Ministère de la Défense nationale, 1997, 520 p.

LEMIRE, Maurice (dir. publ.), *Dictionnaire des œuvres littéraires du Québec*, t. III à V, 2e éd. revue, corrigée et mise à jour, Montréal, Fides, 1980.

SOURCES

Littérature de guerre

GAGNON, Maurice, *Les chasseurs d'ombres*, Ottawa, Cercle du livre de France, 1959, 279 p.

RICHARD, Jean-Jules, *Neuf jours de haine*, Montréal, Éditions de l'Arbre, 1948, 352 p.

VAC, Bertrand (Pelletier, Aimé), *Deux portes… une adresse*, Montréal, Cercle du livre de France, 1952, 240 p.

VAILLANCOURT, Jean, *Les Canadiens errants*, Montréal, Cercle du livre de France, 1954, 250 p.

Littérature sur la guerre

AUDET, Noël, *L'ombre de l'épervier*, Montréal, Québec Amérique, 1988, 539 p.

BARCELO, François, *Vie de Rosa*, Montréal, Libre Expression, 1996, 454 p.

BESSETTE, Gérard, *L'incubation*, Montréal, Librairie Déom, 1965, 180 p.

* Pour une bibliographie plus développée, consulter Béatrice Richard, « La Deuxième Guerre mondiale dans la mémoire collective canadienne-française/québécoise à travers le "mythe" de Dieppe, 1942-1995 », thèse de doctorat, Montréal, Université du Québec à Montréal, 2000, 390 p.

BOUCHARD, Michel Marc, *Le voyage du couronnement* (théâtre), Montréal, Leméac, 1995, 120 p.
BRAULT, Jacques, *Mémoire*, Montréal, Librairie Déom, 1965, 80 p.
CARON, Louis, *L'emmitouflé*, Paris, Robert Laffont, 1977, 242 p.
CARRIER, Roch, *La guerre, yes sir !*, Montréal, Éditions du Jour, 1968, 124 p.
DUBÉ, Marcel, *Un simple soldat*, Montréal, Éditions de l'Homme, 1967, 143 p.
ÉLIE, Robert, *La fin des songes*, Montréal, Beauchemin, 1950, 256 p.
GÉLINAS, Gratien, *Tit-Coq*, pièce en trois actes, Montréal, Beauchemin, 1950, 197 p.
LANGEVIN, André, *Évadé de la nuit*, Montréal, Cercle du livre de France, 1950, 245 p.
LAROUCHE, Laurier, *Secours direct, Montréal, 1930-1945*, Sainte-Thérèse, Foular, 1992, 224 p.
LEMELIN, Roger, *Les Plouffe*, Québec, Belisle, 1948, 470 p.
PELLETIER, Maryse, *Du poil aux pattes comme les CWACS*, théâtre, Montréal, VLB éditeur, 1983, 162 p.
PRATTE, Josette, *Les honorables*, Paris, Robert Laffont, 1996, 295 p.
ROY, Gabrielle, *Bonheur d'occasion*, Montréal, Société des Éditions Pascal, 1945, 2 vol., 532 p.
SIMARD, Jean, *Mon fils pourtant heureux*, Ottawa, Cercle du livre de France, 1956, 228 p.
TARD, Louis-Martin, *Il y aura toujours des printemps en Amérique*, Montréal, Libre Expression, 1987, 494 p.
TREMBLAY-D'ESSIAMBRE, Louise, *Les années du silence*, t. I: *La tourmente*, Montréal, Guy Saint-Jean éditeur, 1995, 234 p.
TURGEON, Pierre, *Le bateau d'Hitler*, Montréal, Boréal, 1988, 224 p.

Récits

CHATILLON, Claude, *Carnets de guerre, Ottawa-Casa Berardi, 1941-1944*, Ottawa, Les Éditions du Vermillon, 1987, 163 p.
FORBES, J. Charles, *Fantassin. Pour mon pays, la gloire et... des prunes*, Sillery (Québec), Septentrion, 1994, 451 p.
LABOISSIÈRE, Alphonse-Claude, *Journal d'un aumônier militaire canadien, 1939-1945*, Montréal, Éditions franciscaines, 1948, 330 p.
MIVILLE-DESCHÊNES, Charles, *Souvenirs de guerre*, Québec, s.é., 1946, 128 p.
POULIN, J.-G., *696 heures d'enfer avec le Royal 22e régiment. Récit vécu et inspiré d'un journal tenu tant bien que mal au front*, Québec, Éditions A. B., 1946, 181 p.
SÉVIGNY, Pierre, *Face à l'ennemi*, Montréal, Beauchemin, 1946, 178 p.
TASCHEREAU, Gabriel, *Du salpêtre dans le gruau. Souvenirs d'escadrille, 1939-1945*, Sillery (Québec), Septentrion, 1993, 344 p.
VERREAULT, Georges, *Journal d'un prisonnier de guerre au Japon, 1941-1945*, Sillery (Québec), Septentrion, 1993, 313 p.

Manuels scolaires

Allard, Michel, Yolande Capistran Phaneuf, Aurore Dupuis, André Francœur, Paul-M. Morissette et Robert Savoie, *Histoire nationale du Québec, de sa découverte à aujourd'hui,* Montréal, Guérin éditeur, 1979-1980, 335 p.

Bergeron, Léandre, *Petit manuel d'histoire du Québec,* Montréal, Éditions québécoises et VLB éditeur, 1979, 263 p.

Boileau, Denis et Georges Duclos, *Cours d'histoire du Québec,* Montréal, Éditions de l'Étoile polaire, 1977, 310 p.

Bouchard, Claude et Robert Lagassé, *Nouvelle-France, Canada, Québec : l'histoire du Québec et du Canada,* Montréal, Beauchemin, 1986, 386 p.

Cachat, Gérard et André Donneur, *À la recherche de mes racines,* Montréal, Lidec, 1984, 692 p.

Cardin, Jean-François, Raymond Bédard, Esther Demers et René Fortin, *Le Québec : héritages et projets,* Montréal, Les Éditions HRW ltée, 1984, 506 p.

Charbonneau, François, Jacques Marchand et Jean-Pierre Sansregret, *Mon histoire,* Montréal, Guérin, 1985 [2e éd. 1987], 524 p.

Charpentier, Louise, René Durocher, Christian Laville et Paul-André Linteau, *Nouvelle histoire du Canada et du Québec,* Montréal, Centre éducatif culturel, 1990, 463 p.

Les Clercs de Saint-Viateur (Alphonse Grypinich, CSV), *L'histoire de notre pays,* Montréal, Librairie Saint-Viateur, 1958, 398 p. ; Montréal, Éditions du Renouveau pédagogique, 1967, 398 p.

Francœur, André, Claude Jeannotte et Robert Savoie, *Mon nouveau programme d'études en Histoire du Québec et du Canada,* 4e secondaire, Cahier d'apprentissage et guide méthodologique, Montréal et Toronto, Guérin, 1984, 184 p.

Les frères des Écoles chrétiennes, *Histoire du Canada, manuel de 8e et 9e année, Mon pays,* Ottawa, s.é., 1954, 310 p.

Lacoursière, Jacques, Jean Provencher et Denis Vaugeois, *Canada-Québec, Synthèse historique,* Montréal, Éditions du Renouveau pédagogique, 1978, 625 p.

Laviolette, Guy, *Mon pays. Histoire du Canada, 8e-9e année,* Laprairie, Procure des frères de l'Instruction chrétienne, 1954, 454 p.

McKinnon, Danielle et Pierre Lalongé, *Notre histoire,* Montréal, Éditions du Renouveau pédagogique, 1984, 380 p.

Plante, abbé Herman et abbé Louis Martel, *Mon Pays, synthèse d'histoire du Canada,* Trois-Rivières, Éditions Laflèche, 1956, 414 p.

Québec, ministère de l'Éducation, *Guide Pédagogique. Histoire du Québec et du Canada,* 4e secondaire, formation générale, Gouvernement du Québec, 1983, n.p.

Roy, Marcel et Dominic Roy, *Je me souviens : histoire du Québec et du Canada,* 4e secondaire, Montréal, R. P., 1995, 534 p.

Tessier, Albert, *Québec-Canada, Histoire du Canada, 1763-1958,* Québec, Éditions du Pélican, 1959, 2 vol., n.p.

Dieppe

Monographies

ABAUTRET, René, *Dieppe : le sacrifice des Canadiens, 19 août 1942*, Paris, Robert Laffont, 1969, 249 p.

CAMPBELL, John P., « The Ultra Revelations. The Dieppe Raid in a New Light as an Example of Now Inevitable Revisions in Second World War Historiography », *Canadian Defence Quaterly*, vol. 6, n° 1, été 1976.

COUTURE, Claude-Paul, *Opération « Jubilee » : Dieppe, 19 août 1942*, Paris, Éditions France-Empire, 1969, 662 p.

GREENHOUS, Brereton, *Dieppe, Dieppe*, Montréal, Art global, 1992, 155 p.

HENSHAW, Peter J., « The Dieppe Raid : A Product of Misplaced Canadian Nationalism ? », *Canadian Historical Review*, vol. 77, n° 2, juin 1996, p. 250-266.

LEASOR, James, *Green Beach*, Paris, Robert Laffont, 1976, 238 p.

MORDAL, Jacques, *Les Canadiens à Dieppe*, Paris, Presses de la Cité, 1962, 348 p.

ROBERTSON, Terence, *Dieppe : Journée de honte, journée de gloire*, Paris, Presses de la Cité, 1963, 379 p. (traduction de *The Shame and the Glory ; Dieppe*, Toronto, McClelland and Stewart, 1962, 432 p.).

RUDLER, Raymond, *Le jubilé des Canadiens*, Paris, Presses de la Cité, 1972, 318 p.

VENNAT, Pierre, *Dieppe n'aurait pas dû avoir lieu*, Montréal, Éditions du Méridien, 1991, 202 p.

VILLA, Brian Loring, *Unauthorized Action : Mountbatten and the Dieppe Raid*, Oxford et Toronto, Oxford University Press, 1994, 314 p.

WHITAKER, Denis et Shelagh WHITAKER, *Dieppe : Tragedy to Triumph*, Toronto, McGraw-Hill et Ryerson, 1992, 372 p.

Témoignages

DUMAIS, Lucien A., *Un Canadien français à Dieppe*, Paris, Éditions France-Empire, 1968, 283 p.

DUMAIS, Lucien A., *Un Canadien français face à la Gestapo*, Montréal, Éditions du Jour, 1970, 280 p.

Généralités

ANDERSON, Benedict, *L'imaginaire national : réflexions sur l'origine et l'essor du nationalisme*, Paris, La Découverte, 1996, 212 p.

ARMSTRONG, Elizabeth H., « French Canadian Opinion on the War, January 1940-June 1941 », *Contemporary affairs*, n° 12, Toronto, Ryerson Press, 1942, 44 p.

AUGER, Geneviève et Raymonde LAMOTHE, *De la poêle à frire à la ligne de feu. La vie quotidienne des Québécoises pendant la guerre 1939-1945*, Montréal, Boréal Express, 1981, 236 p.

BEAUREGARD, Claude, « Guerre et censure, l'expérience des journaux, des militaires et de la population pendant la Deuxième Guerre mondiale », thèse de doctorat, Québec, Université Laval, 1995, 305 p.

BERNARD, Jean-Paul, *Les rébellions de 1837-1838. Les Patriotes dans la mémoire collective et chez les historiens*, Montréal, Boréal, 1983, 349 p.

BERNIER, Serge, «La place des francophones», *Regards sur le système de défense du Canada*, Toulouse, Presses de l'Institut d'études politiques de Toulouse, 1989, p. 39-58.

BERNIER, Serge (dir.) *et al.*, «La participation des Canadiens français à la Deuxième Guerre mondiale: mythes et réalités», *Bulletin d'histoire politique*, vol. 3, n°s 3-4, printemps-été 1995, 408 p.

BOURASSA, Henri, *Que devons-nous à l'Angleterre?* Montréal, s.é., 1915, 420 p.

BOUTHILLETTE, Jean, *Le Canadien français et son double*, Montréal, l'Hexagone, 1972, 101 p.

CONAN, Éric et Henry ROUSSO, *Vichy, un passé qui ne passe pas*, Paris, Gallimard, coll. «Folio/Histoire», 1996, 524 p.

CUCCIOLETTA, Donald, «L'isolationnisme ou le refus de l'Europe: les Canadiens français, les Américains et la Deuxième Guerre mondiale», *Bulletin d'histoire politique*, vol. 3, n°s 3-4, printemps-été 1995, p. 129-136.

D'ALLEMAGNE, André, *Le colonialisme au Québec*, Montréal, Éditions R-B, 1966, 191 p.

DAWSON, R. MacGregor, *The Conscription Crisis of 1944*, Toronto, University of Toronto Press, 1961, 136 p.

DEFLAUX, Pierre, *Aspects idéologiques du roman américain de la Seconde Guerre mondiale*, Lille, Université de Lille III, 1984.

DION, Léon, *Québec 1945-2000*, t. II: *Les intellectuels et le temps de Duplessis*, Sainte-Foy, Presses de l'Université Laval, 1993, 452 p.

DROLET, Gilbert, «The National Identities in Canada's English and French War Novels, 1935-1965», thèse de doctorat (Lettres), Montréal, Université de Montréal, 1970, 334 p.

ECK, Helene (dir.), *La guerre des ondes. Histoire des radios de langue française pendant la Deuxième Guerre mondiale*, Paris et Montréal, Armand Colin et Hurtubise HMH, 1985, 382 p.

FALARDEAU, Jean-Charles, *Notre société et son roman*, Montréal, HMH, 1967, 258 p.

FINK, Howard, «Le Canada français pendant la Deuxième Guerre mondiale vu par les Canadiens anglais: l'œuvre de Gérald Noxon», *Bulletin d'histoire politique*, vol. 3, n°s 3-4, printemps-été 1995, p. 319-333.

LES FUSILIERS MONT-ROYAL, *Cent ans d'histoire d'un régiment canadien français, 1869-1969*, Montréal, Éditions du Jour, 1971, 416 p.

GAGNON, Jean-Pierre, «Les historiens canadiens-français et la participation canadienne-française à la Deuxième Guerre mondiale», *Bulletin d'histoire politique*, vol. 3, n°s 3-4, printemps-été 1995, p. 25-42.

GRANATSTEIN, J. L., *Canada's War: The Politics of Mackenzie King Government, 1939-1945*, New York, Oxford University Press, 1975, 436 p.

GRANATSTEIN, J. L., «Le Québec et le plébiscite de 1942 sur la conscription», *Revue d'histoire de l'Amérique française*, juin 1973, p. 43-62.

GRANATSTEIN, J. L., *Conscription in the Second World War: A Study in Political Management, 1939-1945*, Toronto, Ryerson Press, 1969, 85 p.

GRANATSTEIN, J. L. et J. M. HITSMAN, *Broken Promises: A History of Conscription in Canada*, Toronto, Oxford University Press, 1977, 281 p.

GRAVEL, Jean-Yves (dir.), *Le Québec et la guerre*, Montréal, Boréal Express, 1974, 175 p.

GROULX, Lionel, *Mes mémoires*, t. IV, Montréal, Fides, 1974, 464 p.

HAYCOCK, Ronald G. et Serge BERNIER, *Clio et Mars au Canada. L'enseignement de l'histoire militaire/Clio and Mars in Canada. Teaching Military History*, Athabasca, Athabasca University, 1995, 152 p.

KANTIN, Georges et Gilles Manceron (dir.), *Les échos de la mémoire, tabous et enseignement de la Seconde Guerre mondiale*, Paris, Le Monde Éditions, 1991, 372 p.

KEEGAN, John, *The Second World War*, New York, Viking, 1989, 608 p.

LACHAPELLE, Guy, « La guerre de 1939-1945 dans l'opinion publique : comparaison entre les attitudes des Canadiens français et des Canadiens anglais », *Bulletin d'histoire politique*, vol. 3, n°s 3-4, printemps-été 1995, p. 201-226.

LAURENDEAU, André, *La Crise de la conscription*, Montréal, Éditions du Jour, 1962, 157 p.

LAVILLE, Christian, « Évolution du manuel d'histoire au secondaire », *Bulletin de Liaison, SPHQ*, octobre 1987.

LEGRIS, Renée, « Représentation et rôle des Québécois / Canadiens français dans le radioroman de guerre, 1939-1945 », *Bulletin d'histoire politique*, vol. 3, n°s 3-4, printemps-été 1995, p. 302-310.

LEGRIS, Renée, Michel DE SMET, Marie-Christine LEDUC et Pierre PAGÉ, *Propagande de guerre et nationalismes dans le radio-feuilleton (1939-1955)*, Montréal, Fides, coll. « Radiophonie et Société québécoise », vol. II, 1981, 526 p.

LÉTOURNEAU, Jocelyn, « L'imaginaire historique des jeunes Québécois », *Revue d'histoire d'Amérique française*, vol. 41, n° 4, printemps 1988, p. 553-574.

« L'Histoire au jour le jour. La Deuxième Guerre mondiale 1939-1945. Récits et mémoire », *Le Monde – Dossiers et documents*, numéro spécial, 1994, 208 p.

LINTEAU, Paul-André, René DUROCHER, Jean-Claude ROBERT et François RICARD, *Histoire du Québec contemporain*, t. II : *Le Québec depuis 1930*, Montréal, Boréal, 1986, 740 p.

MEMMI, Albert, *Portrait du colonisé*, Montréal, L'Étincelle, 1972, 146 p.

MONGEAU, Serge, « La tradition antimilitariste au Québec », dans Serge Mongeau (dir.), *Pour un pays sans armée*, Montréal, Écosociété, 1993, 186 p.

MONTGOMERY, B. L., *Mémoires du maréchal Montgomery*, Paris, Librairie Plon, 1958, 561 p.

MORTON, Desmond, « Studying Canadian Military History », *Canadian Military History*, vol. 2, n° 2, automne 1993, p. 137.

MORTON, Desmond, *Une histoire militaire du Canada, 1608-1991*, Sillery (Québec), Septentrion, 1992, 414 p.

NORA, Pierre (dir.), *Les lieux de mémoire*, t. I : *La république*, Paris, Gallimard, 1984 ; t. II : *La nation*, 3 vol., Paris, Gallimard, 1986 ; t. III : *Les France*, 3 vol., Paris, Gallimard, « Bibliothèque illustrée des histoires », 1992.

PAGÉ, Pierre C., « La conscience critique de la guerre dans trois téléromans québécois de la dernière décennie », *Bulletin d'histoire politique*, vol. 3, n°s 3-4, printemps-été 1995, p. 311-318.

PARISEAU, Jean et Serge BERNIER, *1763-1969 : le spectre d'une armée bicéphale*, t. I de *Les Canadiens français et le bilinguisme dans les Forces armées canadiennes*, Ottawa, Service historique de la Défense nationale, 1987, 468 p.

ROUSSO, Henry, *Le syndrome de Vichy de 1944 à nos jours*, Paris, Seuil, coll. « Point Histoire », 1990, 418 p.

RUDIN, Ronald, *Faire de l'histoire au Québec*, Sillery, Septentrion, 1998, 278 p.

RUMILLY, Robert, *Histoire de la Province de Québec*, t. XIX : *1914*, Montréal, Montréal-Éditions, s.d., 256 p. ; t. XX : *Philippe Landry*, Montréal, Montréal-Éditions, s.d., 211 p. ; t. XXI : *Courcelette*, Montréal, Montréal-Éditions, 1947, 269 p. ; t. XXII : *La conscription*, Montréal, Montréal-Éditions, 1947, 256 p. ; t. XXIII : *L'armistice*, Montréal, Montréal-Éditions, 1947, 206 p. ; t. XXXVIII : *Ernest Lapointe*, Montréal, Fides, 1968, 284 p. ; t. XXXIX : *Le plébiscite*, Montréal, Fides, 1969, 295 p. ; t. XL : *Le Bloc populaire*, Montréal, Fides, 1969, 301 p. ; t. XLI : *La guerre de 1939-1945 : Duplessis reprend les rênes*, Montréal, Fides, 1969, 321 p.

SANDERS, Wilfrid, *Jack et Jacques. L'opinion publique canadienne pendant la Deuxième Guerre mondiale*, Montréal, Comeau & Nadeau éditeurs, 1996, 100 p.

STACEY, C. P., *Armes, hommes et gouvernements : les politiques de guerre du Canada, 1939-1945*, Ottawa, Défense nationale, 1970, 748 p.

STACEY, C. P., *Six années de guerre. L'armée au Canada, en Grande-Bretagne et dans le Pacifique*, Ottawa, Imprimeur de la Reine, 1957, 652 p.

STACEY, C. P., *L'armée canadienne, 1939-1945. Résumé historique officiel*, Ottawa, Imprimeur du Roi, 1949, 364 p.

STANLEY, George F. G., *Nos soldats, l'histoire militaire du Canada de 1604 à nos jours*, Montréal, Éditions de l'Homme, 1980, 627 p.

VANCE, Jonathan F., *Death so Noble : Memory, Meaning and the First World War*, Vancouver, University of British Columbia, 1997, 319 p.

VOGEL, Robert, « Some Reflections on the Teaching of Military History in Canada », *Canadian Military History*, vol. 1, n° 1, automne 1992, p. 101-104.

WADE, Mason, *Les Canadiens français de 1760 à nos jours*, t. II : *(1911-1963)*, Montréal, Cercle du livre de France, 1963, 583 p.

YOUNG, William Robert, « Making The Truth Graphic : The Canadian Government's Home Front Information Structure and Programmes During World War II », thèse de doctorat, Vancouver, University of British Columbia, 1978, 450 p.

Table

Avant-propos 9

Introduction 13

CHAPITRE PREMIER
Guerre et mémoire 27

CHAPITRE II
Genèse du mythe de Dieppe 43

CHAPITRE III
L'impossible commémoration (1945-1959) 75

CHAPITRE IV
La « décolonisation » de la mémoire (1960-1979) 99

CHAPITRE V
La « féminisation » de la mémoire (1980-1995) 119

CHAPITRE VI
Une mémoire en marge 141

Conclusion 161

Notes 167

Bibliographie 199

CET OUVRAGE
COMPOSÉ EN PALATINO 11 POINTS SUR 13
A ÉTÉ ACHEVÉ D'IMPRIMER
LE TREIZE AOÛT DEUX MILLE DEUX
SUR LES PRESSES DE TRANSCONTINENTAL
DIVISION IMPRIMERIE GAGNÉ
À LOUISEVILLE
POUR LE COMPTE DE
VLB ÉDITEUR.

IMPRIMÉ AU QUÉBEC (CANADA)